佛教知識論：
陳那、法稱、脫作護

吳汝鈞 著

臺灣學生書局印行

嚴格義的佛教知識論研究的開山者：列寧格勒學派的 Th. Stcherbatsky

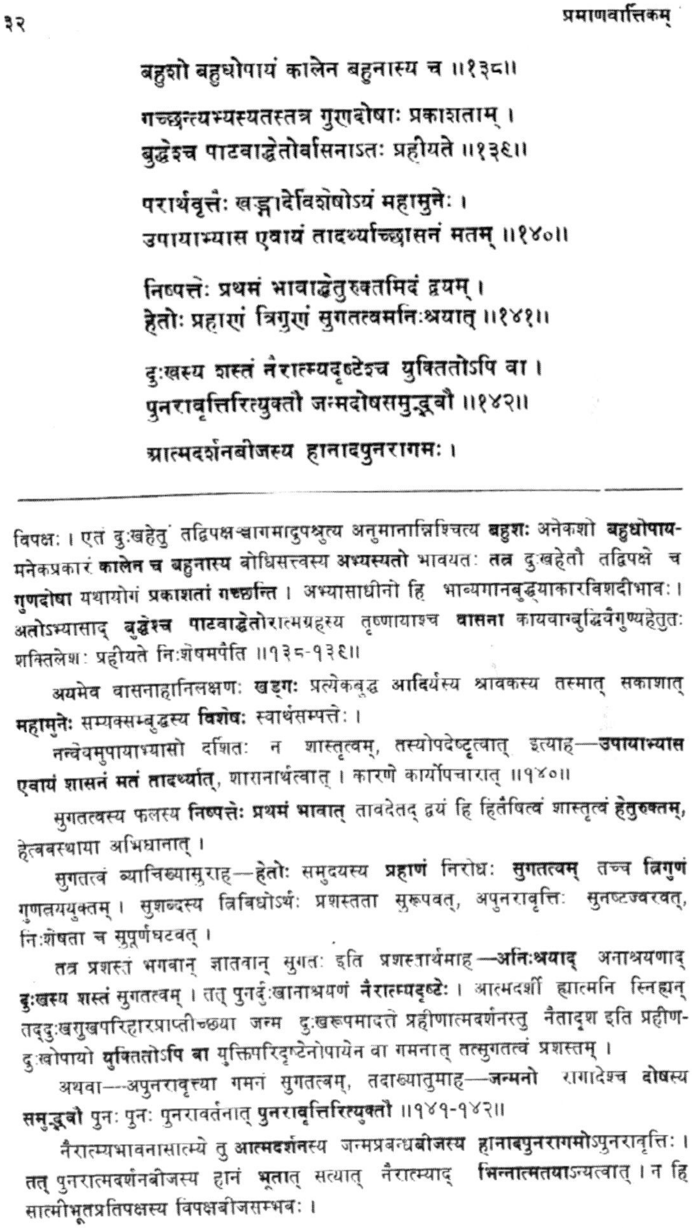

३२ प्रमाणवार्त्तिकम्

बहुशो बहुधोपायं कालेन बहुनास्य च ॥१३८॥

गच्छन्त्यभ्यस्यतस्तत्र गुणदोषाः प्रकाशताम् ।
बुद्धेश्च पाटवाद्धेतोर्वासनाऽतः प्रहीयते ॥१३९॥

परार्थवृत्तेः खड्गादेर्विशेषोऽयं महामुनेः ।
उपायाभ्यास एवायं तादर्थ्याच्छासनं मतम् ॥१४०॥

निष्पत्तेः प्रथमं भावाद्धेतुरुक्तमिदं द्वयम् ।
हेतोः प्रहाणं त्रिगुणं सुगतत्वमनिःश्रयात् ॥१४१॥

दुःखस्य शस्तं नैरात्म्यदृष्टेश्च युक्तितोऽपि वा ।
पुनरावृत्तिरित्युक्तौ जन्मदोषसमुद्भवौ ॥१४२॥

आत्मदर्शनबीजस्य हानादपुनरागमः ।

विपक्षः । एतं दुःखहेतुं तद्विपक्षञ्चागमादुपश्रुत्य अनुमानान्निश्चित्य **बहुशः** अनेकशो **बहुधोपाय**-मनेकप्रकारं **कालेन च बहुनास्य** बोधिसत्त्वस्य **अभ्यस्यतो** भावयतः **तत्र** दुःखहेतौ तद्विपक्षे च **गुणदोषा** यथायोगं **प्रकाशतां गच्छन्ति** । अभ्यासाधीनो हि भाव्यगानबुद्ध्याकारविशदीभावः । अतोऽभ्यासाद् **बुद्धेश्च पाटवाद्धेतो**रात्मग्रहस्य तृष्णायाश्च **वासना** कायवाग्बुद्धिवैगुण्यहेतुतः शक्तिलेशः प्रहीयते निःशेषमपैति ॥१३८-१३९॥

अयमेव वासनाहानिलक्षणः **खड्गः** प्रत्येकबुद्ध **आदिर्यस्य** श्रावकस्य तस्मात् सकाशात् **महामुनेः** सम्यक्सम्बुद्धस्य **विशेषः** स्वार्थसम्पत्तेः ।

नन्वेवमुपायाभ्यासो दर्शितः न शास्तृत्वम्, तस्योपदेष्टृत्वात् इत्याह—**उपायाभ्यास एवायं शासनं मतं तादर्थ्यात्**, शासनार्थत्वात् । कारणे कार्योपचारात् ॥१४०॥

सुगतत्वस्य फलस्य **निष्पत्तेः प्रथमं भावात्** तावदेतद् द्वयं हि हितैषित्वं शास्तृत्वं **हेतुरुक्तम्**, हेत्ववस्थाया अभिधानात् ।

सुगतत्वं व्याचिख्यासुराह—**हेतोः** समुदयस्य **प्रहाणं** निरोधः **सुगतत्वम्** तच्च **त्रिगुणं** गुणत्रययुक्तम् । सुशब्दस्य त्रिविधोऽर्थः प्रशस्तता सुरूपवत्, अपुनरावृत्तिः सुनष्टज्वरवत्, निःशेषता च सुपूर्णघटवत् ।

तत्र प्रशस्तं भगवान् ज्ञातवान् सुगतः इति प्रशस्तार्थमाह—**अनिःश्रयाद्** अनाश्रयणाद् **दुःखस्य शस्तं** सुगतत्वम् । तत् पुनर्दुःखानाश्रयणं **नैरात्म्यदृष्टेः** । आत्मदर्शी ह्यात्मनि स्निह्यन् तद्दुःखसुखपरिहारप्राप्तीच्छया जन्म दुःखरूपमादत्ते प्रहीणात्मदर्शनस्तु नैतादृश इति प्रहीण-दुःखोपायो **युक्तितोऽपि वा** युक्तिपरिदृष्टेनोपायेन वा गमनात् तत्सुगतत्वं प्रशस्तम् ।

अथवा—अपुनरावृत्त्या गमनं सुगतत्वम्, तदाख्यातुमाह—**जन्मनो** रागादेश्च **दोषस्य समुद्भवौ** पुनः पुनः पुनरावर्तनात् **पुनरावृत्तिरित्युक्तौ** ॥१४१-१४२॥

नैरात्म्यभावनासात्म्ये तु **आत्मदर्शनस्य** जन्मप्रबन्ध**बीजस्य हानादपुनरागमो**ऽपुनरावृत्तिः । **तत्** पुनरात्मदर्शनबीजस्य हानं **भूतात्** सत्यात् नैरात्म्याद् **भिन्नात्मतया**ऽन्यत्वात् । न हि सात्मीभूतप्रतिपक्षस्य विपक्षबीजसम्भवः ।

R. C. Pandeya 校法稱之《量評釋》（*Pramāṇavārttika*）之一頁

कारणविरुद्धकार्योपलब्धिर्यथा ' न रोमहर्षादिविशेषयुक्तपुरुषवानयं प्रदेशो ' धूमादिति ॥ ४२ ॥

यथेति । अयं देश इति धर्मी । योगो युक्तं ' रोमहर्षादिविशेषैर्युक्तं रोमहर्षादिविशेषयुक्तम् । तस्य संबन्धी पुरुषो रोमहर्षादिविशेषयुक्तपुरुषः । तद्वान्न भवतीति साध्यम् । धूमादिति हेतुः । रोमहर्षादिविशेषस्य प्रत्यक्षत्वे दृश्यानुपलब्धिः । कारणस्य शीतस्पर्शस्य प्रत्यक्षत्वे कारणानुपलब्धिः । वह्नेस्तु प्रत्यक्षत्वे कारणविरुद्धोपलब्धिः प्रयोक्तव्या । त्रयाणामप्यदृश्यत्वे ऽयं प्रयोगः । तस्मादभावसाधनो ऽयम् । तत्र दूरस्थस्य प्रतिपत्तुर्दहनशीतस्पर्शरोमहर्षादिविशेषा अप्रत्यक्षाः सन्तो ऽपि ' धूमस्तु प्रत्यक्षो यत्र ' तत्रैतत्प्रमाणम् । धूमस्तु यादृशस्तस्मिन्देशे स्थितं शीतं निवर्तयितुं समर्थस्य वह्नेरनुमापकः स इह ग्राह्यः । धूममात्रेण तु वह्निमात्रे ऽनुमिते ऽपि न शीतस्पर्शनिवृत्तिर्नापि रोमहर्षादिविशेषनिवृत्तिरवसातुं शक्येति न धूममात्रं हेतुरिति द्रष्टव्यमिति ।

यद्येकः प्रतिषेधहेतुरुक्तः कथमेकादशाभावहेतव इत्याह ।

इमे सर्वे कार्यानुपलब्ध्यादयो दशानुपलब्धिप्रयोगाः स्वभावानुपलब्धौ संग्रहमुपयान्ति ॥ ४३ ॥

इम इत्यादि । इमे ऽनुपलब्धिप्रयोगाः । इदमानन्तरप्रयोगात्ता निर्दिष्टाः । तत्र कियतामपि ग्रहणे प्रसक्त आह । कार्यानुपलब्ध्यादय इति । कार्यानुपलब्ध्यादीनामपि त्रयाणां चतुर्णां वा ग्रहणे प्रसक्ते सत्याह । दशेति । दशानामप्युदाहृतमात्राणां ग्रहणप्रसङ्गे सत्याह । सर्व इति । एतदुक्तं भवति । अप्रयुक्ता अपि प्रयुक्तोदाहरणसदृशाश्च सर्व एवेति दशग्रहणमन्तरेण सर्वग्रहणे क्रियमाणे प्रयुक्तोदाहरणकार्त्स्न्यं गम्यते । दशग्रहणात्तूदाहरणकार्त्स्न्ये ऽवगते सर्वग्रहणमतिरिच्यमानमुदाहृतसदृशकार्त्स्न्यावगतये ज्ञातम् । ते स्वभावानुपलब्धौ संग्रहं तादात्म्येन गच्छन्ति । स्वभावानुपलब्धिस्वभावा इत्यर्थः ।

法稱的《正理一滴》(*Nyāyabindu*)之一頁

SECTION 2. EXAMINATION OF THE *VĀDAVIDHI* DEFINITION

A. Next, [the theories of] perception as set forth by others shall be examined.

> *k. 1.* The *Vādavidhi*[1] is not [a work] of the teacher [Vasubandhu]. Or, [granted that it is his work,] it is affirmed [by Vasubandhu] that the quintessence [of his thought] is not [revealed in it].[2] Because [in another work of Vasubandhu] some things are explained differently. Accordingly, we will make examination [of the theories expounded in the *Vādavidhi*].

The *Vādavidhi* is not a work of the teacher Vasubandhu.[3] Or, [even if we accept the general opinion that it is the work of Vasubandhu] it is recognized by the teacher [himself] that the quintessence [of his thought] is not expounded therein.[4] In the *Vādavidhāna*[5] [another work of the teacher's] some things are explained differently [from in the *Vādavidhi*].[6] Therefore, the means of cognition (*pramāṇa*) and other topics [dealt with in the *Vādavidhi*] will be also briefly examined by us.[7]

B. "Perception is a cognition [produced] from that object" (*tato 'rthād vijñānaṁ pratyakṣam*).[8] In this [*Vādavidhi* definition of perception],

> *k. 2ab.* if the words "that object" mean "any object" [i.e., the *ālambana-pratyaya*, as opposed to other causes of cognition], [we must point out that] it [viz., the perceptual cognition] is not [produced] exclusively from that [object].

If the word "*tatas*" (from that [object]) is held to mean "[from] the all-inclusive *pratyaya*" [i.e., the *ālambana-pratyaya*, "any object as a cause of cognition"],[9] [then the definition does not hold good]. It is true that a cognition produced from a certain object [as its cause] is [then] designated according to [the name of] that [object], but it is not [produced] from that [object] alone (*tata eva*).[10] It cannot be [asserted] that a cognition is produced only from the *ālambana-pratyaya* because there is an established theory (*siddhānta*) that "the

の色知を領納する知は，色知を「かくかくの知である」と認識するであろうか。別言すれば色知を領納する知は有分別であろうか。すべての知は有分別であるという敵者の見解によれば，この色知の知も有分別ということになる。

法称はこのように有分別現量論者の見解から「色知の知（自証）も有分別である」という帰結を導き出したのち，つぎにその帰結がもつ誤りを指摘する。すなわち，

まさにそれ（＝色知）によって（色と色知自体とが）領納される場合，（敵者の見解によれば「色である」という分別と「色知である」という分別との）二つの分別が同時にあること（になろう。しかしそのようなこと）は経験されない。それゆえに，同時にある他の（＝無分別である）「識の領納」（＝自証現量）が認められる（べきである）。

tayaîvânubhave dṛṣṭaṃ na vikalpadvayaṃ sakṛt |
etena tulyakālānyavijñānānubhavo gataḥ || (178)

色を認識する知は，色を認識しつつ同時に自らをも認識する。つまり色知は色の領納（rūpānubhava）と色知自らの領納（tadbuddhyanubhava）（自証）との二つの認識作用を同時にもつ。ところで，もしすべての知は有分別であるとみなす敵者の考えによれば，色を領納する知も色知自身を領納する知（自証）もいずれも有分別であるべきであるが，もしそうだとすると，二つの分別が同時にあることになる。しかし二つの分別が同時にあることは経験的事実に反する。そこで色の知が有分別であるとすれば，その色知自身の自己認識（自証）の方は無分別とみなされるべきである。

かくて知はすべて有分別である，とみなす敵者の見解は否定されなくてはならない。

ところで，この法称の論議は一つの仮定に立って進められた。すなわち色知は色を領納すると同時に，色知自らをも領納するという仮定——換言すれば色知には自証があるという仮定——である。以下，法称はこの仮定

holend, ist stärker gegen die Methode selbst gerichtet. Der Syādvāda, von den Jainas die Lehre von der Nichteindeutigkeit *(anekāntavādaḥ)* (des Wirklichen) genannt, ist, da er vom Ding gleichzeitig Verschiedenheit und Identität aussagt, mit der Kontradiktion „A = Non-A" oder „sowohl A, als Non-A" zu beschreiben. Das zynische Beispiel, das Dharmakīrti wählt: Sauermilch und Kamel, erscheint beim ersten Anblick etwas unangebracht, geht es doch um das Verhältnis von Einzelding und Allgemeinem. Es liegt aber folgender Gedanke zugrunde: Ist das Substanztum wesenhaft im Einzelding, und dieses trotzdem ein Einzelnes, dann gilt nicht nur, daß Sauermilch eine Substanz ist, sondern auch das Umgekehrte: Substanz ist Sauermilch. Da auch das Kamel eine Substanz ist, sind Sauermilch und Kamel identisch. Die Polemik lautet im Einzelnen:

Was ein solcher Schamloser, wenn er sagt: „Ein Kamel ist sowohl Sauermilch als auch nicht", an Unsinnigem, Ungereimtem, demzufolge es kein zu Lassendes und zu Tuendes gäbe, da nichts eindeutig bestimmt ist, an Verworrenem schwätzt, das ist damit widerlegt, da die (Dinge) ihrem Wesen nach eindeutig verschieden sind. Oder, wenn sich das Wesen erstreckt und alles ein doppeltes Wesen hat, so ist die Besonderheit der Dinge aufgehoben. Warum läuft dann einer, den man aufgefordert hat: „Iß Sauermilch", nicht auf ein Kamel zu? (I, 184) Es gälte dann: Auch ein Kamel ist Sauermilch. Nicht: Nur ein Kamel ist ein Kamel, weil auch etwas anderes ein Kamel wäre. Ferner gälte: Auch Sauermilch ist Kamel. Nicht: Nur Sauermilch ist Sauermilch, weil auch etwas anderes Sauermilch wäre. Darum gibt es bei diesen beiden, weil es für keines entweder das Nichtsein der Form des andern oder eine Eigenform, die im andern nicht vorhanden und auf es beschränkt wäre, gibt, überhaupt keinen Unterschied. Und so könnte einer, den man auffordert: „Iß Sauermilch", genausogut auch ein Kamel essen. Wenn dagegen noch irgendeine Besonderheit besteht, derzufolge man beim Handeln einen Unterschied macht, dann ist diese die Sauermilch. Und da sie anderswo fehlt, ist (das Wesen aller Dinge) durchaus einfach (I, 185). Gibt es eine bestimmte Besonderheit bei den beiden, derzufolge man nach einer solchen Aufforderung nur auf das Milchprodukt hin handelt, nicht aber auf das andere hin, so ist eben diese Besonderheit, welche Objekt des Handelns dessen ist, der die Erfüllung eines Zwecks wünscht, die Sauermilch. Sauermilch ist nämlich ein Ding, dessen Wesen gekennzeichnet ist durch das Ursachesein für diese besondere

T. Vetter 所著《法稱知識論》
(*Erkenntnisprobleme bei Dharmakīrti*) 之一頁

三　知覚の本質

そのうち、知覚は、概念知をはなれ、迷乱なき（認識）である。[1]（定義）

概念知とは、時間的に前にあるものとあとにあるものを接続して得られるもので、ことばを交えている理解、あるいは心の内のつぶやきという理解のことである。たとえば、賢い人のもつ、これは壺である、という判断や、子ども、唖者、動物などにある心の内のつぶやきや、反省という形をもった理解など（が概念知）である。そのように（ダルマキールティも）規定している。すなわち、

　ことばと結びつきうる表象をもつ理解が概念知である。

いったい、子どもや唖者などに、心の内のつぶやきという形の概念知があると、なんの証拠をもって決定しうるのかというと、それは思惟の結果である、好ましいものをとりいとわしいものを捨てる（行為）から決定されるのである。実際、子どもや唖者の場合にも、ほしいものを要求しきらいなものを捨て去るという、この（内的な思惟の）結果（である行為）は認められるのである。

このように、子どもや唖者の認識も一種の概念知であると指摘することによって、クマーリ

梶山雄一所譯脫作護之《論理のことば》（*Tarkabhāṣā*）之一頁

自 序

這本《佛教知識論：陳那、法稱、脫作護》是我繼前此寫就出版的《早期印度佛教的知識論》的續篇，探討成熟期的印度佛教的知識論。這裏所說的知識論，取嚴格義，對比著西方哲學特別是康德（I. Kant）的說法，表示我們對作為對象的現象世界、經驗世界的認知。依康德，我們對對象方面有兩種認知機能：感性（Sinnlichkeit）與知性（Verstand）；前者認知對象的個別性，後者認知對象的普遍性。在早期的印度的大乘佛教，特別是唯識學（Vijñāna-vāda），較重視存在世界，而且對它進行認知，發展出雛形的知識論。到中期的陳那（Dignāga）、中、後期的法稱（Dharmakīrti），以至後期的脫作護（Mokṣākaragupta），知識論大盛，其規模足與康德的那一套相比肩。在陳那與法稱來說，我們認知的對象有兩種：自相（sva-lakṣaṇa）和共相（sāmānya-lakṣaṇa），相應於這兩種對象，我們分別有兩種認識機能來認知：現量（pratyakṣa）和比量（anumāna）。籠統地說，現量相當於康德的感性，比量則相當於康德的知性。脫作護吸收了陳那與法稱的知識論，也接受兩人的心識的自己認識（svasaṃvedana）的觀點和法稱對認識的實效的重視，並進一步發揮意識現量與瑜伽現量的說法。三人都有重要的代表著作，分別為：《集量論》（*Pramāṇasamuccaya*）、《量評釋》（*Pramāṇavārttika*）和《論理的言說》（*Tarkabhāṣā*）。

在中文學界，頗有一些人說起佛教的知識論或認識論，會舉僧肇的般若無知的知、天台的觀或禪的悟。方立天的《佛教哲學》和夏甄陶的《中國認識論思想史稿》便有這種做法。實際上，早期佛教和近現代以前的中國思想，並沒有嚴格意義的知識論。上面提及的般若無知的知、天台的觀或禪的悟是一種宗教覺悟的機能，相當於康德所說的睿智的直覺（intellektuelle Anschauung）。佛教要到陳那出來，才有知識論的當體本義。中國古代也沒有這種知識論；直到近現代，國人接觸西方哲學，才提出知識論的當體本義。因此我寫中國的知識論，只寫張東蓀、金岳霖與牟宗三，他們以前的都不算數。熊十力說要造量論，最後也沒有造成。他在《新唯識論》中所說的，是性智，不是量智；前者是見本體的知，後者則是當體本義的知識論的知。

這本拙作在我要建構的純粹力動現象學的理論體系裏，只是其中一部分而已。在這種造論的工程中，我已完成了形而上學的理論部分，這包括如下三本書：《純粹力動現象學》、《純粹力動現象學續篇》和《純粹力動現象學六講》。下來便是有關量論或知識論部分，即要建立純粹力動現象學的知識論。這項工作涉及很廣遠的範圍，難度很高。我想先看看西方哲學、中國哲學和佛教這幾方面的知識論的成果，作為一種熱身（warm up）的工作，吸收其中有益的養分，以打造純粹力動現象學的知識論，因此寫就了《西方哲學的知識論》、《當代中國哲學的知識論》和《早期印度佛教的知識論》，再加上這本闡述、析論佛教成熟期的知識論，把焦點放在陳那、法稱和脫作護這三位大師身上，成就了《佛教知識論：陳那、法稱、脫作護》一書，熱身的工作算是完成。下一步要做的，便是撰著《純粹力動現象學的知識論》一書了。

我本來想把印度哲學的知識論也包籠過來，後來看到這項工程委實艱鉅，它包含印度六派哲學：數論（Sāṃkhya）、瑜伽（Yoga）、彌曼差（Mīmāṃsā）、正理（Nyāya）、勝論（Vaiśeṣika）和吠檀多（Vedānta）的知識論。另外還有耆那教（Jainism）的知識論。又考量及在印度、日本和歐陸在這些方面的研究，算計一下自己的精神與時間，不得不知難而退，放棄這方面的撰著計劃。

回返到陳那、法稱和脫作護的大乘佛學的中、後期的知識論。實話實說，這方面的學問是相當難做的。首先，我們得先掌握知識論的基本理解，提升思維的學養。在這方面，可先對西方哲學特別是康德的存有論的、先驗綜合的知識論或胡塞爾（E. Husserl）的現象學的以意識為主脈的知識論作些工夫來切入，我便是這樣做的。此中的好處是觀念論的康德與現象學的胡塞爾與佛教唯識學的立場比較接近，雙方具有良好的對話空間；而陳那、法稱他們在譜系上屬唯識學派（法稱略有經量部 Sautrāntika 的傾向），他們認為我們的認知機能是現量與比量，這與康德的感性與知性大體上是相應的，而胡塞爾則以意識（Bewuβtsein）為主，在比較研究上是一條順路。特別是，胡塞爾通過意識的意向性（Intentionalität）以構架世界，唯識學以心識變似、詐現現象因而有心識的自己認識的觀點，可以拉近雙方的距離。不過，我們也不能因此而忽略了雙方在哲學與宗教方面的分野。即是，康德與胡塞爾是要建立自己的哲學體系，他們分別講的知性與意識是中性的傾向；唯識學則除了是哲學外，還有濃厚的宗教意涵，它以心識是虛妄的，因而強調要轉識成智。在這個脈絡下，我們不妨說康德與胡塞爾的知識論是理論的、純粹的知識論，陳那、法稱他們的知識論則是工夫論的、救贖性的知識論。

另一個難關是語文方面的。這有二面，一是古典語文，主要是梵文、藏文與漢文。要研究中、後期佛教知識論，要在這幾種語文方面下工夫。梵文是原典語文，藏文與漢文則是翻譯語文。原典本來是用梵文來寫的，但很多已失去，陳那的《集量論》是最明顯的例子。不過，其中有少量的文句出現於其他一些稍後出的文獻中，但幫助不大。這得依賴藏文翻譯了。據說義淨曾將之譯為漢文，但也失落無傳。一般來說，梵文原典都有藏文翻譯，這便做成藏文譯本對佛教知識論的研究的重要性。至於漢文翻譯，為數甚少，只有玄奘的少量翻譯，如陳那的《觀所緣緣論》（*Ālambanaparīkṣā*）和《因明正理門論》（*Nyāyamukha*）。由此看陳那的知識論，是不夠的。另一面是研究的語文。一般研究中、後期佛教知識論的，有三個不同的語文圈子：英文、德文、日文。要吸收這方面的研究成果，便得先學好這幾種語文。

平心而論，我自己研究中、後期佛教的知識論，條件是不夠的。寫這本書，有點勉強，時常要參考別人特別是戶崎宏正的研究成果，但在目前的中文學界好像還未看到有關的著作。這或許是事實，或許是我自己孤陋寡聞。書中肯定有不少不完足之處，讀者諒之。

書中有一篇附錄，是我在閱讀戶崎宏正的《佛教認識論の研究：法稱著プラマーナ・ヴァールティカの現量論》中寫下的要點和回應，這對讀者可能有些用。又拙著蒙陳森田先生代為造索引，在此一併致謝。臺灣學生書局的有關員工在印務上的辛勞，令人銘感五內。

最後，書中第二章與第三章由於寫於不同時段，我用了不同的《量評釋》的版本，一是 R. C. Pandeya 校訂的，另一是 R. Sāṅkṛtyāyana 校訂的，在解讀上應該沒有問題。

是為序。

二〇一四年秋

南港中央研究院

略語表（Abbreviations）

（依梵、藏文、日文、英文及德文先後排序）

NB	Dharmakīrti, *Nyāyabindu, Bibliotheca Buddhica*, VII, Leningrad, 1918.
NBh	G. Jha, ed., *Nyāyabhāṣya of Vātsyāyana*. Poona: Poona Oriental Series 58, 1939.
NMañj	*Nyāyamañjarī of Jayantabhaṭṭa*. Kashi Sanskrit Series 106, Benares, 1936.
PSV	*Pramāṇasamuccayavṛtti of Dignāga*. 影印北京版《西藏大藏經》，No. 5702.
PV	T. Vetter. *Dharmakīrti's Pramāṇaviniścayaḥ*. 1. Kapitel: Pratyakṣam. Einleitung, Text der tibetischen Übersetzung, Sanskritfragmente, deutsche Übersetzung. Wien: Hermann Böhlaus Nachf, 1966.
PVBh	Prajñākaragupta, *Pramāṇavārttikabhāṣya*. R. Sāṅkṛtyāyana, ed., Tibetan Sanskrit Works Series, Vol. 1, Patna, 1953.
PV-k(I)	*Pramāṇavārttika*. R. Sāṅkṛtyāyana, ed. (Appendix to J.B.O.R.S., Vol. XXIV, Parts I-II, 1938).
PVP	*Pramāṇavārttikapañjkā of Devendrabuddhi*. 影印北

京版《西藏大藏經》，No. 5717(b).

PV-P R. C. Pandeya, ed. *The Pramāṇavārttika of Ācārya Dharmakīrti* with the commentaries *Svopajñavṛtti* of the Author and *Pramāṇavārttikavṛtti* of Manorathanandin. Delhi: Motilal Banarsidass, 1989.

PVT(S) *Pramāṇavārttikatīkā of Śākyamati*. 影印北京版《西藏大藏經》，No. 5718.

PVV *Pramāṇavārttikavṛtti of Manorathanandin*. R. Sāṅkṛtyāyana, ed. (Appendix to J.B.O.R.S., Vol. XXIV, Parts III, 1938).

TAV M. K. Jain, ed. *Tattvārtha(rāja)vārttika of Akalaṅka*. Jñānapīṭha Mūrtidevī Jaina Granthamālā, Sanskrit Grantha, No. 10, Benares, 1953.

TS E. Krishnamacharya, ed. *Tattvasaṃgraha of Śāntarakṣita*. Together with Kamalaśīla's Pañjikā. 2 Vols., Baroda: G.O.S., XXX, XXXI, 1926, 1328d.

TSP *Tattvasaṃgrahapañjikā of Kamalaśīla*. Published with *Tattvasaṃgraha* of Śāntarakṣita in G.O.S., p. 373.26.

《調伏天釋》 渡邊照宏著《渡邊照宏著作集第七卷：正理一滴法上釋和譯、調伏天造正理一滴論釋和譯》，東京：筑摩書房，1982。

《ことば》 梶山雄一譯注《論理のことば：モークシャーカラグプタ》，東京：中央公論社，1975。

《認識論》 戸崎宏正著《佛教認識論の研究：法稱著プラマーナ・ヴァールティカの現量論》上、下卷，東京：

	大東出版社，1979。
《法上釋》	木村俊彥譯〈ダルモーッタラ釋ニヤーヤ・ビンドゥ〉，木村俊彥著《ダルマキールティ宗教哲學の原典研究》，東京：木耳社，1981。
BL	Th. Stcherbatsky. *Buddhist Logic. Bibliotheca Buddhica*, XXVI, Leningrad, 1932. 此書有兩冊，分 I 與 II。
DD	A. Singh. *The Heart of Buddhist Philosophy: Diṅnāga and Dharmakīrti*. Delhi: Munshiram Manoharlal Publishers Pvt. Ltd., 1984.
DP	M. Hattori. *Dignāga, On Perception*. Being the Pratyakṣapariccheda of Dignāga's *Pramāṇasamuccaya* from the Sanskrit fragments and the Tibetan versions. Cambridge: Harvard University Press, 1968.
HIE	J. Prasad. *History of Indian Epistemology*. Delhi: Munshiram Manoharlal Publishers Pvt. Ltd., 1987.
"Introduction"	Y. Kajiyama, tr. "An Introduction to Buddhist Philosophy: An Annotated Translation of the *Tarkabhāṣā* of Mokṣākaragrupta." *Memoirs of the Faculty of Letters, Kyoto University*, No. 10, 1966.
UF	S. Mookerjee. *The Buddhist Philosophy of Universal Flux*. An Exposition of the Philosophy of Critical Realism as Expounded by the School of Dignāga. Delhi: Motilal Banarsidass, 1980.

ED T. Vetter. *Erkenntnisprobleme bei Dharmakīrti*. Wien: Hermann Böhlaus Nachf., 1964.

佛教知識論：陳那、法稱、脫作護

目　次

第一章　陳那的知識論

一、佛教知識論的建立與陳那的有關著作

知識論（epistemology, Theorie der Erkenntnis）是哲學中的一個重要部分，是研究對於外界事物如何建立客觀和有效的知識的學問。這種學問在西方發展得很早，由柏拉圖（Plato）開始已經有講習，中間經過理性主義和經驗主義，開出兩種不同的路向，至康德而達致一個嚴格的理論總結。康德（I. Kant）對理性主義和經驗主義的知識論都有所批評，也有吸收。在他的鉅著《純粹理性批判》（*Kritik der reinen Vernunft*）中，他為知識論刻劃出一個龐大的圖像。他認為我們有兩種認知機能：感性（Sinnlichkeit）與知性（Verstand）。前者具有接受的能力，能把外界的存在資料或與料在時間與空間的直覺形式下吸收過來，移交給知性，後者可借助自身所提出來的範疇概念對這些與料加以整理、範鑄，使它們成為對象。對象的成立標誌著知識的開始。

康德之後，西方的知識論向各方發展，先後出現了羅素（B. Russell）、維根斯坦（L. Wittgenstein）的分析的知識論、懷德海（A. N. Whitehead）的機體主義知識論、杜威（J. Dewey）的實用主義知識論、胡塞爾（E. Husserl）的現象學知識論等。西方知識論之那麼

盛行，發展得那麼興旺，自然與西方人重視存在世界有密切的關連。佛教的情況很不同，它的關心點是解脫，從現實的種種苦痛煩惱解放開來，向一個具有永恆性格而又超越苦與樂的相對性的目標趨附。這是宗教意義的，與現實世界沒有那麼切近的聯繫。經過原始佛教、部派佛教、般若思想、中觀學而後到唯識學（Vijñāna- vāda），由於後者強調事物的緣起性格，特別是它們是由心識所變現，這樣才注意起心識的問題。經過彌勒（Maitreya，傳說中的人物）、無著（Asaṅga）、世親（Vasubandhu）的闡揚，才從心識的活動聚焦到識（以意識 mano-vijñāna 為主）對外物的認知方面。陳那（Dignāga）的知識論或認識論才在這種殊勝背景之下產生。在某一程度來說，他的知識論有點像康德的那一套，特別是他強調我們的認識機能只有兩種：現量（pratyakṣa）與比量（anumāna），這分別相應於康德的感性與知性。我們可以說，佛教的知識論的發展，要到陳那出，才建立出西方意義的穩健的知識論。陳那之後的法稱（Dharmakīrti）、寂護（Śāntarakṣita）、脫作護（Mokṣākaragupta）等，都沿著陳那的路向各自發展自己的知識論。

陳那的知識論是在「挾相立量」的脈絡下建立的，這是有相唯識的路向，與無相唯識對揚。相（ākāra, lakṣaṇa）即是認知對象。挾相即是挾帶著對象來進行認知。

知識論在佛教的相應梵語是 pramāṇavidyā。pramāṇa 是量、知識，vidyā 則是明、解明。知識論在佛教來說是量論。佛教知識論要到陳那才算真正成立。陳那在知識論（也包括邏輯，logic）方面的著作很豐富。但很多作品都已全部消失，幾乎沒有一本梵文原典能完整地流傳下來。不過，有不少藏譯與漢譯現存，這對我們理解陳那的思想，有一定的助力。在知識論方面，陳那的最重要的著作，自然是《集量論》（*Pramāṇasamuccaya*），這是以偈頌寫成的。陳那自己也曾對這部精采但難讀的著書作過註疏（*vṛtti*），而成《集量論註》（*Pramāṇasamuccayavṛtti*）。這是陳那晚年的著作，可說是表達了他最成熟的知識論觀點。這部鉅著的梵文本基本上已散失，不過，其中很有一些文字散落在他的一些著作中，也被他的後學如法稱所徵引，也有些被引用於他的反對論者的著作中。

可喜的是，我們要完整地理解《集量論》的知識論思想，還是可以的。它有兩種藏譯。其一是印度學者金鎧（Kanakavarman, Gser-gyi go-cha）和西藏學者信慧（Dad-pa śes-rab）所譯出的，這即是：

《集量論》（*Tshad-ma kun-las btus-pa, Pramāṇasamuccaya*），
北京版，第 130 卷，第 5700 號。

另一是印度學者持世護（Vasudhārarakṣita, Nor-ḥdsin bsruṅ-ba）和西藏學者師子幢（Seṅ-rgyal）譯出的，這即是：

《集量論》（*Tshad-ma kun-las btus-pa, Pramāṇasamuccaya*），
東北版，第 4023 號。

只有偈頌沒有註疏的論書稱為《量集》：

Tshad-ma kun-las-btus-pa shes-bya-baḥi rab-tu-byed-pa,
Pramāṇasamuccaya-nāma-prakaraṇa

偈頌與註疏合在一起的，稱為《量集註》：

Tshad-ma kun-las-btus-paḥi ḥgrel-ba, Pramāṇasamuccayavṛtti

這《量集註》一如《集量論》，都是分別由金鎧、信慧和持世護、師子幢譯出。

《集量論》有六章（品），分別處理現量（pratyakṣa）、為自比量（svārthānumāna）、為他比量（parārthānumāna）、觀喻似喻

（dṛṣṭānta-dṛṣṭāntābhāsa）、觀離（apoha）、觀過類（jāti）諸問題。其中的現量品（pratyakṣaparicheda），探討知識或認識的問題。我們這裏主要是依據散落在其他諸種著作中、為其他諸種著作所引述的這一章的文字，來看陳那的知識論。

陳那的《觀所緣緣論》（*Ālambanaparīkṣā*）及他自己所作的註疏（*Ālambanaparīkṣāvṛtti*）也是研究他的知識論的重要作品。這是論述對象、認識對象問題的專著，篇幅不多。其中的論證對於《集量論》在闡述相關問題上提供了依據。例如，在這部著作中，陳那論證了認識對象不外是認識活動中的對象的表象而已，他因此在《集量論》中提出自我認識（sva-saṃvitti）的說法。[1]

另外一部有關知識論的著作是《正理門論》或《因明正理門論》（*Nyāyamukha*）。這本小著與傳為陳那弟子的商羯羅天主（Śaṅkarasvāmin）寫的《因明入正理論》或《入正理論》（*Nyāyapraveśaka*）性質相同，都是有關因明（hetu-vidyā）學的入門書。而《正理門論》的部分語句亦有收錄於《集量論》之中。這本書只有漢譯現存。

我在這裏探討陳那的知識論，基本上以上面所提三書（《集量論》、《觀所緣緣論》、《正理門論》）為依據。實際上，陳那的其他著作，都有涉及知識論的說法。[2]在這裏，我想應用那三本著作

---

[1] 這本《觀所緣緣論》有法勞凡爾納（E. Frauwallner）的德譯：E. Frauwallner, tr., "Dignāga's Ālambanaparīkṣā." *Wiener Zeitschrift für die Kunde des Morgenlandes*, Vienna, Bd.37, 1930, pp.174-194.

[2] 關於陳那的多方面的著作，參看 M. Hattori, *Dignāga, On Perception*. Cambridge: Harvard University Press, 1968 , pp.6-11. 此書以下省作 DP。另外，宇井伯壽寫有《陳那著作の研究》（東京：岩波書店，1979），

便夠了。

二、唯識學與經量部之間

有一個問題，我們需要注意。在漢譯傳統，陳那一直都被視為唯識學派的人，特別是世親的追隨者。而世親原來是學習小乘說一切有部（Sarvāsti-vādin）的義理的，並寫有《阿毗達磨俱舍論》（*Abhidharmakośa*），發揮五位七十五法的實在論思想，開展出一套繁瑣哲學。後來受到他的老兄無著的熏陶，於是改信大乘，先後寫有《唯識二十論》（*Viṃśatikāvijñaptimātratāsiddhi*）、《唯識三十頌》（*Triṃśikāvijñaptimātratāsiddhi*）等重要的唯識學的經典著作，儼然成了唯識學理論的奠立者，鋒頭蓋過了無著。但《俱舍論》與《二十論》、《三十頌》在內容、立場相差太遠，一為實在論，一為觀念論，世親由小乘轉入大乘，如何可能呢？這是筆者最初接觸唯識學時所感到的疑惑。不過，若再深一層去思考，有部持法有我無說，唯識學則持我法二空說，雙方不同只是在對法的自性的看法上，在我的問題上，雙方都以我為空。在法與我之間，我應佔較

以以下五本漢譯的陳那作品為研究對象：《觀所緣（緣）論》（*Ālambanaparīkṣā*）、《解捲論》（又作《掌中論》，*Hastavālaprakaraṇavṛtti*）、《取因假設論》（*Upādāyaprajñaptiprakaraṇa*）、《佛母般若波羅蜜多圓集要義論》（*Prajñāpāramitāsaṃgrahakārikā*）和《觀總相論》（*Sāmānyalakṣaṇaparīkṣā*）。在其中未有論述《因明正理門論》，這是由於他在其《印度哲學研究》第五：《佛教論理學》中已對這本文獻作過詮譯的緣故。他是不想重複。

重要的位置，這是從工夫論方面說：破除我執比破除法執更具關鍵性。對於我執的破除，不難推廣開去，以及於法，因而破除對法的執著。因此，《俱舍論》與《二十論》、《三十頌》在工夫論上並不必然對立，雙方的差異若透過思維歷程上的轉化來看待，未必不可能。即是，世親在寫《俱舍論》時，執法而不執我，到寫《二十論》與《三十頌》時，則不再執法，不再執之為實在，因而雙破我法之執。

其後讀到法勞凡爾納的研究，問題又變得複雜起來。他提出兩個世親的說法，其一是疏釋彌勒與無著的著書的世親，另一則是撰著《俱舍論》、《成業論》（*Karmasiddhiprakaraṇa*）、《二十論》與《三十頌》的世親，兩者並不相同。很多人都知道這種提法，日本學者不大認同。

另外，最近我細看印度學者辛格（A. Singh）的著作，他提出另外一個可能性：經量部。他的文獻學的依據是，陳那在他的著作中，有提《俱舍論》，但沒有提《三十頌》，也沒有提彌勒、無著、世親註疏的《中邊分別論釋》（*Madhyāntavibhāgabhāṣya*）。倘若他是唯識系的世親的弟子，他應提這後面的兩部文獻，不應提《俱舍論》，後者被視為毗婆沙師（Vaibhāṣika）或經量部（Sautrāntika）的作品。這表示他的老師世親是經量部的人物，不應是唯識派的。[3]

這裏辛格又提另外一個世親，那是經量部的。這點很值得注意。

---

3 A. Singh, *The Heart of Buddhist Philosophy: Diṅnāga and Dharmakīrti*. Delhi: Munshiram Manoharlal Publishers Pvt, Ltd., 1984, p.61. 此書以下省作 DD。

按經量部有《經藏》（*Sūtrapiṭaka*）的追隨者的意味。辛格指出，經量部的開始，是在佛教中一群稱為“Sūtradharas”要維護佛陀的本來教法，對抗阿毗達磨的修正觀點，經量學便由是開始。[4]這樣一來，便有三個世親了：一是詮釋、發揮彌勒、無著學說的世親；二是屬於有部譜系的世親；三是經量部的世親。如何抉擇呢？這是一個重要的問題，它的解決對陳那、法稱屬哪一系統或譜系有重要的影響。陳那是世親的親密信徒，世親是哪一系統的人物，也決定陳那是該系統的人物。

讓我們依據漢文資料再說起。漢文資料方面認為世親早年是一個有部（說一切有部）的毗婆沙師（Sarvāstivādi Vaibhāṣika）。後來受到兄長無著的影響，而投向大乘（Mahāyāna），由有部實在論者變成唯識學觀念論者。在著述方面，他先是作為一個喀什米勒毗婆師（Kāśmīra-Vaibhāṣika），撰寫了《俱舍論》。後來成為唯識論者，又撰作了《三十頌》等作品。這種轉變，如我上面所說，是由法有我無觀點轉為我法二空觀點，其重點在我的一邊，不在法的一邊。這是可以的，但嫌過於曲折，難以為人接受。法勞凡爾納便是其中之一人，他索性提出兩個世親說：年長的唯識論師、無著的兄弟；年幼的有部毗婆沙師。現在辛格又提另外一個屬經量部的世親。他除了提出上述的文獻學的佐證外，又表示一些可靠的、可信的批評者把世親、陳那、法稱稱為經量部論者（Sautrāntikas），又說他們是唯識學的反對者。[5]另外，辛格又指出陳那與法稱從來未有在他

4　Ibid., p.23.
5　Ibid., p.7.

們的著作中稱自己是唯識學派的人。[6]他又列舉一些外在的因素，說一些現代學者與古典學者都視陳那、法稱為經量部學者。[7]以陳那與世親的密切關係來看，倘若陳那是經量部人士，則世親亦然。

說到陳那、法稱與經量部的關係，讓我想起陳那、法稱雖依漢文佛教傳統隸屬唯識譜系，但他們特別是法稱在存有論的思考上，實在有外界實在的傾向，這便離開唯識學而接近經量部了。在這裏我們即從文獻方面轉到義理方面看陳那與唯識學和經量部的關連，特別就辛格的說法來考量，我自己也會作些回應。

首先就認識機能或認識手段來說。辛格提到，在有效的認識手段方面，陳那與法稱將之限制在現量與比量方面，這種處理源自經量部傳統，而非唯識學。後者除了認可這兩種機能外，還提出聖言（āptāgama）。[8]按這種說法並不完全正確。在唯識學傳統方面，本來有八識之說，前五識是感識，可以說相當於現量，第六識的意識，則相當於比量。第七末那識（mano-vijñāna）與第八阿賴耶識（ālaya-vijñāna），則牽涉到下意識的問題，沒有認識或知識的意義。陳那提出現量與比量，可以說是分別沿襲唯識學的感識和意識，不

---

6 Ibid., p.77.

7 這些現代學者有 S. Mookerjee, S. Dasgupta 等。古典學者 Dharmottara, Durvekamiśra, Vācaspati, Pārthasārathi, Udayana, Mallavādin, Siṃhasūri 等。（Ibid., p.92）但關於這個問題，筆者與研究陳那、法稱的認識論的服部正明、戶崎宏正面談過，他們都不認同辛格的觀點，他們認為一個世親便夠了，沒有提出另一個的需要。也不必強把陳那、法稱拉到經量部方面去。戶崎更強調，一個論師在不同時期嚮往不同的義理，對不同的聽者說不同的教法，在東方傳統是常有的事。西方學者對於這一點並不是很懂。

8 Ibid., p.109.

一定要取法經量部。

其次，辛格又提到，從存有論來說，陳那、法稱把知識對象分為兩種：具體者（sva-lakṣaṇa）與普遍者（sāmānya-lakṣaṇa），這是基於經量部而來，他所提的經量部的世親也曾加以解釋，毗婆沙師亦持此說。但唯識學則說三性（tri-svabhāva）。在法稱的作品中，從來沒有提及三性問題。[9]辛格這樣說，並不周延。唯識學以三性來概括事物的存在形態：遍計所執性（parikalpita-svabhāva）、依他起性（paratantra-svabhāva）、圓成實性（pariniṣpanna-svabhāva）。但雖說三性，其實只有二性即遍計所執與圓成實是說事物的現前的、真實存在的狀態，或對象的狀態。依他起是無所謂現前的存在形態的，它是事物的基本構造方式。對於我們來說，依他起構造的事物不是遍計所執便是圓成實，並沒有純粹是依他起性格的事物出現在我們眼前。這樣，事物或對象便只有兩種：遍計所執與圓成實。遍計所執涉及對事物自身的種種不同狀況，圓成實則概括事物的共同性格、真理的性格，這即是空（śūnyatā）。故兩者分別相應於對象的具體相、自相與普遍相、共相。[10]故陳那所說對象的兩種相或性格，不必只是從經量部而來，唯識學本身便有這兩個涵義，供他取

9　Ibid., p.110.

10　有關唯識學的三性問題，參看拙著《唯識現象學一：世親與護法》，臺北：臺灣學生書局，2002，頁 176-200。也可參看長尾雅人著〈唯識義の基礎としての三性說〉，長尾雅人著《中觀と唯識》，東京：岩波書店，1978，頁 455-501。上田義文對於這三性說的闡釋，多次出現於他的名著《佛教思想史研究》（京都：永田文昌堂，1967）中。對於這個問題的探討，最詳盡的當數竹村牧男的《唯識三性說の研究》（東京：春秋社，1995）。此書本來是作者向東京大學提出的文學博士學位論文。

法。

第三，辛格認為《俱舍論釋》（*Abhidharmakośabhāṣya*）和《言說品類》（*Vādavidhāna*）是經量部的世親的作品，而陳那的著作也是基於此二作品的。他認為陳那、法稱都是經量部世親的詮釋者和辯護者，他們應該是經量部學者。同時，陳那、法稱的學說與經量部的世親的很相似，特別是他們反對唯識學的八識（aṣṭavijñāna）說，排斥阿賴耶識（ālaya-vijñāna）說。[11]我的回應是，陳那的著作的根本觀點，並未與世親的《俱舍論釋》有密切的關連。而陳那也沒有反對八識說，排斥阿賴耶識。他在《觀所緣緣論》中便曾三度提到阿賴耶識：兩次提「本識」（《大正藏》31·888 下、889 上），一次提到「異熟識」（《大正藏》31·889 上）。這兩種說法在唯識學來說，都是指阿賴耶識。

第四，辛格提到印度的佛學者握達爾（A. K. Warder）的意見，說後者把陳那從唯識學派分離開來，而成為「量學派」（Pramāṇa School），因為陳那與法稱都是實在論者，以感性對象為真實。握達爾同意，若陳那是與有部、經量部有密切關係的世親的學生，則應屬經量部的譜系。[12]握達爾的意思是，倘若我們認為有兩個世親：世親 I 與世親 II，則前者是承彌勒、無著的，後者則是有部與經量部的論師。倘若陳那是世親 I 的學生，則他是唯識學系；倘若陳那是世親 II 的學生，則他是經量部系。但作為歷史人物的世親的何所屬問題未解決，陳那是哪一系學者的問題便得被擱置。這種處理，顯然是把陳那放在世親的脈絡下來定位，世親的問題一日不解決，

---

11 A. Singh, DD, pp.6-7.

12 Ibid., pp.92-93.

陳那的位置便無從說起。我想這不是一個合理的做法，我們應該把陳那從世親的陰影下移離，單從他的哲學特別是認識論的觀點來確定他的何所屬。至於握達爾說陳那、法稱是實在論者，以感性對象為真實，實欠妥當。對於佛教內部如般若思想（Prajñāpāramitā）、中觀學（Mādhyamika）來說，陳那、法稱講現量、比量的知識論，講有相唯識（sākāravijñānavāda），自然可說是有實在論的傾向；但對於佛教之外的實在論學派如勝論派（Vaiśeṣika）、正理派（Naiyāyika）等來說，則陳那、法稱的那一套知識論或量論，則是很富觀念主義色彩的理論了。我們頂多只能叫陳那、法稱的觀點有實在論的傾向，比真正的實在論（realism）還差得很遠。他們在知識問題上持自我認識的說法，以知識的對象在識方面，在外界沒有對應物，包括感性對象在內。不知握達爾何以說陳那、法稱是實在論者，以感性對象為真實。

第五，承著感性的對象、外界對應物說下來，辛格指出，在有關對象的問題方面，陳那、法稱傾向於經量部的看法，反而遠離了唯識學的看法。陳那在《觀所緣緣論》中，對於對象（ālambana）的了解，是指心識對象（vijñānālambana），而不是指感官對象（indriyaviṣaya）。前者是抽象的共相（sāmānya-lakṣaṇa），後者則是具體的自相（sva-lakṣaṇa）。陳那並不否定（感官）對象的存在性，但卻否認意識的對象。這便不同於唯識學，而近於經量部了。特別是，他近於經量部、阿毗達磨傳統的世親，不近於唯識學的世親。唯識學的世親在其《二十論》與《三十頌》中，明顯地反對由原子或極微（aṇu）所構成的對象。[13]辛格在這裏要說的是，陳那、

---

[13] Ibid., pp.61-62.

法稱有限度地接受經量部的實在論、外界實在的傾向，與唯識學的反實在論而宗觀念論的立場很不同。按這樣說法不為無理。特別是，法稱較陳那更有認可外界實在的趨向，這可見於對象的實用義的有效性一點，這有效性是就外界的感性對象而言的。

第六，辛格認為，有關個別相或自相的問題，陳那承接世親 II 的觀點，視自相為感覺（知覺）的對象（viṣaya）。這是與普遍相或共相對說的，後者是推理的對象。陳那在他的《觀所緣緣論》中，承接經量部和世親 II 的觀點，批判毗婆沙師和勝論派的原子說或極微說。陳那持「原子聚合說」（aṇusamudāyavāda），視之為經量部所說的視覺對象（rūpadhātu）。法稱承其說，視自相為感覺的對象，其形象之或明或暗，由與感官的距離決定：距離近便明，遠便暗。但在唯識學來說，沒有對象的明暗問題，一切由心識中的力量（筆者按：這力量應當是熏習 vāsanā，特別是第八阿賴耶識的種子 bīja）向外投射而成就。特別是，法稱以自相為由原子的聚合（aṇusañcaya）而成，這本來是經量部的說法。進一步，辛格提出世親 II、陳那、法稱都強調原子之間有空隙，這是經量部傳統的說法。但唯識學的世親則批判這種原子說，不承認原子的存在性。辛格復強調，世親 II、陳那、法稱都視自相指述一種主動的物理力量或一群原子的聚合，並不是如徹爾巴特斯基（Th. Stcherbatsky）所說那樣缺乏能動性的絕對者。[14]按辛格所說的意思，是就認識對象這一點把世親 II、陳那、法稱這一組合從唯識學的世親（包括寫《二十論》、《三十頌》的世親）區隔開來。前者接受具有空隙的極微特別是它們的聚合是感性的認識對象，他們在某種程度可以被視為實在論者，承認

14 Ibid., pp.122-124.

外界實在。後者則取唯識學的立場，從觀念論的角度來看對象，視之為心識特別是第八阿賴耶識中所藏的精神性的種子遇緣而得以現行，被向外投射而得的結果。

以上是辛格有關陳那在佛教中屬於哪一教派的問題的探討和我的回應，其中也涉及世親與法稱的同樣問題。辛格極力提出依據，文獻學的和義理方面的都有，要證成陳那是經量部的學者，而不是如傳統所說屬於唯識系的。辛格的說法並不能完全讓人同意他的結論，但也有一些可取的觀點，值得我們注意。我在這裏姑提出一個總的回應如下。佛教的發展，到陳那、法稱，已踏入中、後期了。早期的發展，如原始佛教、般若思想、龍樹中觀學，以至彌勒、無著、世親的唯識學，基本上都是獨自進行的，只有龍樹、世親的《迴諍論》（*Vigrahavyāvartanī*）、《二十論》、《三十頌》等涉及一些外教的思想而加以批判、辯駁。到了中期，形勢逆轉，外教的反對的聲浪越來越大，這反而促使佛教內部各派的警覺，為了維護佛教的本旨，如緣起無我一類，而團結起來，一致對外。在這種情況下，佛教中各學派有很頻繁的交集、對話，這表現在義理上，便是各派義理的會通，存異求同，最後不同派系竟結合起來，如經量部與唯識學結合而成經量瑜伽派（Sautrāntika-Yogācāra）、唯識學與中觀學結合起來而成瑜伽行中觀派（Yogācāra-Mādhyamika），而中觀思想也漸與講自性清淨心的如來藏思想有更多的來往。這樣的交集已是大勢所趨，陳那、法稱既與經量部有頻密的接觸，在存有論上受到後者的影響、熏習，是自然的、難免的事。他們的思想有外界實在的痕跡，也就不難理解了。何況在那個年代，唯識學在認識論分成兩派：有相唯識（sākārajñāna-vāda）與無相唯識（nirākāravijñāna-vāda）。有相唯識認為一切有關外界事物的形象或相（ākāra），都存在於心識的作用中，它們為心識變現，在外界沒有相應的實在物。對於外界，我們一無所知，甚麼也不能說。無相唯識也持相同觀點，只是雙方對錯誤的相有不同的處理。有相唯識論者認為，我們認識對象而得其相，即使這相是錯誤的，如以柱為人，這錯誤的人相可以保留，在心識中仍有它的存在性。無相唯識論者亦以一切由心識變現，而認識上的錯誤，如以柱為人的人相，並無知識論的意義。陳那、法稱都屬有相唯識派，他們對對象的相比較重視，也不免有些微以外界有實在與相相應的觀點，法稱尤其是如此。但他們的基調應該都是走唯識路向的，以一切存在都是心識所變現。

還有一點需要提出，辛格等人（包括握達爾在內）強調陳那是屬於經量部的，和世親一樣。但經量部到底提出甚麼樣的思想呢？我們要精確地理解經量部的義理，可以根據甚麼可靠的文獻呢？辛格沒有回應這些問題。[15]整個佛學研究界對這個問題的回應都是消極的，或者不加以討論。[16]實際上，經量部是印度部派佛教中的一支，由有部（Astivāda）分離開來，這是因為它反對有部以三藏中

---

15 辛格後來在一九九五年出版了《經量部的分析哲學》（*The Sautrāntika Analytical Philosophy*. Delhi: Dharma Cakra Publications）一書。他也提不出一本完整的文獻，展示經量部的思想，只是在其他文獻中挑選一些與經量部思想有關的文字來解說。

16 日本學者高井觀海寫過一本《小乘佛教概論》（東京：藤井文政堂，1928），其中有論及經量部之處，但早已過時了。另一學者櫻部建，在《印度學佛教學研究》（二の一，1953），刊過一篇題為〈經量部の形態〉的文字，也是過時了。我手頭有一本並川孝儀著的《インド佛教教團：正量部の研究》（東京：大藏出版社，2011），但完全未有涉及知識論的問題。

的論藏為關心、研究的重點的緣故。它認為應以經藏為主。我們可以在小乘論書《阿毗達磨大毗婆沙論》（*Abhidharma-mahāvibhāṣā-śāstra*）中找到一些闡述這個學派的思想的文字。另外，較它後出的《俱舍論》和《成實論》（*Satyasiddhi-śāstra*）曾引述過它的思想。它的根本論書未有傳流下來，連它的始祖是誰，也不知道。我們只能透過這些引述約略地知道它的一些觀點。例如，它反對有部的多元的實在論，認為過於極端。在存有論上，它只承認地、水、火、風四大的原子、極微，只說心王，不重視心所，也不談不相應行法，不承認無為法。在過去、現在、未來的時相方面，只接受現在為實有。在哲學立場上，經量部可說是一種經驗主義、現象主義，與觀念論隔得很遠。它雖與唯識學有一些交集，但關係並不密切。辛格把陳那擺放到經量部的殿堂，似乎粗心了些。

三、認識對象的條件

以下我們正式看陳那的知識論或認識論。所依據的文獻有他的《集量論》（*Pramāṇasamuccaya*，包括作者的〈註疏〉*Vṛtti*）、《觀所緣緣論》（*Ālambanaparīkṣā*，也包含作者的〈註疏〉，玄奘譯，另外有真諦（Paramārtha）譯《無相思塵論》）、《正理門論》（*Nyāyamukha*，玄奘譯）。此外還有護法（Dharmapāla）著、義淨譯的《觀所緣論釋》。其中最重要和最要注意的，自然是陳那的《集量論》。如上面所說，這部文獻的梵文原本已無存，但有些文字散落在法稱（Dharmakīrti）的著作和反對陳那觀點的其他著作中，很有參考價值。這樣的古典的參考書目，對專門研究陳那知識論來說，自然是不足夠的。但就目下的佛教知識論的大題裁下，我想是足夠了。

先看認識對象問題。[17]在這個問題上，陳那在其《觀所緣緣論》中作過詳盡的考察，得出他所提出的作為認識對象或所緣的條件，這即是：

一、內色的相顯於識中，為識所認知；

二、內色能令五識生起。

這裏所謂內色的相相當於認識對象或所緣。這兩點可以以現代文字說得更周延而清晰：

一、內在質體的形相在識中顯現，而為識所認識；

二、內在質體能使五感識生起。[18]

前一點表示所緣，後一點表示緣，合起來正是所緣緣。

---

17 陳那的認識論的一個重要之點是，認識對象先在於認識機能。即是，認識對象有兩種：自相與共相，我們也有分別對應於它們的現量與比量這樣的認識機能。

18 這兩點與日本學者服部正明所提的陳那規定的認識對象需符合兩個條件相應。這兩個條件是：

一、它使表象生起；

二、它具有與表象相同的形象。

（服部正明著〈中期大乘佛教の認識論〉，載於長尾雅人、中村元監修、三枝充悳編集《講座佛教思想第二卷：認識論、論理學》，東京：理想社，1974，頁 135。中譯吳汝鈞譯〈陳那之認識論〉，吳汝鈞著《佛學研究方法論》，增訂本，下冊，臺北：臺灣學生書局，2006，頁 431。）

第一點內在質體的形相在識中顯現，而為識所認識與服部氏的第二點具有與表象相同的形象相應，第二點內在質體能使五感識生起則與服部氏的第一點使表象生起相應。使表象生起與使五感識生起相通；在認識活動中，表象與感識是不能分開的。

現在看《觀所緣緣論》的文字。先看內在質體或內境的形相或形象在與識俱時而生以作為識的生起因或緣。陳那說：

> 此內境相既不離識，如何俱起，能作識緣？「決定相隨故，俱時亦作緣，或前為後緣，引彼功能故。」境相與識定相隨故，雖俱時，亦作識緣。因明者說：若此與彼，有無相隨，雖俱時生，而亦得有因果相故，或前識相為後識緣，引本識中生似自果功能令起，不違理故。（《大正藏》31·888 下）

陳那表示，「境相與識定相隨」，境是內在的，不離於識，那就應與識俱起俱滅，這與識俱起的境如何能作為識的生起的緣或原因呢？在很多情況，具有因果關係的兩件事物都有先後的次序，因在先而果在後。但陳那指出，只要兩件事物是相隨的，則即使是同時發生，亦可有因果關係。他又引因明學者所說：若兩件事物，此有則彼有，此無則彼無，則這兩事物雖是同時發生，亦有因果關係。這種因果關係與前識的對象為因，引生後識為果的因果關係沒有不同。[19]

陳那又提另一問題：眼等五根亦是識之緣，亦有生起識的作用。他說：

19　陳那在這裏提出了他對因果關係的看法，他認為檢定兩件事物間是否有因果關係的準則就是兩者是否「決定相隨」。若兩者決定相隨，則不論是同時或異時，兩者都有因果關係。在這裏理應補充一點，就是兩者若為異時，則在先的為因，在後的為果，不能顛倒次序。

> 若五識生唯緣內色，如何亦說眼等為緣？「識上色功能，名五根應理，功能與境色，無始互為因。」以能發識，比知有根，此但功能，非外所造故。本識上五色功能名眼等根，亦不違理，功能發識，理無別故。在識在餘雖不可說，而外諸法，理非有故，定應許此在識非餘。（《大正藏》31·888 下-889 上）

五識生起以內境為緣，不牽涉及外在事物。為甚麼仍說眼等五根為識之緣呢？內境或內在對象能生起識，即使是五根，也能生起識。這可視為內境或內在對象能生起識的補充。在這裏，陳那對五根提出一種較為獨特的看法。一般把五根視為物質性的東西，具有認識能力。陳那亦認同五根是色法，但他認為五根不是作為物質性的存在而被確立，而是作為本識亦即阿賴耶識的功能而被確立。這即是說，五根的確立，並不是基於我們見到五根的存在，而是由於見到從本識生起五識的現象，而生起這五識必基於某些功能，我們便把這些屬於本識的功能稱為五根。[20]這樣便可說五根是五識之緣。陳那又指出，這五根功能只能由本識中來，不能由其他地方來。這包括外界，但外界在唯識學來說，指超越識所能及的東西，它們的存在性我們不能說。識所能及的東西，都是內在於本識中，因此陳那說只有本識能生起這些功能。

上面是說內色或內境的形相生起識。現在看這種形相能作為識的對象（認識的對象）的問題。陳那說：

---

20 本識的這些功能，自然是指種子（bīja）。但陳那不喜說種子，因此說功能。兩者都指同一東西。

> 「內色如外現，為識所緣緣，許彼相在識，及能生識故。」外境雖無，而有內色似外境現，為所緣緣。許眼等識帶彼相起及從彼生。（《大正藏》31·888 下）

這段文字除了說內境或內色為識的認識對象外，又能生起識。關於後一點，上面已探討過了。這裏集中看內色如何為識所認識而成為對象，此中的關鍵說法「內色似外境現」及「眼等識帶彼相起」。在唯識學來說，外境是不能說的，因此在認識論上不能說對外境加以認識為對象，但對象可以在識的脈絡中說：內色擬似外境而顯現，為識所認識，成為它的對象、所緣。進一步，「眼等識帶彼相起」，即是，識挾帶對象的相或形象而活動，儼然是識可認識外界的對象。實際不是這樣，對象只對識產生一種形象而使識有所認識；對象是內色或內境，為識所變現，或更確切地說為第八阿賴耶識（ālaya-vijñāna）中的種子向外投射而成，並無獨立於識之外的外境或對象。[21]

以上陳那提出並論證了對象的條件：它令識生起，又提供形象或相為識所認識。跟著陳那駁斥三種外道的說法，他們提出極微與

21　說識挾帶著對象的形象生起，其實不大好說。我們通常的看法是，在識之外有獨自存在的東西，這些東西為識所認識，對於識顯現一種形象。但唯識學不能這樣說，它認為一切不外於識，即使某些東西為識所認識，而顯現為某種形象，這某些東西的來源仍只能在識中找，例如視之為潛藏於阿賴耶識中的種子。說「似外境現」好像在存有論上預認有離識之外的外境，其實不是這樣，都是「似」這個字眼在作怪。外境云云，只是虛說，其來源還是識。

它們的集合體一類說法，以極微或它們的集合體為對象。[22]他先提第一、第二種說法，然後加以破斥。《觀所緣緣論》說：

> 諸有欲令眼等五識以外色作所緣緣者，或執極微許有實體，能生識故。或執和合，以識生時帶彼相故，二俱非理。所以者何？
>
> 極微於五識，設緣非所緣，
> 彼相識無故，猶如眼根等。
>
> 所緣緣者，謂能緣識帶彼相起及有實體，令能緣識託彼而生色等極微。設有實體，能生五識，容有緣義。然非所緣，如眼根等於眼等識，無彼相故。如是極微於眼等識，無所緣義。
>
> 和合於五識，設所緣非緣，
> 彼體實無故，猶如第二月。
>
> 色等和合於眼識等，有彼相故，設作所緣，然無緣義。如眼錯亂，見第二月，彼無實體，不能生故。如是和合於眼等識，無有緣義故。外二事於所緣緣，互闕一支，俱不應理。（《大正藏》31·888 中）

所緣緣是四緣之一。四緣是事物生起的四種因素。若從認識論的角度說，所謂事物生起就是指事物被認識。所以「所緣緣」是構成認識的一種因素。「所緣」指認識的對象。認識的對象作為構成認識的一種因素——緣，稱為「所緣緣」。論主陳那在這裏先指出兩種

22 這種思維頗有陳那在其《集量論》論排除（apoha）的意味：排除其他不正確的說法，以突顯自家的正確的說法。

對所緣緣的解釋，然後對這兩種說法進行批判。這兩種說法都是以外在的物質作為五識的所緣緣。第一種說法指極微就是五識的所緣緣，當中認為極微具有實體，能令識生起。第二種說法認為和合就是所緣緣，因為識生起時帶著和合之相。陳那認為這兩種說法都不合理。對於以極微為所緣緣的說法，陳那指出極微對於五識，雖然可能為緣，但不是所緣，原因是在生起的識之中沒有極微的相狀。引文中說「設緣非所緣」，當中用「設」字，表示陳那並不是同意極微真的能夠成為五識的所緣。他的意思是，按照執這種說法的人所言，極微有實體，可以讓識依託而生起。但他認為，即使極微有實體，能令五識生起，可以作為五識的緣，但亦不是五識的所緣，因為五識之中沒有極微的相或形象，猶如眼根，雖然能令眼識生起，但眼識中沒有眼根的相，所以眼根不是眼識的所緣。

第二種說法指「和合」是五識的所緣緣，但陳那認為即使和合是所緣，但它卻不是緣，因為和合本身不是實體，猶如眼所見的第二月。「和合」指眾多極微的結合，這樣的結合形構成某種相狀。執和合為所緣緣的人以為，由於和合而成的相狀出現在五識之中，所以和合就是五識的所緣緣。但陳那反駁說，即使和合具有所緣的意義，但由於和合無實體，不能令識生起，所以沒有作為緣的條件，猶如眼錯亂時所見的第二月。這第二月的相狀雖然出現在眼識之中，但它根本是不存在的，所以不能成為眼識的緣。

對於以上兩種說法，陳那指出兩者各欠缺一種條件，極微欠缺所緣的意義，而和合則沒有緣的意義，所以兩者都不能成立。

陳那提出第三種以外在物質為所緣緣的說法，並再進行批判。他說：

有執色等各有多相，於中一分是現量境故，諸極微相資，各有一和集相，此相實有，各能發生似己相識，故與五識作所緣緣。此亦非理，所以者何？

和集如堅等，設於眼等識，
是緣非所緣，許極微相故。

如堅等相，雖是實有，於眼等識，容有緣義，而非所緣，眼等識上無彼相故。色等極微諸和集相，理亦應爾，彼俱執為極微相故。執眼等識能緣極微諸和集相，復有別失。

瓶甌等覺相，彼執應無別，
非形別故別，形別非實故。

瓶甌等物，大小等者，能成極微，多少同故，緣彼覺相，應無差別。若謂彼物形相別故，覺相別者，理亦不然。頂等別形，唯在瓶等假法上有，非極微故，彼不應執極微亦有差別形相，所以者何？

極微量等故，形別惟在假，
析彼至極微，彼覺定捨故。

……形別物析至極微，彼覺定捨，非青等物，析至極微，由此形別，唯世俗有，非如青等，亦在實物。是故五識所緣緣體非外色等，其理極成。（《大正藏》31·888 中-下）

這第三種說法稱為和集說，它認為物質的基本單位，即極微，各自有多種相狀，其中一種相狀就是現量境。現量境即是五識的所緣境。各各極微當集合起來，各自微細的相就會合併成一個較大的相，這種相就是和集相。和集相是由眾多極微的相結合成的，由於認為極微是實有的，所以和集相也是實有的；而當中的各各極微的相又能顯現在識之中。故此，執和集說者認為這和集相就是五識的所緣緣。

對於這種說法，陳那提出了兩點批評。首先，和集說認為各各極微都有本身的相作為五識的現量境，然而，在識之中，並沒有各各極微的相。陳那的意思是，如果每一極微都有作為五識的所緣境的相，則五識中應有各各極微的相顯現，但事實上並沒有。又如果說個別極微的相不為五識所見，只有集合起來才能見到，這也是不合理的，因為如果一個極微不能成為所緣境，則多個極微也應不能，因它們的性質沒有分別。

陳那的第二點批評是，假使五識所見的相是一一極微的相的集合，則在五識中顯現的相狀應只受兩種因素影響，第一是極微本身的相狀，第二是極微的數目。瓶和甌同樣是由地大構成的，即構成兩者的極微的相狀是相同的，假使兩者的大小也是相等，即極微的數目相等，按照和集說所言，兩者在識中顯現的相狀應是相同的。但事實不是這樣。如果說瓶和甌由於形狀不同，以致在識中顯現的相狀也不同，這也不合理，因為形狀只是假法，並不屬於極微。陳那的意思是，所謂「形」，並不是極微本身就具有的，他進一步說，倘若將事物分析至一一極微，我們原來所見的事物的形狀就必定消失。按照和集論者所說，極微有實體，而且能在五識中顯現它們的相狀，所以能作為五識的所緣緣。但陳那在這裏指出，在五識中顯現的形相並不屬於極微。所以，即使說極微有實體，但也不能作為五識的所緣緣。

以上，陳那先後破斥了三種實在論的說法。實在論者的一個基本立場是認為，我們所接觸到的事物，是客觀地具有實體的。所以，事物必須具有兩種特性：第一是有實體的；第二是能夠被認識，這即是能夠在五識中顯現它們的相狀。這些事物既然是我們認識的對象，就即是五識的所緣緣。所以實在論者必須證明所緣緣具有實體，而且能在五識中顯現它們的相狀。陳那以這兩項條件來檢驗實在論者的三種說法，而得出它們都不能成為認識的對象。

在批判和集說的最後部份，陳那指出五識中顯現的形相只是假有，不是真實，因為在實在論者認為是真實的極微中，找不到這些形相。由此，陳那推論出，顯現在我們的五識中的形相，其根源並非在主體以外的東西。

蘇聯學者徹爾巴特斯基（Th. Stcherbatsky）提出，陳那、法稱的哲學表示，空華、陽燄、兔角、石女兒都純粹地是想像，是字眼，在它們背後沒有任何客觀的真實性。與它們直接相反的，是純粹的真實，在其中，沒有絲毫想像的建構。在這兩者之間，我們有一半想像的世界，它雖由建構性的想像而成，但有客觀的、真實的根基，這便是現象世界。在這裏，徹氏區分兩種真實。其一是由瞬間的點（point-instants, kṣaṇa, sva-lakṣaṇa）成立，它們在時間上、空間上沒有確定的位置，也沒有任何感性的屬性。這是終極的或純粹的真實（paramārtha-sat）。另一種真實包含被客觀化的意象或形象，在時空中被賦與一個位置，又具有種種感性的與抽象的性質。這是現象的或經驗的真實（saṃvṛti-sat）。[23]在真實的問題上，徹氏明顯地是以龍樹（Nāgārjuna）的二諦（satya-dvaya）亦即是真諦與俗諦來解讀陳那的真實的觀點，也有康德（I. Kant）的物自身與現象的區別痕跡。不過，我想陳那對真諦或物自身層次並未有那麼濃烈的意識，他的關心點無寧是在世俗層次的真實的建立，這亦是要安立現象世

---

23 Th. Stcherbatsky, *Buddhist Logic*, I. Bibliotheca Buddhica XXVI, Leningrad, 1932, p.70. 此書以下省作 BL。

界，要對它裏面的種種事物建立客觀而有效的知識。徹氏對於陳那在真諦、勝義諦方面的留意，未免有過甚其辭（over-interpretation）之嫌。

徹氏跟著指出，與這兩種真實相應，知識的資源也分直接的與間接的，分別理解終極的真實性與受條件限制的真實性。直接的資源是感覺，間接的資源是概念思考。前者是被動的反照（pratibhāsa）；後者是受條件限制的反照（kalpanā）。前者是對對象的把握（gṛhnāti），後者則是對相同的對象的想像（vikalpayati）。[24]

對於陳那在《觀所緣緣論》中的思想，徹氏指出，他的論證是，先聲明外界對象是一原子，或原子的聚合。倘若我們能證明它兩者都不是，則它只是一觀念，沒有外界實在與之相應。即是，陳那要堅持認識對象的觀念性、拒斥外在世界的實在性的具體論證是提出無限分割性的背反：對於一個可分割的對象的經驗的看法的矛盾性格。徹氏認為陳那的思路是，假設外界對象是瞬息都在逝去的力量，它能刺激感覺，讓一個意象或形象被建構起來。他反駁勝論派的看法，後者視外在對象有兩重：原子是一重，原子的聚合是一重，而且被視為自身，存在於構成它們的原子之中。陳那認為，原子並不能產生意象，因而不能被視為對象的原因。作為一個聚合而成一個物件，亦只是幻象而已。陳那的意思是，我們需要有一個對象，以產生感覺和意象；但原子不能生起意象，它們的聚合也不能生起感覺。徹氏指出，陳那的結論是，那些被認為不可分割的原子、它們的聚合和對象的形象都沒有實在性，不過是觀念（sāṃvṛta）而已。

24　Ibid., p.71. 徹氏這裏以 pratibhāsa 一語詞說感覺上的被動的反照，與唯識學論典運用這個語詞來說詐現、似現、顯現並不完全吻合。

勝論的實在論不能成立，我們的感官所知覺得的對象不是外在的。徹氏跟著即提出和建立自己的觀念論。他認為，認識的對象是內在地通過反照而被認識的對象，它們宛然地像是外在的東西呈現在我們眼前。終極實在是觀念（vijñapti, vijñāna-mātratā）。[25]在邏輯上作為外在的點剎（point-instant）、物自身，實際上只是內在的「觀念」。主體與客體都是外在的。[26]

徹氏又把外界實在的問題，就唯識學的觀點來替後者代言。他提出我們所面對的世界，即使是不實在的，也應有個來源，他以阿賴耶識（ālaya-vijñāna）來交代，而稱之為業（karma）的生機力量（biotic force）。[27]他在另外地方又提出，阿賴耶識被拿來取代外在世界，又以熏習（vāsanā）來說生機力量。[28]他作結謂，在陳那看來，外在世界作為無限的和可無限地分割的東西，是不實在的，它是「觀念」。[29]

總觀徹爾巴特斯基對陳那的認識論特別是就他的《觀所緣緣論》的觀點而作的闡述，他把陳那的真實性觀念分為兩種，其一是終極的真實性，另一則是受條件限制的真實性。這很明顯展示他是以康德的那套認識論來理解陳那的，同時他的真實觀是觀念論的。首先，說到真實問題，他表示在陳那來說，知識的資源分別相應於終極的真實性與受條件限制的真實性。直接的資源是感覺，間接的資料是

---

25 徹氏在這裏以觀念來說 vijñapti，vijñāna，比較少見。後二者通常作心識、識看，有虛妄的意味。

26 Th. Stcherbatsky, BL, I. pp.518-520.

27 Ibid., p.520.

28 Ibid., p.527.

29 Ibid., p.521.

概念思考。這分別相應於康德知識論中的感性（Sinnlichkeit）與知性（Verstand）。而與間接的概念思考相連的，正是知性所提供的思維形式：範疇（Kategorie）。不過，在康德來說，感性與知性合起來作用的結果，是對象的成立，知識即在這對象（Gegenstand）的成立中說。這種知識只能說俗諦的知識，不是真諦的知識，與徹氏所提陳那的終極的真實性並無交集之處。即是，在陳那的認識論中，起碼就關連著他把認識對象二分：自相與共相來說，談不上終極的真實性。這終極的真實性在康德來說，是指以睿智的直覺（intellektuelle Anschauung）所成就的對物自身（Ding an sich）的體證而言的。陳那的知識論並未到這個程度。他所提出的對對象的自相與共相的認知，只指涉現象（Phänomen）層面的知識，這是非終極的真實性的知識，不是終極的真實性的知識。

至於徹氏以觀念論來作為他的真實觀的基礎、依據，是沒有問題的。在胡塞爾發展他的現象學之先，在歐陸已流行觀念論的實在說，這自然包含德國觀念論在內。不過，觀念也得有它的來源，這在胡塞爾來說，便是意識（Bewuβtsein），特別是絕對意識（absolutes Bewuβtsein）。意識構架對象，而以觀念來表顯它們。但徹爾巴特斯基卻把觀念下滑到不實在的外在世界方面去，又以觀念來說心識（vijñāna）、表象識（vijñapti）。這便令人感到惑亂。在唯識學的脈絡來說，心識是虛妄的，會對對象起分別心，而加以執取，視之為具有獨立自在性。又就護法（Dharmapāla）的唯識學來說，識體本身是抽象的，它要自我呈顯，便分出相分（nimitta），概括現象世界的一切存在；自身則以見分（dṛṣṭi）或自我來了別相分，視之為有自性，而加以執取，煩惱由是生起。實際上，相分不過是虛妄心識的分裂、變現而已。徹氏把它關連到有真實意涵的觀念方面去，實在令人不解。

四、認識對象及其種類

上一節所論述的，是認識對象的條件。跟著我們看合乎這條件的認識對象有多少種，和它們的性格。陳那在這個問題上有很確定的說法，特別是在《集量論》中提到 lakṣaṇa-dvayam 字眼，[30]表示認識對象有兩個面相，即有兩種。對於這兩個面相，分別有兩種認識機能或認識手段去認識。當時流行的正理學派（Naiyāyika）則提出有四種認識機能。陳那所提的是哪兩種認識機能呢？《集量論》說：

> na hi sva-sāmānya-lakṣaṇābhyām aparaṃ prameyam asti.
> （PVBh, p.169.9）

即是說，在認識對象方面，我們只有兩種：自相（sva-lakṣaṇa）與共相（sāmānya-lakṣaṇa）。自相指事物或對象的特殊相，只有它自己具有，不與其他對象分有。這相當於一般知識論的特殊性（particularity）。共相則指對象的普遍相，為某一類對象的分子所共同分有，這是普遍性（universality）。陳那強調，在對象方面，除了自相與共相外，沒有另外的對象了。這亦是上面所引的梵文語

---

30 Prajñākaragupta, *Pramāṇavārttikabhāṣya*. R. Sāṅkṛtyāyana, ed., Tibetan Sanskrit Works Series, Vol.1, Patna, 1953, p.213.6. 此書以下省作 PVBh。

句的意思。

陳那的《正理門論》有些文字可以作為補充，其中說：

> 為自開悟唯有現量及與比量。彼聲喻等攝在此中，故唯二量。由此能了自共相故。（《大正藏》32·3 中）

這裏說開悟，不必是嚴格的宗教救贖義的意思，而是一般的理解（Verstand）的意思。所謂聲（śabda），指文字，指文字上的解讀，那應屬於比量。這現量與比量分別理解對象的自相與共相。說到對象，陳那屬唯識學（Vijñāna-vāda）譜系，他的對象觀還是應該以唯識學作為背景來說。唯識學認為，一切外境都是心識或識（vijñāna）所變現（pratibhāti），因此，識有主體（svābhāsa）與對象（arthābhāsa）兩面。陳那自己的知識論觀點，顯然是由這樣的根本理解而來。特別是關於認識對象（ālambana）方面，在我們的心識之外，並沒有獨立的認識對象。所謂對象，只是指在認識活動中的對象的表象（pratibhāsa）而已。[31]客觀獨立的對象並無存在性。直接產生認識活動的不是感官或根（indriya），而是心識。這心識一方面作為認識活動的表象或作為表象自己（svābhāsa）而作用，另方面又作為對象的表象（viṣayābhāsa）而作用。這樣我們便可說心識是同時通於認識活動與認識對象。就認識對象來自心識而不來自外界來說，這種在認識活動中對對象的認識，正是所謂「自己認識」（sva-saṃvitti）。這是陳那的知識論的特性。這自己認識的觀點為

31　pratibhāsa 是唯識學的重要概念，出現於唯識學的多部論典之中，有時譯為顯現、詐現、似現，基本都是負面意味的。

法稱所繼承，並加以發揮。便是在這一點上，我們可把陳那的唯識學說與經量部（Sautrāntika）區別開來。經量部認為認識機能或認識手段（pramāṇa）可認識外界的對象，而成表象，因而無所謂自己認識。在陳那來說，表象不是來自外界，而是來自心識，是心識的變現，因而心識認識表象是一種自己認識。至於對象，特別是外界對象，陳那是不能說的。到了法稱，這個問題便鬆動下來，可以推想認識表象在外界有對象。但仍不是那麼確定，法稱仍然是持自己認識的說法。[32]

現在有一個問題：唯識學否定外界的存在，在外界方面不能說實在、真實，則對於存在世界，對於我們生於斯、長於斯的現象世界、經驗世界，有否實在性可言呢？上面提到的徹爾巴特斯基認為，對於陳那、法稱來說，真正的、真實的存在，要以效應（efficiency）來說。在因果關係上，有效應便是真實。一切思維的建構都是構想（fiction），都不是終極真實。一個能燃燒和煮食的火頭是真實的火頭。一個不存在的、想像的、從來不能燃燒、不能煮食、不能發光的火頭，是不真實的火頭。[33]關於外在世界，徹氏提出，觀念主義的唯識學者全然拋棄了外界實在的假設。陳那、法稱則回歸至經量部的說法，他們接受徹底具體和特殊物的實在性，接受物自身（sva-lakṣaṇa）的實在性，把知覺判斷轉為介於終極實在和意象之間的連繫。這終極實在是在純粹感覺中反映的，而意象則由我們的

---

32 在這裏，我對對象與表象不是分得那麼清楚、死煞。與心識相對而為它所認識的是表象（Vorstellung），作為表象的來源而在外界的是對象（Gegenstand）。有時我也以對象替代表象，與心識對揚。希望讀者不要以辭害意。

33 Th. Stcherbatsky, BL, I. p.69. 按這是指火頭概念。

智思所建構。[34]陳那、法稱在存有論方面提出效應一概念，以取代實在性一概念。這點很有意思。對於實在性、真實性，我們通常會想到靜態的存在；現在說效應，則有由靜態的存在到動感的活動的轉向的意味。效應是在活動中表現出來的，它的動感也是在活動中說。徹氏提純粹感覺（pure sensation）一概念，也是饒有意思的。他的說法是，終極實在可從這純粹感覺中說。這讓人想到京都學派西田幾多郎的純粹經驗一觀念，後者也有終極實在的意味。不過，純粹感覺畢竟是一種感覺，雖然不具有經驗內容。嚴格來說，感覺或感性（Sinnlichkeit）與直覺（Anschauung）不同，它不是睿智的（intellektuell），不能成就康德意義的睿智的直覺（intellektuelle Anschauung）。而徹氏所說的意象，是智思（intellect）的產物，這智思也不是睿智意味（intellektuell），它與純粹感覺合起來也不能成就睿智的直覺。徹氏在這裏提出的純粹感覺與意象、智思，意義實在有點模糊。它們似乎介於感性直覺與睿智的直覺之間，介於現象與物自身之間，與睿智的直覺有交集，但又不是那麼清楚。

大體上，陳那與法稱的認識論仍是著重二諦（satya-dvaya）中的世俗諦（saṃvṛti-satya）的層次，其直覺是感性的，因而是感性直覺，亦即是現量；其智思是理解的，因而是知性，亦即是比量。徹爾巴特斯基提純粹感覺和智思，容易把人誤導到睿智的直覺方面去，而關連到勝義諦或第一義諦（paramārtha-satya）那一面。陳那、法稱的認識論或知識論其實未到那個水平、層次。

回返到認識對象方面。陳那在《集量論》中說：

34　Ibid, p.225.

dharmiṇo 'neka-rūpasya nendriyāt sarvathā gatiḥ,
svasaṃvedyam anirdeśyaṃ rūpam indriya-gocaraḥ.
（PVBh, p.298.1）

陳那的意思是，一個具有多種性質的物體，其一切面相（sarvathā）不能為感官所認識。感官對象只是如其所如地（svasaṃvedya）被認識的形相，它是不能被表述的。在這裏，所謂「一切面相不能為感官所認識」並不表示感官對面相不能認識，而是表示感官不能同時認識一切面相。服部正明在這裏的解說，提到被排除（vyāvṛtta）的問題：一個對象被認識為藍色，只有在它被從非藍色的東西中分離或排除開來的情況下進行，而這種排除其實是一種概念的建構作用。[35]按「藍」與「非藍」是概念，它們的確立，需經概念的建構作用。例如 "nīlaṃ vijānāti" 一表述式表示我們對對象有直接的覺知。另方面，"nīlam iti vijānāti" 一表述式則表示我們以一名稱來指謂這對象。nīla 是藍色。兩表述式的分別在 iti 的有無。有 iti，表示藍（nīla）是一概念，或知對象是「藍」。沒有 iti，則表示藍的感覺，「藍」不是概念。iti 本來便有表示言說分別的意味。

認識對象與認識機能或認識手段（pramāṇa）相應，我們也通稱認識活動為「認識手段」，因為後者被視為包括認識活動在內，雖然它的基本意指是結果，所謂「量果」（pramāṇa-phala）。陳那在《集量論》中說：

savyāpāra-pratītatvāt pramāṇaṃ phalam eva sat.

---

35 M. Hattori, DP, p.91, n.1.43.

（PVBh, p.349.5）

陳那在這裏把認識手段或量與認識結果或量果等同起來，這指涉到有相唯識或有形象知識論（sākārajñāna-vāda）。根據這種說法，認識活動自身包含有對象的形象（ākāra）在內。陳那是有形象知識論者。所謂量果，是在認識活動中接觸到對象。有形象知識論的對立面是無相唯識或無形象知識論（anākārajñāna-vāda, nirākārajñāna-vāda）。這種觀點認為在認識中沒有形象（anākāra, nirākāra），形象是在對象方面。若是這樣，則認識本身不管是認識甚麼對象，都是一樣的。實際上，倘若認識是對對象的把握的話，它必須是有形象的（sākāra），它必須攝取得對象的形象（viṣayākārāpanna）。這便是陳那所說的「果」（phala）。

五、認識對象是自己與「自己認識」

由有形象知識論很自然地可以推出認識活動的「自己認識」的情況，即是，心識的認識的形象即是心識自己。陳那說：

sva-saṃvittiḥ phalaṃ cātra.（PVBh, p.349.7）

即是：自己認識或認識活動認識自己是認識活動的結果。這便是識的「自己認識」（sva-saṃvitti）。由於沒有外界對象可言，心識的認識對象只能是自己內部的內境或內色，或由這些東西所提供。當然認識活動可以認識自己，它同時也覺知自己在認識自己。我們也可以這樣說，認識活動認識對象，取得它的形象，這形象是自己提供的，故認識活動只是自己認識自己，同時也覺知到這種自己認識。

關於這個問題，正理學派（Naiyāyika）有近乎常識的說法：當外在感官（如眼）接觸一對象時，會把捉（vyavasāya）對象，但這把捉並不覺知到自己的這種把捉作用。這種覺知是要由內在感官（如視覺）或意識（manas）完成的，它視這種把捉為它的對象。關於這個意思，陳那在《集量論》中說：

> sarvatra pratyakṣa-viṣaye jñātur indriyeṇa,
> vyavasāyaḥ, paścān manasānuvyavasāyaḥ.[36]

這樣，我們便可以說，認識活動並不是自己認識自己，而是由另一認識活動來認識自己。這另一活動即是意識的作用。

對於自己認識，我們可以提出它的成立的理據。陳那提出的理據是對象的確認（artha-niścaya）與自己認識相符順。《集量論》說：

> tad-rūpo hy artha-niścayaḥ.[37]

在這裏面，artha-niścaya 或對象的確認的意思是一個對象被確認為甚麼，依於自己認識是甚麼。這是陳那的看法。實在論者則持不同意見：一個認識活動之被確認為甚麼，依於外界對象是甚麼。陳那

---

36 G. Jha, ed., *Nyāyabhāṣya of Vātsyāyana*. Poona: Poona Oriental Series 58, 1939, ad I, i, 4. 此書以下省作 NBh。

37 E. Krishnamacharya, ed., together with Kamalaśīla's *Pañjikā, Tattvasaṃgraha of Śāntarakṣita*, 2 Vols., Baroda: G.O.S., XXX, XXXI, 1926, 1328d. 此書以下省作 TS。

不贊成外界實在，故無所謂依於外界對象，他認為自己認識才是重要的。

就唯識學來說，自己認識（有時也作 sva-saṃvedana）便是認識的結果，陳那也不例外。即是，當某甲覺察到在他的認識活動中有一雙皮鞋出現，這雙皮鞋便被視為對象，或更精確貼切地說是表象。除了在認識活動中的這個表象外，外面並沒有甚麼對象了。因此，對於那雙皮鞋的認識的「覺察」，或警覺到自己是在認識那雙皮鞋的活動之中，便是自己認識，便是對對象的認識活動這一結果。更恰當的說法是，這種自己認識不單含有自己對自己的認識的結果，同時也含有自己對自己認識這一認識活動的覺察。這種覺察也可作一種認識的結果看。

實際上，對象是很難說的。必須以外在事物為對象，承認外境或外面的世界的存在性，才好說。對於這一點，陳那只能說，認識這對象的手段，正是認識活動自身具有對象的形象。但這種說法有點勉強、不自然，這是以「認識活動自身具有對象的形象」這樣的認識結果為認識手段。但陳那不認可外界實在、外界對象，不能像經量部那樣以認識的對象在外界有實在性。他所能說的，只此而已。換句話說，當某甲覺察到在他的認識活動中有煙，這煙不外是對被認識的煙的認識活動而已，而不是作為一外在對象的煙。這樣，在認識活動中，必有自己認識的機能，作為認識手段，視具有煙的形象的認識活動為對象，因而產生作為結果的自己認識。[38]這便是陳那與唯識學對自己認識的理解。但經量部則總是以為這對象是外界的東西。

38　這自己認識也可說是一種自我意識，是自我意識到自己。

六、認識機能或手段：現量

上面所闡述的，是陳那的認識對象的觀點。認識活動有兩大要素：認識機能和認識對象。陳那認為，我們的認識機能決定於認識對象。認識對象有自相與共相，因而我們的認識機能便相應地有現量（pratyakṣa）與比量（anumāna）。現量認識對象的自相，比量則認識對象的共相。在佛教邏輯（Buddhist logic）中，通常以現量為知覺（perception），或直接知覺（direct perception），處理知識論的問題；以比量為推理（inference），處理形式邏輯的問題，有時也涉及辯證法。我們這裏只留意知識論，因此只討論現量。

關於認識機能或認識手段的數目，古印度不同學派有不同說法。陳那提出兩類說，確定認識手段有兩種。《集量論》說：

pratyakṣam anumānaṃ ca pramāṇe.（PVBh, p.169.3）

即是說，在認識手段中有現量（pratyakṣa）與比量（anumāna），認識手段用於格或處格，這即是 pramāṇe。現量需要是由感官發的，感官是規定現量之為現量的唯一條件。《集量論》說：

akṣam akṣam prati vartata iti pratyakṣam.[39]

akṣa 是感官之意。整個梵文語句是說，現量即是感官對於（prati）

---

[39] *Tattvasaṃgrahapañjikā of Kamalaśīla*. Published with *Tattvasaṃgraha* of Śāntarakṣita in G.O.S., p.373.26. 此書以下省作 TSP。

它的對象的作用。這是以感官來說現量，表示現量與感官有直接的連繫。

在《正理門論》中，陳那對 pratyakṣa 一語詞也作過文字學的分析：

> 現現別轉，故名現量。（《大正藏》32·3 中）

此中的「現現別轉」，正相應於《集量論》的 “akṣam akṣam prati vartata”，幾乎是字字相應。

在這裏，我們必須注意一點：現量是直接地關連著感官的，我們不能離感官而說現量。在這一點上，陳那也提出這樣的問題：為甚麼我們把現量叫作與感官有直接關連的 pratyakṣa，而不叫它與對象（viṣaya）有關連的 prativiṣaya 呢？（PVBh, p.277.24）陳那在《集量論》中回答：

> asādhāraṇa-hetutvād akṣais tad vyapadiśyate.[40]

陳那的意思是，現量是依感官而被命名，因為感官是它的特定的原因（asādhāraṇa-hetu）。對於這一點，我們可以作如下了解：在我們的認識中，可以有很多對象，例如燈飾，但感官只有一個，這便是眼睛。故眼睛是視覺現量的特定原因。

---

40 M. K. Jain, ed., *Tattvārtha(rāja)vārttika of Akalaṅka*. Jñānapīṭha Mūrtidevī Jaina Granthamālā, Sanskrit Grantha, No.10, Benares, 1953, p.53.30. 此書以下省作 TAV。

我們可以說，與感官密切相連是現量的一種特性。由這一點我們可以提出現量的另一種特性，這便是不含有分別或概念思考。《集量論》說：

pratyakṣaṃ kalpanāpoḍham.（TAV. p.53.29）

《正理門論》中有極其近似的說法：

現量除分別。（《大正藏》32·3 中）

這樣的確認的邏輯基礎，很明顯地是在對象方面的自相與共相的分別。自相是遠離分別的，是獨一無二的形象，因此，把握自相的認識手段即現量也沒有分別可言。[41]

現量被視為遠離概念構思。陳那再進一步提出一些心靈的現量，例如對一個外在對象的覺察和對心理活動例如意欲的自我證知。陳那認為，這些現量也是遠離概念構思的。《集量論》說：

---

41 印度學者穆克己（S. Mookerjee）認為，陳那對知覺的定義 "pratyakṣaṃ kalpanāpodhām"（知覺不含有概念構思）已足夠排除推理，後者總是與概念的構思（kalpanā）相連起來。（S. Mookerjee, *The Buddhist Philosophy of Universal Flux*. Delhi: Motilal Banarsidass, 1980, p.275. 他又補充說，法稱對於陳那的這個定義，加上 "abhrānta"（無錯亂）字眼，目的是要從知覺中排除一切錯亂。（Ibid., p.276）實際上，認知上的一切錯亂，是需要依賴前後經驗的比較才能成立，而一切比較都不能不涉及概念的運用。

mānasaṃ cārtha-rāgādi-sva-saṃvittir akalpitā.（PVBh, p.303.23）

在這裏，artha-rāgādi-sva-saṃvitti 是一個複合詞，有重疊的地方。它可拆分為 artha-saṃvitti 與 rāgādi-sva-saṃvitti。前者是指對於對象的覺察、認知；後者則是指對於貪欲的自我證知，rāga 即是貪欲。不過，這個意思已離開了純認知意義，而有心理學上的情執的意味了。

上面說，現量是與感官直接關連的。印度學者柏來薩特（J. Prasad）特別譯 pratyakṣa 為直接知識（direct knowledge），而不作感覺認知（sense cognition）、知覺（perception）或直覺（intuition）。理由是 pratyakṣa 有感性的（sensuous）和非感性的（non-sensuous）兩種，pratyakṣa 是通於這兩者的。[42]對於這一點，筆者有兩點回應。一是現量（pratyakṣa）的直接性（immediateness），這讓人想起所謂純粹感覺。陳那可能有這個意思。當一個人專注於某一圓形時，他感到這「圓性」，但不知道這是圓形，只知道它是面對著我們的一個對象，但是哪一種對象呢？並不清楚。徹爾巴特斯基也提過這樣的純粹感覺的經驗。[43]另外是承著這一點，倘若感覺是純粹的，則亦應是直接的，這樣的感覺，仍未是知覺，則認知云云，仍然難說。另方面，這也無關於睿智的直覺（intellektuelle Anschauung），後者雖不能建立對象性、現象性的知識，但能建立物自身的知識，甚至能提供物自身的存在性。但這已不光是認識論的問題，而是存有論的問題了，甚至以存有論為主要的性格。

42　J. Prasad, *History of Indian Epistemology*. Delhi: Munshiram Manoharlal Publishers Pvt. Ltd., 1987, xiv. 此書以下省作 HIE。

43　Th. Stcherbatsky, BL, I, p.153.

現在的問題是，現量是如何認識對象的呢？陳那認為，現量由感官透過接觸多個對象的集合體，例如原子或極微（aṇu）的集合體而生，但就它的運作而言，它是認識整體對象的。《集量論》說：

> tatrānekārtha-janyatvāt svārthe sāmānya-gocaram.
> （PVBh, p.279.10）

語句中的 an-eka-artha 即清楚地表示對象不是單一的。感官不能接觸單個原子作為它的對象，而是同時接觸多個原子，或原子的集合體，這即是 sāmānya 所表示的整體原子的意思。但感官不能概念地把握這個整體，對它產生知識。要這樣做，便得依賴意識或知性所提供的概念，此中最明顯的，莫如範疇。

認知上會出現錯誤，是一定的。法稱無疑對這個問題念之繫之，陳那也早已留意及了。他很小心地檢別那些不是真正的知覺，而是含有隱晦性（sataimira）的認知方式；它們是錯誤的認知（bhrānti-jñāna）、對經驗實在的認知（saṃvṛti-saj-jñāna，這種認知具有概念成分）、比量（anumāna）和由比量而來的結果。《集量論》說：

> bhrānti-saṃvṛti-saj-jñānam anumānānumānikam,
> smārtābhilāṣikam ceti pratyakṣābhaṃ sataimiram.
> （PVBh, p.332.20）

這些含有隱晦性、不清晰的知覺或現量，便是一般所謂「似現量」（pratyakṣa-ābhāsa）。

七、心靈現量與瑜伽直覺

我們一般說到知識論或認識論，在認識機能方面，總會提到感性（sensation, Sinnlichkeit）或知覺（perception, Wahrnehmung）和知性（Verstand）或理解（understanding）。兩者的共同運作，便產生知識。這自然是康德的說法，但已為一般所接受，成為認識論的常識了。同時，這知識是就現象世界、經驗世界說的，不是就本體世界、物自身世界說的。而要理解後者，則會涉及一種具有睿智性格的直覺。這在康德來說，是睿智的直覺；在胡塞爾來說，是本質直覺（Wesensintuition）；在道家例如莊子來說，則是靈臺明覺，這可與天地精神相往來，而天地精神是物自身的、本體的境界。

在佛教陳那（Dignāga）、法稱（Dharmakīrti）的認識論來說，以至他們之後的認識論來說，他們除了提現量與比量以與西方哲學家的感性與知性的說法相應外，也提心靈現量或意識現量（mānasa-pratyakṣa）與瑜伽現量（yogi-pratyakṣa），這則相當於西方哲學的睿智的直覺與本質直覺。關於心靈現量的問題，陳那、法稱之後的確有很多討論。法稱認為，在心靈現量中被知覺的，是直接地跟著感性或感性直覺之後而來的對象。他因此說心靈現量是一種行者、活動者（gantṛ），但還未能體證得對象。他的隔代門徒法上（Dharmottara）認為心靈現量有神秘性，難以證實，但又未有否定、否認它。智藏（Jñānagarbha）則以媒介意義來說心靈現量，視它為介於感性與知性之間的一種能力。這種能力有感性成分，也有知性成分，因此能溝通這兩者。感性與知性是很不相同的認識手段，需要心靈現量來作中介，把兩者連合起來。倘若沒有這種認識手段，則感性從外面吸收到的感覺與料（sense-data）便不能為知性所處理，人的思維、言說便不可能了。智藏的這種心靈現量觀，有點像康德所說的判斷力（Urteilskraft），後者有類似的媒介作用，可以把感性與知性連接起來，共同作用，以知性的範疇概念把現象性格的外界與料規範成對象，成就客觀的知識。有些學者也認為，心靈現量或心靈知覺是一種睿智的直覺，能夠直證一切事物的真相、本質，是一種全知狀態（sarva-jñatva），與瑜伽智（yogi-jñāna）無異。

就陳那自己來說，他的《正理門論》便提到心靈現量的問題：

> 意地亦有離諸分別，唯證行轉。又於貪等諸自證分、諸修定者，離教分別，皆是現量。（《大正藏》32·3 中）

意地即是意識。意識的作用本來便是以概念來思考對象，而加以分別。因此，說意識「離諸分別」、「離教分別」，而又是現量，是有矛盾的，因為現量如前所說，是「離分別」。若要從矛盾中釋放出來，勢必要對意識的作用作另類的解讀，由知性的轉為智性的，由在二元性的關係中的理解力轉而為超越二元的相對性的絕對性格的智慧力，轉為所謂一切智（sarva-jñāna）。這便得如徹爾巴特斯基所說，陳那否認內感（inner sense）的存在，而以思維或智性感覺來代替。[44]

徹氏對於現量與意識的問題，提過不少觀點，我在這裏扼要地介紹一下，供讀者參考。徹氏認為，梵文「現量」（pratyakṣa）的所指，在外延上較感性知覺（sense-perception）為廣。現量指直接知識，或直覺，而感性知覺只是直覺中的一種，此外還有智性直覺

---

44 Ibid., pp.164-167.

（intelligible intuition）。徹氏以為，一般人並不具有這種直覺（按這也指睿智的直覺），只有聖者具有之，而聖者是超人的存在。[45]徹氏指出，陳那取消了第六感官，以純粹感覺代替物理的感官。對於一束顏色的知覺，他理解為最先瞬間是純粹感覺，跟著便有智性（intellect）建構意象或形象。徹氏在這裏提出知覺（perception）的不同步驟：知覺的第一瞬間是感性的感覺（sensuous sensation），第二瞬間是智性的感覺（intelligible sensation）。我們可以視前者為純粹感覺（pure sensation），後者為思維感覺（mental sensation）。而智性直覺（intelligible intuition）則是聖者的神秘直覺。徹氏強調，思維感覺是純粹感覺與知性（understanding）的中介。這思維感覺自然也有康德所說的判斷力或構想力（imagination）的意味，它被徹氏視為相當於意識現量。[46]

下面看這一節要討論的第二種認知能力：瑜伽直覺。陳那認為這是對一個物體的現證，不帶有任何權威主義色彩。這亦是一種知覺。《集量論》說：

yogināṃ guru-nirdeśāvyatibhinnārtha-mātra-dṛk.

---

45 關於睿智的直覺，康德在其《純粹理性批判》（*Kritik der reinen Vernunft*）認為只有上帝能有這種直覺，人不能有之。徹爾巴特斯基在這個問題上鬆動了一些，提出聖者可有這種直覺，但他們具有超人性格。我曾在拙文〈關於現象與物自身的分離問題的現象學與歷程哲學的解決〉（載於劉國英、張燦輝編《求索之迹：香港中文大學哲學系六十周年系慶論文集校友卷》，香港：中文大學出版社，2009，頁 1-27）中，提及胡塞爾與懷德海都認為人是可以具有這種直覺的。

46 Th. Stcherbatsky, BL, I. pp.161-162.

（TAV, p.54.14-15）

陳那強調，這種知覺與任何經典言說沒有關連（avyatibhinna），也不指涉感官，沒有條件限制。心靈知覺或心靈現量則與感官連結，才能作用。這是法上提出的，陳那在這點上未有清晰討論。

這種瑜伽直覺可說與上面提過的瑜伽現量相通。徹爾巴特斯基提到，陳那認為宇宙不能透過邏輯來建立，只能由神秘的直覺來認識，這神秘的直覺正是瑜伽現量。[47]他以「超越的直覺」（transcendental intuition）來譯瑜伽現量（yogi-pratyakṣa），強調這種現量不是一種正常意義的量（pramāṇa，認識手段），卻是對於一種條件的直覺，這種條件不能以邏輯的方法來認識（aprameya-vastūnām aviparīta-dṛṣṭiḥ）。這樣的直覺可與康德的睿智的直覺相比較。[48]

基於以上的理解，徹氏向上追溯與向下推演，對佛教的認識論作出扼要的反思。他指出，在早期佛教，純粹感覺（pure sensation）與概念思考（conception）已被明確地區分開來，後者在佛教邏輯中是非常突出的，是第六感官的作用。這「第六感官」被視為「純粹意識的聚合」（vijñāna-skandha，識蘊），而與「概念的聚合」（sanjñā-skandha）及其他聚合（skandha，蘊）區分開來。徹氏強調，這種看法在大乘中完全變了樣。早期的觀念論者無著（Asaṅga）與世親（Vasubandhu）否決了外在世界的實在性（reality），把整個認識活動視為對我們的心靈的作用的審察歷程。他們提出阿賴耶識

---

47 Ibid., p.539.

48 Th. Stcherbatsky, BL, II. p.32.

（ālaya-vijñāna，意識的倉庫），以代替外在世界。陳那、法稱否決了這阿賴耶識，視之為靈魂的偽裝形式。他們建立兩個異質的要素：一是非建構性的純粹感覺，一是建構性的概念的綜合。他指出，這兩者加上自證（sva-saṃvedana）的理論和意象並名稱的理論，成就了佛教知識論的根本特徵。[49]

對於徹氏在上面的說法，筆者有以下的補充與回應。第一，徹氏認為早期佛教已明確區分純粹感覺與概念思考，又把概念思考關連到純粹意識的聚合。按早期佛教倘若是指原始佛教與小乘（說一切有部 Sarvāsti-vāda、經量部 Sautrāntika）而言，我們看不到這內裏有對感覺與思維的嚴格區分。毋寧是，原始佛教很重視苦（duḥkha）的問題和如何以中道（madhyamā pratipad）來解決這個問題。小乘佛教則很強調我（ātman）與法（dharma）的區分：我是空的，法是有的。因而大乘佛教提出我、法二空，以糾正小乘的偏差觀點。至於把概念思考與純粹意識聚合，而以第六感官來說後者，則明顯地有胡塞爾現象學的思想在裏頭。胡氏以多束意識（Bewuβtsein）的聚合而成自我（Ich），而又把自我的焦點放在意識之中，這意識正是唯識學所說的第六意識，或徹氏所說的第六感官。不過意識能否說是一種感官，頗值得商榷。第二，徹氏以概念的聚合來說 sanjñā-skandha，恐怕也有問題。sanjñā-skandha 通常作想蘊看，為五蘊之一，其作用是取像：執取對象的形象，或記取對象的形象。這牽涉形象的問題，與感覺有一定的關連，不是純粹的概念的聚合問題。徹氏的用詞，並不夠精確（precise）。第三，說無著與世親把認識活動視為對心靈的作用的審察，很明顯地是預設了心識的自

49　BL, I. pp.173-174.

己認識這一前提。即是，我們對對象的認識，是以對象給予我們的形象（ākāra）為準的。我們確實地知道對象的形象存在於認識之中，但對於對象，依唯識學的一切唯識（vijñaptimātra）的立場，不承認外界實在，因而不能說對象是外界（識之外）實在，則它的來源只能在心識中說。於是，我們認識對象的形象，在唯識學的系統下只能說我們認識由心識所給出來的形象。在這種情況下，認識者是我們的心識，作為被認識者的形象也是來自心識。這樣的認識活動正是心識或識的自己認識，這亦即是徹氏所說的認識活動是對我們的心靈作用的審察。但徹氏說得太快，太簡單，讓人難以明白。特別是，識的自己認識問題，要到陳那、法稱的階段才被矚目，並不流行於無著、世親的年代。第四，徹氏認為無著、世親提出阿賴耶識來代替外在世界。他的意思應該是我們面對現象世界的種種事物，不能說它們在外在世界有其根源，但又要交代這些事物是怎麼來的，於是唯識學者便提出第八阿賴耶識，以之為一切事物的存有論的根源。此中的關鍵性概念是種子（bīja）：它含藏於阿賴耶識之中，是一切現象事物的潛在狀態，只要條件具足，這種子便能現行，以現象事物的姿態呈現。徹氏說唯識學者提出阿賴耶識來取代外在世界，便是這樣的意思。不提種子，一切便無從說起。第五，徹氏說陳那、法稱否決阿賴耶識。倘若從存有論方面這樣說，便有問題，起碼就陳那來說是如此。如上面我們研究陳那的《觀所緣緣論》所示，陳那提到「本識」、「異熟識」，都是指阿賴耶識而言，他何曾否決阿賴耶識呢？最後，徹氏總結陳那、法稱的認識論有三要素：非建構性的純粹感覺、建構性的概念的綜合和自證。這很明顯表示他自己心目中已有一套認識論，那是康德形態的。非建構性的純粹感覺相應於康德的感性（Sinnlichkeit），其作用是集取外界的感性與料（sense-data）；單靠它，是不能成就對象（Objekt），不能建立知識，故是「非建構性的」，至於「純粹」，則是指沒有思維、概念成分，純然是感官方面的接觸。建構性的概念的綜合則相應於康德的知性（Verstand），其作用是以範疇概念來整合由感性或非建構性的純粹感覺由外界得到的感性的資料（sensuous materials）；範疇（Kategorie）具有規限、範式義，能夠整理感性的資料，使成為對象。知識（Erkenntnis）正成立於對象的形成之中。徹氏所謂的「建構性」，正是指感性的資料的被範鑄、被鎖定為對象言。建立了對象，也建立了知識。至於徹氏所說的「自證」，則是以當事者自己為證知的對象（泛說的對象），這約略相應於康德的睿智的直覺。但這只是約略相應而已，雙方的差異仍然很明顯。康德的睿智的直覺是知了對象的物自身（Ding an sich），而不是知了對象的現象（Phänomen）。陳那、法稱他們說的自證，則是證知當事者對對象的形象的認識，它的所對的、所證知的，是當事者自己與形象之間所成立的認識活動。不管是對象、形象或整個認識活動，都不能離開認識者的心識所能覺識的範圍，所謂「自證」，正是指對於這種自己進行認識活動的整體事件的證知。這樣的證知，應該不是對對象的現象層的證知，而是對處身於認識活動之中的當事者自己的證知。但這當事者自己是否能超越現象層面，而以物自身的姿態被證知，我想還是很難說。康德對於自我的理解有三個層次：現象的自我、物自身的自我和純粹是作思考活動的一種智思的自我，沒有任何經驗成分而只有思維內容的自我。徹爾巴特斯基所說的自證，對這三種自我中的任何一種都不具有足夠的相應性。我在這裏把這自證與知了物自身的睿智的直覺拉在一起，的確有點勉強，在這一點上，筆者也不能說服自己。

毋庸置疑，徹爾巴特斯基是近現代最傑出的佛教學者之一，筆者在上面對他的負面評論，例如他在比較德國觀念論特別是康德的知識論與陳那、法稱的知識論方面欠缺精確性（imprecision），也無損於他的大師的地位。在近現代的國際佛學研究界，我們很難找到像他那樣在文獻學與哲學分析方面具有既深且廣的學養的學者。在文獻學方面，他有深厚的梵文、藏文的訓練，又通俄、德、法、英諸種現代佛學研究的語文（他的《佛教邏輯》本來有德文、法文的底稿，其後又以英語更詳盡地、周延地寫一遍，這便是我們今日所用到的 *Buddhist Logic*）。他只是不涉日文，和只能讀漢譯的印度佛典而已。在哲學方面，他對西方與印度哲學知得很多，特別是康德的批判哲學。也是由於這點，他喜以康德哲學的概念、理論來解讀佛教特別是陳那、法稱的知識論。雖然他的解讀有不少欠精確性之處，但在輪廓上、規模上，他的這種解讀的比較方式，還是很有啟發性。他在知識論方面，為佛教哲學與康德哲學建立了很寬廣的比較平臺。在這一點上，後學做得還是很不足夠。

八、認識機能與認識對象之間的關係

以上數節我們基本上是單獨地探討認識對象和認識機能。在這一節中，我要把兩者拉在一起，看它們兩者的互動關係。一般意義的知識，需要這兩者具足而又經過認識活動，才能出現。在這裏，我們還要回歸到「量」（pramāṇa）一語詞，作些說明。按 pramāṇa 這一字眼在佛教特別是陳那的認識論中，其涵義並不是很清晰、確定。它可以具有以下諸項意思：認識手段、認識方式、檢證的過程，也可以直接地指知識本身。這最後一點可能是 pramāṇa 的最為適切的意思。一說到知識，我們還是離不開認識主體與認識對象之間的關係，這兩者在陳那來說，分別是現量與所緣。為了精確地了解陳那在認識問題上的觀點和對認識對象的實在性的評估，我在這裏仍是從現量、比量和它們分別的對象說起。《集量論》說：

> sva-lakṣaṇa-viṣayaṃ hi pratyakṣaṃ sāmānya-lakṣaṇa-viṣayam anumānam iti pratipādayiṣyāmaḥ.（PVBh, p.169.9-10）

這段文字顯示出典型的知識或認識活動的綱要：現量以自相（sva-lakṣaṇa）為對象，比量則以共相（sāmānya-lakṣaṇa）為對象，以進行認識活動。自相具特殊的個體性，不能被概念化。共相則是普遍性格，由意識從多數個體物抽出它們共同擁有的特性而成，因而是概念。就實在性（reality）而言，陳那認為，只有自相具實在性，共相則不具實在性。對應於這兩種對象，分別有兩種認識手段（vyavasthā）來認知：現量認識自相，比量認識共相，兩者絕對不能相混。這與正理學派的說法不同，後者認為同一對象可為不同的認識手段來認知。

進一步，陳那以一種綜合的活動來看認識問題。他認為，認識手段（pramāṇa）或認識者與被認識的對象（prameya）的區別與關係，只是譬喻地設定（upacaryate）而已，這是形象上的區別（-ākāra-bhedena pramāṇa-prameyatvam upacaryate，其中，ākāra-bhedena 是關鍵字眼，以具格表示，即是以形象的區別來展示之意）。（PVBh, p.393.30-31）陳那的意思是，此中實際上沒有這種區別，只有自己認識（sva-saṃvitti）整個活動、整一活動而已，沒有認識主體與認識對象的分別。[50]

對於這種分別或分化，陳那更提出二邊三個部分的說法：在認識對象方面是對象（prameya），在認識主體方面是手段（pramāṇa）和結果（phala），並提出這三者的不可分性如下：

> yad-ābhāsaṃ prameyaṃ tat pramāṇa-phalate punaḥ,
> grāhakākāra-saṃvitti trayaṃ nātaḥ pṛthak-kṛtam.

這是《集量論》的說法。[51]

但通常我們視認識活動為有兩個面相（dvi-rūpa），這即是自身形象（sva-ābhāsa）和對象形象（viṣaya-ābhāsa）。為甚麼是這樣呢？這自身形象與對象形象是否分別相應於認識主體與認識客體呢？陳那的答覆是，這是由於有「對對象的認識」與「對該認識的認識」之故。《集量論》說：

> viṣaya-jñāna-taj-jñāna-viśeṣāt tu dvi-rūpatā.
> （PVBh, pp.403.17, 425.12）

---

50 在護法的唯識學來說，識變現相分（nimitta）而自身以見分（dṛṣṭi）來了別、執取相分，亦只是施設性地、方便地、分析地這樣說，這是分別、構想作用（parikalpita），在真理（satya）方面，只能說整個認識活動、執著活動（在唯識學來說，認識常為執取所伴隨），或者說，是識的虛妄活動。就存有論言，這正是只是識、唯識（vijñapti-mātra）的意思。

51 *Nyāyamañjarī of Jayantabhaṭṭa*. Kashi Sanskrit Series 106, Benares, 1936, p.67.30-31. 此書以下省作 NMañj。

即是說，認識活動包含作為對象的「對象的表象」和作為主體的「自己的表象」。這分別相應於「對對象的認識」與「對該認識的認識」。陳那解釋說，倘若認識活動只有一個面相，只有對象的表象或只有自己的表象，則在前一瞬間被認識的對象在跟著而來的認識活動中便不能出現。因為前一瞬間的對象在跟著而來的認識活動生起後便不存在了，這樣便不能成為跟著而來的認識活動的對象。《集量論》在下面的說法，正表示這個意思。

> na cottarottarāṇi jñānāni pūrva-pūrva-jñāna-viṣayābhāsāni syus tasyāviṣayatvāt.（PVBh, p.409.1-2）

對於陳那這樣說，我的推斷是，在認識活動中，對象的表象是被認識的客體，自己的表象則是認識的主體。倘若只有前者而沒有後者，則對象的表象能否在整個認識活動中自我同一地持續下去，便成問題。若同時兼有自己的表象，則這自己的表象如同整個認識活動，它能確認對象的表象的同一性，特別是認識歷程中的自我同一性，認識活動便能持續著發展，而不會中斷。

至於在認識活動中的認識者對於被認識的對象的認識，陳那在他的《觀所緣緣論》中有明確的說明，並關連著第八阿賴耶識及其中的功能或種子來闡釋。他以根來說認識者，或識，以境來說對象，以內境色來說認識中的形象。這部論典說：

> 此根功能與前境色，從無始際，展轉為因，謂此功能至成熟位，生現識上五內境色，此內境色復能引起異熟識上五根功能。根境二色，與識一異，或非一異，隨樂應說。如是諸識，

惟內境相為所緣緣，理善成立。（《大正藏》31·889上）

引文交代五根功能與內境的關係。陳那指出，五根功能與內境從無始以來，展轉為因。五根功能成熟時，生起五內境，這時五根功能為因，五內境為果。接著，這五內境反過來引起異熟識上產生五根功能，這時五內境為因，五根功能為果。根、境與識可說是同，亦可說是異。陳那最後總結說，諸識惟以內境為所緣緣。即是以在認識所得的形象為所緣緣。

在這段文字中，陳那總結了根、境與識的關係。按照他所說，「五根功能」應等同於唯識學所說的種子；而五內境則是現行，因為他說「此功能至成熟位，生現識上五內境色」，這即是種子生起現行。另外，他又說「此內境色復能引起異熟識上五根功能」，這即是現行熏習種子。要注意的是，這裏說五內境是現行，與它們作為五識在認識中所把得的形象，並不矛盾。認識中的形象是以現行亦即是具體的、顯現在識之前的東西說的，不是以潛藏在阿賴耶識中的種子說的。

綜合來說，陳那認為整個認識過程都是識的內部作用。本識的五根功能成熟時生起五內境，此五內境作緣生起五識，同時，這五內境的相或形象顯現在五識之中，由此構成了認識。在這種關係中，五內境成為了五識的所緣緣。

九、範疇問題

範疇理論是認識論或知識論中極其重要的一環。它的作用是就普遍性相方面規限、鎖定現象，使之成為認識主體的對象。範疇作用的結果是對象的成立，而嚴格意義的知識論的知識，是建立在對象的基礎上的。對象的認識論的意義，在於它是一種已客觀化了的東西，而建立在這種已客觀化了的東西之上的知識，應有其客觀性。在它的實體、屬性、運動等重要面相上有一定程度的固定性、穩堅性，與認識者的主觀情緒、感受沒有根本的關連。對於一個月亮，情緒欠佳的人看它會覺得它淒冷，熱情的人看它會覺得它溫暖、明亮。這種情況的發生，是月亮尚未成為一個客觀化的對象的緣故。倘若它已經過範疇的範鑄作用而成為一客觀的對象，則它可以平等地為多個人所認識，而對它形成知識，這些知識有客觀性，不因當事人的主觀感受或情緒所影響。

範疇論的重點在範疇與對象的關連，而不在範疇的數目。亞里斯多德立十範疇，康德立十二範疇，懷德海的範疇理論很複雜，範疇的數目也特別多。印度各派，包括正理派（Naiyāyika）、勝論派（Vaiśeṣika）、數論派（Sāṃkhya）、吠檀多派（Vedānta）都各各有自己一套範疇論。佛教各派也各自有其範疇論。中觀學的龍樹以八不來表示他對對象世界的自性見的否定，他提出八個範疇，但都以否定態度提出。這八個範疇是生、滅、一、異、常、斷、來、去。陳那則站在要建立現象世界、經驗世界的平台而提出他的範疇論。

蘇聯學者徹爾巴特斯基對於陳那的範疇論有頗為多面的、周延的研究。我在這裏姑闡述他在這方面的說法，在有關地方也會作些評論。徹氏表示，正理勝論派（Nyāya- Vaiśeṣika，這是正理派與勝論派的結合）的範疇有七個：實體、屬性、運動、普遍性、分化、內屬和非存在。這是以句義（padā-artha，名稱）來表示的七種存在狀態或意義。陳那則提實在的五種分別說（pañca-vidha-kalpanā）。這其實是有關名稱的分類（nāma-kalpanā）：專有名稱（分別）、類（普遍）、屬性、運動、實體。按這是徹氏對陳那的說法的轉述，陳那自己所用的字眼則是：名稱（nāman）、種屬（jāti）、性質（guṇa）、動作（kriyā）和實體（dravya）。此中的動作也可作運動狀況看。徹氏自己跟著解釋說，這都是名稱，不是物件（svasiddhaiva kevalā kalpanā [nāma-kalpanā]）。他舉例說明，一個物件能隨意以聲音（非詮義的專有名稱）來命名，如「達多」（Ḍiṭṭha，沒有意義的聲音）。在類名方面，可被貫以「牛」。在屬性名稱方面，可被貫以「白」。在動詞方面，可被貫以「煮食」。在實體方面，可以另一實體來說，如「棍棒的持有人」、「角的持有者」、「有角的」。（TSP, p.369.23ff.）對於陳那的範疇說，徹氏認為，專有名詞並不真正是個人的名稱，它們實際上是一般的名稱。他引述蓮華戒（Kamalaśīla）的說法：雖然像「達多」一類名稱一般被視為專有名稱，但由於它指涉一綿延的存在，由生起到消失，它不能指述一個在每一瞬間都在變化和與其他東西沒有共通性的實在物件，它所著意的亦是一個類，內屬於一個物件中的類。（TSP, p.370.17ff.）[52]但徹氏指出，由於這種名稱

52 徹爾巴特斯基在這裏的解說，意思不是很清晰，需要解釋。像「達多」這樣的名稱，作為專有名詞看，好像很自然地可用到與這名稱相應的人物方面。但人物本身是生滅法，不停變化，沒有一常住不變的狀態，而「達多」這名稱有要求它所指涉的東西具有常住不變性的意涵。即是說，「達多」是個死的專有名詞，它所指涉的，卻是一個刻刻在活動、在變化的人物，與任何其他東西都沒有完全的交集性的人物，則名詞與實物怎能相應呢？之所以有這樣欠缺清晰性的情況，與其說是由於徹氏說明得不夠好，毋寧應說佛教知識論並不太重視範疇問題，到了陳那、法稱的階段，在處理範疇問題方面，還是在多處做得不夠周延。我們不能以既深且廣地開拓範疇理論的康德的表現作準來批評陳那、法稱。約實而言，陳那的範疇論已稍具規模，法稱在這方面好

不詮義，它們還是從系統中被區分開來。（ta eva bhedā avivakṣita-bhedāḥ sāmānyam iti, TSP, p.370.27）至於實體，如「棍棒的持有人」、「角的持有者」、「有角的」，可稱為「具有性的形容詞」（possessive adjective, daṅdī, vasāṇī）。它們是次元的實體，表達其他實體的特性。[53]徹氏以為，只有事物的第一本質永遠不能成為謂語，所有其他實體都可成為其他對象的性質。因此，就實情來說，它們是次元的或譬喻性格的實體。它們可以是實體，也可以是性質。倘若是實體，則它意味著一個性質的具有者。[54]重要的是，徹氏指出，所有性質的終極的和真正的具有者是物自身。一切被建構的對象，可以作為實體的性質，但當它們被定性為具有其他實體，便可以譬喻地被視為實體。按在這裏有很濃厚的相對相關的關係：A 可以為 B 所具有，則 A 是一種性質、特性，但當 A 被視為具有 C，則 A 便被視為實體了。A 的是實體抑是屬性、特性，要看它在有關脈絡中與其他物體有甚麼關係來決定。

徹氏作總結說，倘若以陳那的範疇思想與正理勝論派的作比較，則他其實只有三個基本範疇：實體、屬性、運動。普遍性一範疇需要除去，因為所有範疇都具有普遍性。分別範疇就終極的分別一義來說，亦需除去，因為它是在每一對象的底層的不能言詮的要素。[55]按我們可以這樣理解徹氏的這種觀點：範疇本身具有建構性，

像沒有作過努力，交了白卷。我以之詢問法稱認識論研究專家戶崎宏正，他也說法稱在範疇問題上沒有建樹，不知何以如此，云云。

53　例如「棍棒的持有人」表示人持有棍棒，這棍棒是實體，是次元的實體，它表示為人所持有，表示作為實體的人持有棍棒這樣的特性。

54　例如人是實體，則它意味著棍棒的持有者，具有棍棒便是性質。

55　Th. Stcherbatsky, BL, I. pp.217-219.

建立對象的世界。這是一個言詮的世界，一切都在言說範圍之中。分別或分化是在對象的底層，是對象的成立的基礎；它可以詮述某些東西，但自身不能被詮述，故不符合範疇的言詮性格。

範疇是建立對象世界的基礎、根本概念。西方哲學重視存在世界、對象世界，因此有比較複雜的範疇理論，範疇的數目也很多。康德的範疇論更是整然有序，富有系統性質。他把範疇分為四大類：量、質、關係、模態諸種類，每種類又由三個範疇構成。再加上感性作用的時間、空間形式，總體上有十四個範疇。懷德海的範疇論更為繁複。東方哲學未有像西方哲學那樣重視對象世界，它的終極關心不是要建立一套存有論，而是要超越對象世界，建立有救贖義的精神境界。它一方面設立對象世界的範疇，這是世俗諦的範疇，如上面提到的正理勝論派和陳那的範疇理論。在超越世界方面，我們也可以說它有勝義諦的範疇，如有（Sein）、無（Nichts）、空（Śūnyatā）之類，但這是另類的範疇了。陳那本來立五個範疇，徹爾巴特斯基進一步濃縮為三個：實體（dravya）、屬性（guṇa）和運動（kriyā）。他的分別和普遍，相當於一般所謂特殊性（particularity）和普遍性（universality）。徹爾巴特斯基把這兩個範疇排除開來，其理由如上所說。我認為這兩個概念的確可以從範疇內裏排除掉，但不必依徹氏所提的理由。我的意思是，在對象世界或世俗諦中，特殊與普遍在意義上相互矛盾，雙方同時作為範疇以描述對象的普遍性相，是有問題的；[56]只保留其中一個而捨棄另一個，又嫌偏頗。

---

56 作為範疇的特殊性與普遍性不可同時存在於嚴格意義的對象之中，或世俗諦的事物中，是很明顯的，不必多作解說。但這兩種性格卻可以同時存在於本體（noumena）或物自身（Ding an sich）層面的事物中，

只有把兩者同時揚棄，才沒有矛盾的困難。範疇的數目，本來便沒有嚴格規定，減少兩個，並不礙事。

在餘下的三個範疇中，實體與屬性可以互轉，如上面所說。至於運動，則是指對象的存在狀態。在這一點上，對象或是處於靜止狀態，或是處於活動狀態，都有困難。對象若是靜止，則它的發動，需要有效的原因；對象若是活動，則它的靜止，同樣需要有效的原因。實際上，以靜止與活動來說對象的存在狀態，過於死煞；另外，對象的狀態的轉變需要有效的原因，這原因問題，也不易處理。我認為對象是生滅法，是變化著的，故絕對的靜止是不可能的。我們只能說對象總是在活動中的，它的動感有強有弱，當弱至我們的感官無法確定它的活動程度，便說它是靜止了。故靜止與活動，只是動感、動勢不同罷了，世間決無絕對靜止不動的東西。基於這個理由，我們可以接受運動作為對象的一個範疇。[57]

十、分別與離分別

陳那的知識論建立在現量（pratyakṣa）或直接知覺上，他的邏

則需要作些解釋。此中的要點是，本體、物自身的世界是絕對的、超越的世界，其中一切事物都自由自在地遊息於其中，沒有時間性，也沒有空間性，也不受範疇概念的範鑄。在它們的存在性中，特殊性與普遍性可以同時並在而不相妨礙，此中並沒有相對性的東西，也沒有與這相對性相對的絕對性。華嚴宗的事事無礙法界的事物與京都哲學家西谷啟治所提的空的存有論中的事物自體，都可說是這種世界的東西。

57　關於範疇問題，下一節會有進一步的探討。

輯（狹義的邏輯）則建立在比量（anumāna）或推理上。這現量與比量構成了他的知識論中的兩個機能或手段。通常我們說起他的知識論或認識論，是就現量說，其作用是把握、現證對象的自相（sva-lakṣaṇa）或特殊相，其比量則理解對象的共相（sāmānya-lakṣaṇa）或普遍相。上面的闡釋，主要是說明這些問題。現在我們集中說現量與比量之間的關係，進一步看他的兩種認識手段的意義與互動。這互動並不必只指兩者的正面的合作，也指兩者的負面的排斥。現量與比量的互動的適切性在於後者。

即是說，現量是離分別的，這是透過排除（apoha）的思維來說現量。要了解現量，便得先把握分別，才有離分別可言。一般來說，分別（vikalpa, kalpanā）是指概念構思（conceptual construction），透過概念、言說來作指謂。在陳那來說，一切與名稱（nāman）、種屬（jāti）關連起來，便是分別。陳那在《集量論》中說：

> …… nāma-jāti-ādi-yojanā.（TAV, p.53.29）

說得直截了當一點，所謂分別是把名稱配置到實物上去。名稱是類名，實物是個體物；把具有普遍性的概念配置到性質相同的一類事物中去，以概念來概括該具有相同性質的分子，讓它們從不同性質的東西方面區分開來，便是分別。進一步說，把一個東西從另一東西方面區分開來，而給予特別不同於另一東西的名稱，都是分別。以「孔子」來說（denote）儒家的開祖，又以「孟子」來指謂在孔子之後而為孔子思想建立理論基礎的繼承者，便是分別。

對於這種冠以名稱以分別事物的例子，陳那在《集量論》中列舉如下（這與上面說到的事例有重疊的情況）：

yadṛccha-śabdeṣu hi nāmnā viśiṭo 'rtha ucyate ḍittheti, jāti-śabdeṣu jātyā gaur iti, guṇa-śabdeṣu guṇena śukla iti, kriyā-śabdeṣu kriyayā pacaka iti, dravya-śabdeṣu dravyeṇa daṇḍī viṣāṇīti.（TSP, p.369.23-25）

即是，在專有字眼（yadṛcchā-śabda）上，一個東西（artha）可以一字眼如「達多」（Ḍittha）作為名字（nāman）被區別開來。在種屬字眼（jāti-śabda）方面，一個東西可被說為「牛」（go）來區別其種屬。在形容性質的字眼（guṇa-śabda）方面，一個東西可被說為「白」（śukla）來區別其性質。在動作字眼（kriyā-śabda）方面，一個東西可被說為「煮食」（pācaka）來區別其動作。在實體字眼（dravya-śabda）方面，一個東西可被說為「持竿者」（daṇḍin）或「負角者」（viṣāṇin）而被區別出來。[58]在這裏，陳那把他自己立的五個範疇逐一列舉出來；它們是名字、種屬、性質、動作、實體。[59]我們在這裏要特別注意一點：對於這五種範疇的名目，陳那都用處格或於格（locative）來表示：-eṣu，即是，在這五種範疇名目之中，陳那都相應地提出一個具體例子作為佐證，這對讀者來說，非常有用。之所以用處格或於格來說那些範疇的名目，正表示這些範疇名目可概括多個分子，表示它們在涵概上的廣遠性。或者說，它們都有很廣闊的（extensive）的外延。

58　有關這段文字的意思與發揮，也可參考 M. Hattori, DP, p.25。

59　在範疇的個別提舉方面，陳那的範疇名目與當時的印度的實在論者所提的有重疊之處，例如實體、性質、動作等，不過，他們稱為實、德、業。

這些範疇都有一共同點，那便是分別性（distinguishment, discrimination）。這是與現量的最大不同點。現量是當前對對象（泛說的對象）的現證，對於對象不起任何分別、思辨，只是如如地與對象相照面，成為一體。故陳那以「離分別」（kalpanāpoḍha）來界定現量，那是通過排除（apoha）的方式來展示的。所謂排除，即是把不是A的要素都全部否定、排棄，餘下的便是A了。此中自然有辯證的意味在內。印度學者柏來薩特（J. Prasad）也指出，陳那認為，直接知識（pratyakṣa，柏氏以直接知識說現量，應以直接知覺來說才對）是遠離構想分別的，而且與名稱、種屬等沒有連繫（nāmajātyādyasaṃyutam）。[60]柏氏指出，陳那在這裏未有依慣例提及五種感官對認識對象的接觸，這樣便可以讓這種說法概括心靈的認識（mano-vijñāna）、自我意識（ātma-saṃvedana）和神秘的認識（yogi-vijñāna）。後三者在法稱的《正理一滴》（*Nyāyabindu*）中被視為直接知識。[61]按陳那說直接知識或直接知覺與名稱（nāman）、種屬（jāti）沒有連繫（asaṃyutam），正符合他的「現量除分別」的對於現量的理解的根本原理，名稱、種屬都是範疇，後者是分別的基礎。柏氏的指陳不錯。這是第一點。至於第二點，柏氏認為陳那說到現量，不依慣例提感官與對象的接觸，表示感官不一定要接

---

60 按這個語詞或複合詞是印度學者維地雅布薩納（S. C. Vidyabhusana）依《集量論》（*Pramāṇasamuccaya*）的藏譯還原為梵文的寫法。（S. C. Vidyabhusana, *A History of Indian Logic*. Delhi: Motilal Banarsidass, 1978, p.277）維氏的還原用梵文天城體（Devanāgarī）印出，柏氏在他的《印度知識論史》（*History of Indian Epistemology*）中轉寫為羅馬體，有很多錯亂。（p.119. note 2; p.120）

61 J. Prasad, HIE, p.119.

觸對象才能成就認識，這樣，像心靈的認識、自我意識與神秘的認識，也可以納入現量的認識中。這個意思頗有思考、研究的價值。倘若現量的認識包括上述的三種認識，則現量的認識層次可以大大提高，它不單止能認識一般被認為屬感性、經驗層次的對象的自相，更能具有智性的或睿智的（intellektuell）能力，以認識物自體、本體。但陳那作為一個西方意義的認識論哲學家，其關心的焦點應該不會超出可能經驗範圍的對象，他的認識論所指涉的認識機能或認識手段：現量與比量，應該只相應於康德的感性與知性，倘若現量可包含心靈的認識、自我意識與神秘的認識，則它的認識層次勢必提升，提升至康德的睿智的直覺（intellektuelle Anschauung）的層次。這樣，現量所認識的對象，應該包含對象的自相（sva-lakṣaṇa）和物自身（Ding an sich）了。[62]我想陳那的認識論未到那個程度，自相不是物自身。如以禪宗流行的山水公案來說，在看山水的三個階段中，自相比較接近第一階段的山水，不是第三階段的山水。[63]倘若是這樣，則自相是為感性或感性直覺（Sinnlichkeit）所認識，而

62　二〇〇七年六月我經過日本九州的福岡市，往訪住在附近太宰府市的戶崎宏正，閑敘於茶室。我提到陳那的自相（sva-lakṣaṇa）和康德的物自身（Ding an sich）。戶崎說 sva-lakṣaṇa 即是 Ding an sich，我頗不以為然。

63　第一階段的山水是一般感官所對的山水，是沒有分別意識的山水，山水作為對象與觀者作為主體混成一片。第二階段的山水是有分別的山水，這是自性分別，分別山水為有自性，不見它們的緣起性格（pratītyasamutpāda）。第三階段的山水的自性見被排除，臻於空、無自性的見地，這是山水的本質。山水作為對象和觀者作為主體實際上由主客的二元對待關係被克服、被超越，而成為絕對層次或性格的存在物，山水的特殊性與普遍性能夠並存而不相妨礙。

成為對象。而物自身則為睿智的直覺所認識。自相與物自身在不同的認識主體的認識活動中成立，它們不可能是同一東西，不可能是等同的。

戶崎可能會回應：自相是無分別的，為現量所認識，而現量是離分別的。自相與現量正好在離分別、無分別一點上具有共通性。但問題在：無分別的自相，是否一定是物自身呢？而作為認識者的現量也是無分別的，但這沒有分別的現量是否一定是康德義的睿智的直覺呢？這都是很值得討論、商榷的問題。筆者的看法是，自相不管是怎樣沒有分別，它畢竟是感性或感性直覺的對象，它是呈現在我們的感官面前的，是現象（Phänomen）的層次，為現量所認識。物自身（Ding an sich）則是超越乎作為現象的自相之上，是本體的層次，為睿智的直覺所認識。自相與物自身是層次不同的東西，我們不應「無分別地」把這兩者混同起來。[64]

---

64 自相與現量是沒有分別性的，這沒有問題。但物自身與睿智的直覺是否也是沒有分別性呢？這是一個煞費思量的問題。京都哲學家西田幾多郎提「純粹經驗」，聲言這種經驗沒有感性內容，也沒有分別，他又以這純粹經驗來說絕對無，後者是具有終極義的主體與客體的統合，更確切地說應該是主體與客體的根源。由於這是終極真實的層次，故無一切分別、二元的對待性可言。就這點來說，籠統地說，純粹經驗可說是相當於康德的睿智的直覺的活動。但就佛教方面來說，唯識學（Vijñāna-vāda）特別是護法（Dharmapāla）的《成唯識論》（*Vijñaptimātratāsiddhi-śāstra*）講轉識成智的義理與修行，提到作為諸種智的綜合體的大圓鏡智（ādarśa-jñāna）不愚不迷一切境相，對於境相、對象不愚不迷，自然對這些對象具有分別的作用，這顯示即使在最高主體性來說，分別還是不能捨棄的，也不必捨棄。另外，天台宗知禮也曾說除無明有差別（《十不二門指要鈔》卷下，《大正藏》46·715 中），表示要掃除一切無明（avidyā）的染污性，但還是要對

「分別」在梵文中有時作 vikalpa，有時作 kalpanā。vikalpa 是較常見到的字眼，其原來意思，是以字眼來表示的知識（śabdajñānupāti），其自身是不具有對象的（vastuśūnya）。既不指涉對象，則這 vikalpa 的分別意涵，純粹是主觀的觀點或分別，與客觀的對象世界無關。或者說，這 vikalpa 涉及對語言的處理問題。說到語言的問題，徹爾巴特斯基提到，陳那認為由文字語言帶導出來的知識，與推理無異。名稱只能透過拒斥與自己相反的意涵，以表示自身的意義。[65]

徹氏所說的推理，即是比量（anumāna）。陳那認為推理是有分別性的。徹氏強調陳那的追隨者堅持智思的獨特工作是作概念思維和作判斷，它不應含有感性的實在（sensuous reality），而只應是給予名字（nāma-kalpanā, artha-śūnyaiḥ śabdair eva viśiṣṭā）的機能。

現象世界的諸法或事物加以區別，不要一合相地把它們視為空，視為無自性。這些事物自然是空的（śūnya）、無自性（asvabhāva）的，但這是從第一義諦或終極義說是如此，從世俗諦或現象層面來說，它們還是各自不同，各自具有自身的形相與作用，此中便不能不說分別了。由於這個問題的深微性格，我在這裏姑暫擱下不論，希望以後有機會作進一步深、廣的探討。

65 BL, I. p.459. 這裏又帶出排除（apoha）的思想。另外，由文字語言帶引出來的知識，徹爾巴特斯基認為等同於推理，這即是由純推理所得的知識，與實際的世間沒有關係，這「知識」並不表示對實際的世界、歷史有所知。這在三段式的推理來說，便是如此。由大前提與小前提合，而得出結論，只要推理的程序合乎邏輯，則結論便為有效，它不必與現實世界有任何聯繫。例如我們以「凡是貪錢的都是賣國賊」為大前提，以「文天祥是貪錢的」為小前提，則依推理規則，我們可合法地推導出「文天祥是賣國賊」的結論。這結論當然不合乎歷史現實，但它是有效的結論。

例如法稱、法上等即承其說，把建構性的智思或概念的判斷界定為把握可言詮意象的機能。這可言詮性是判斷活動的特性。[66]關連到這點，我們可以說，可言詮性即是分別，這種性格的關鍵即是概念，分別的關鍵也是如此。超越言詮的範圍，或概念所不能表述的範圍，便是離分別、無分別。

十一、穆克己論分別與離分別

印度學者穆克己（S. Mookerjee）在論到佛教特別是陳那與法稱的認識論時，頗具主見性的理解，讓人有深刻的印象。在這裏，我想在關連到陳那與法稱的分別與離分別的觀點方面，考察一下他的看法，並作出回應。穆克己說到法稱（這同時適合於陳那）論分別（kalpanā）很重視 yogya（competent，涵概）這一字眼，表示對概念性認知的包涵。他認為（這當是就法稱的觀點說），即使是小孩在未學習語言的使用之先，亦有簡樸的判斷，與思考相連起來。他甚至認為，嬰兒在出生之日，他的知識亦不脫觀念思維。例如，他在看到母親的乳房和接觸它時，便停止哭泣了。穆氏認為，這種知識預設一個動作：把一個現前的感覺與料關連到一過往的經驗上去，這種認識上的同一性有相連於字眼的涵概性。概念思維即存在於某些內容的不確定的、模糊的呈現中（aniyatapratibhāsatvāt，按這裏是用主要字眼 pratibhāsatva 即呈現性的具格或奪格 instrumental，表示從呈現性方面來看之意）。這不確定性是由於缺乏感覺與料而來，後者是確定的、不變的呈現的原因。但當客觀的與料不在眼前

66 Ibid., pp.225-226.

出現，而概念思維獨立於這客觀的實在之外生起時，內容的呈現便缺乏直接知覺認識的清晰的飽滿性和鮮明性了。穆克己強調，概念的知識（vikalpa）具有一種過往的和未來的指涉，能確認經驗的過往的和現前的與料，因此是真正的知識，這是基於和決定於現前的事實的知識。[67]按穆氏的這種看法的思維背景，表面上是休謨（D. Hume）式的知識論，實際上是康德（I. Kant）的知識論。嬰兒見到母親的乳房而想到有奶吃，便不哭了。這表示他能把乳房與吃奶關連起來，又記憶起過往的經驗：看到和接觸到乳房，便有奶吃了。休謨正是運用這種論證來否定因果關係。這與清晰而確定的知識沒有關連。這樣的知識，來自離分別性的確定的感覺與料，再加上分別性的概念思維的生起而在這些感覺與料中作用（穆氏以客觀的實在字眼來說感覺與料，並不諦當），雙方都具足，便能有真正的知識生起。確定的感覺與料是由感覺從外界受納過來的，這感覺正相應於康德的感性；而概念思維則是範疇的作用，這正是康德眼中的知性的作用。感性（Sinnlichkeit）與知性（Verstand）合作而生知識，正是康德知識論的要義。不過，穆氏的所述，有一點頗為難解；他說感覺與料是確定的和不變的呈現的原因。光是靠感覺與料是很難說呈現的，除非這些與料被看成是物自身。這些與料必須在知性範疇的範鑄作用下，才能呈現，而且以對象的方式或身份呈現。穆氏以感覺與料為客觀的實在，確定而不變，的確近於經量部的外界實在的立場。

　　便是由於思想上接近經量部，穆克己不同情思維知覺的說法。

67　S. Mookerjee, *The Buddhist Philosophy of Universal Flux*. pp.282-283. 此書以下省作 UF。

他提到，有些思想家認為我們需要設定思維知覺，俾能交代分別（vikalpa）的生起。感官知覺沒有生起概念思考的能力，後者純然地是智思性的，需要依賴智思性的質體作為其生起的原因。因此便認為意識（mano-vijñāna，即思維知覺）可作為不決定的感官知覺與決定的詮釋性格的知識之間的媒介，而發揮其效用。不過，穆克己自己不是很支持這種看法。[68]按意識自身是思辨性格，只能思想、記憶、推敲，但沒有直覺或知覺的作用，以之為感官知覺與決定的知識亦即是能提供概念的知識之間的媒介，實無必要。意識自身相應於康德所說的知性，它自己尚且要找媒介以與感官知覺相關連，又如何能作為感官知覺與智思性的質體通連的媒介呢？實際上，意識便可以被視為一種智思能力，而五感識則有感官知覺作用，雙方需要一仲介才能相連。康德便在類似的脈絡下提出構想力（Urteilskraft）以連結感性與知性。後期印度佛教流行的意識現量的說法，顯然與這點有關連。即是，有一種認知機能，它既能表現感覺的力量，同時也能進行思維、分別，讓感覺所得的資料、材料對象化，以構成知識。筆者估計穆克己是受到康德知識論的影響，因而不支持思維知覺的設定的提議。

顧名思義，思維知覺是一個複合詞，包含思維與知覺。思維是分別性格，知覺則是離分別性格。雙方的導向相反，穆克己不同情雙方的結合，有他的充分的理據。在這一點上，徹爾巴特斯基有比較圓融、善巧的看法。他提出辯證與排除的思考方式來處理這個複合詞所包含的矛盾。他認為，智思是辯證性格，它常是負面作用的。它需透過拒斥、排斥（apoha）其他的意涵，以確定有關物本身的意

---

68 Ibid., p.314.

義。例如，白色的東西是通過非白色的東西而被知的，而非白色的東西是通過白色的東西而被知的。[69]徹氏特別喜歡以排除來說辯證法。他認為，佛教的辯證法的要點是，一切概念和陳述這些概念的名稱（筆者按：這即是一切概念與名稱）都是否定性格，因為它們是透過否定其相反面來表達其自身的涵義。[70]這種排除或辯證的思維方式，能否用到思維與知覺的統一上呢？以至進一步用到分別與離分別（思維是分別的，知覺是離分別的）方面呢？在這個問題上我的想法是，倘若我們對存在的認識只有思維或分別與知覺或離分別的話，即是，倘若思維或分別與知覺或離分別能夠窮盡我們對存在的理解的話，以排除或辯證來處理有關的問題，是可以的。但我們理解存在，是否只有分別與離分別兩種相互對反的方式呢？我們能否在這兩種方式之外，提出另外的方式以理解存在呢？對於這個關要的問題，很多傑出的近現代哲學家的回應是肯定的；他們包括康德、懷德海、胡塞爾、西田幾多郎、西谷啟治、牟宗三等。在他們看來，這第三種理解存在的方式，正是睿智的直覺。[71]至於睿智的直覺與分別與離分別的關係為如何，則溢出本文要討論的範圍了。

回返到穆克己論分別與離分別的問題。關於分別（vikalpa）與離分別（nirvikalpa），穆氏提醒說，一個知覺只有在它從分別或限定解放開來（nirvikalpa）的狀態下，才能被視為接觸實在性，即使它不具有實際的用途。而要具有實際的用途，便需要接受限定作用。

69　Th. Stcherbatsky, BL, I. p.460.

70　Ibid., p.476.

71　如所周知，睿智的直覺（intellektuelle Anschauung）是康德最先用的，用以表示理解存在的第三種方式。這裏提到的其他哲學家並不全用這個字眼，但他們的觀點基本上是相通的。

另外，當我們把限定的反思（vikalpa）帶到知覺上去，後者才會變為有用的知識；而那限定的過程是純粹地智思的（purely intellectual），與實在性毫無關連。未有限定的知覺是沒有實際價值的，只有它被視為對於某些東西的知覺而被限定，才有實際的價值。而所謂限定，是一種反省的、智思的活動，它能確定「這被覺知的東西是藍色，而不是紅色或其他顏色」。[72]穆氏在這裏所說不多，但甚為重要。第一，穆氏認為實在性是從離分別亦即是從分別逸脫出來說的，分別是與實在性無緣的。倘若把這觀點關連到陳那對現量的「現量離分別」的排除性的解讀方面，則穆氏無疑認為離分別的現量（pratyakṣa）較有分別的比量（anumāna）對於展現實在性來說，有更大適切性。第二，分別即是限定，有分別、限定，才能說實際的用途、有用的知識。穆氏雖然沒有說甚麼是實際用途、有用，但他把分別關連到實效方面去，把離分別關連到實在性方面去，是毋庸置疑的。大體來說，分別牽涉概念的運用與操作，這與我們日常生活是分不開的。例如，我們對各種用具有越多知識，便越能運用它們，越能有效地發揮它們的優點，讓我們的生活過得更好。例如電腦。這種儀器對我們的生活有很大的實效，對它越知得多，便越能利用它的效能，提高我們生活的質素。在佛教認識論史來說，陳那開始已很注重知識的實際功效，法稱在這一點上，更為著緊。穆氏對知識的實效性的重視，肯定地受到陳那、法稱的影響。第三，限定或分別是智思的活動，是純粹的概念的思維，與睿智的直覺的睿智很不同，後者常能表現對存在的洞見（Einsicht），因而較易關連到實在性方面去。純粹是限定或分別的那種智思活動則完全沒有

---

72 UF, p.343.

實在性（reality）的意涵。

限定即是分別，以概念來層層縮窄存在的外延，最後收緊到作為個體物的東西，於是實在性、真理性與存在的交集便越貧乏。由上面的闡述可以看到，在穆克己眼中，分別與離分別之間，離分別更接近實在性、真理性。而離分別性是表現於知覺中的，這便有離分別的知覺問題。穆氏認為，離分別的知覺是一種單純的、同質的和統一的認識活動。在其中沒有主體與客體、知覺與被知覺的物質的區別，而只是渾然一片。但這種知識（按穆氏也視之為知識，它顯然不是常規的知識）完全是無用的，沒有實用價值。只有在知覺的知識被我們以繼起的反思作用，將之分解為主觀的與客觀的要素，把兩者的關係確認下來時，它才會在我們的實際生活中變得有用（按這是感性、知性所成的知識的效用）。穆克己認為，這是一種基礎的、渾一的經驗（nirvikalpa pratyakṣa），可檢證外在的實在性（external reality）。而那反思性的思考和那關係性的知識則純然是主觀的事情，無與於客觀的實在性：物自身（sva-lakṣaṇa）。[73]穆氏這樣看離分別的問題，有幾點需要清理一下。穆氏以無主客分別、渾一一片的經驗為一種知識，這與我們一般理解的感性與知性結合起來而成的知識不同，後者是有對象性的，前者則無對象性。至於有沒有用，「用」是甚麼意思？穆氏未有說明，他只是順著陳那、法稱的知識論的效用概念說下來。這用可能有實用主義的轉向（pragmatic turn）的意味：對實際的生活有裨益，例如延年益壽，便是有用。但穆氏沒有說清楚，我在這裏也就不多作推敲。另外，有一個嚴重的問題：穆氏以渾一的經驗可檢證外在的實在性。這實

---

73 Ibid., pp.343-344.

在難以說得通。既然是渾一的，便沒有明確的界線，不管是內與外、超越與經驗、自我與世界等，又如何能檢證「外在的」（external）實在性呢？穆氏在此處的思考、闡釋，甚為疏鬆，缺乏嚴緊性。復次，穆氏以反思性的思考和指涉關係的知識只是主觀的事，不涉及物自身方面的客觀的實在性，說法也有缺乏精確性（imprecision）之嫌。所謂反思性和關係性的思考，其實即是智思性的邏輯性格的思考，這有一定的客觀性在其中，與個人的主觀感受、條件無關。何以反而說是純粹主觀性呢？至於物自身，若依康德的觀點，只是一個限制概念（Grenzbegriff），限制知識所能通行的範圍。即是，我們的知識只能達於現象，不能達於物自身。故物自身不能被說為客觀的實在。另外，以物自身為自相（sva-lakṣaṇa），問題如上述戶崎宏正的看法相同。自相是現量所能把握的對象，它的意義是正面的；或者說，我們對於它有存在性可言。物自身則是消極的限制概念，沒有正面的、積極的性格，也無存在性可說。

最後，穆克己為陳那的哲學特別是認識論定位，以「批判的實在論」（critical realism）稱之，表示陳那的學派，就它是實在性格的（realistic）一面言，較近於康德哲學，反而不近於正理勝論學派（Nyāya-Vaiśeṣika）和彌曼差學派（Mīmāṃsā）。[74]倘若實在論是指陳那以現量認識自相方面具有實在性，但這實在性是在唯識的義理下說，因而有批判性格的話，我以為這樣定位是恰當的，陳那畢竟屬唯識學的譜系，其思想不能說獨立的實在論，說它是批判的實在論，則庶幾近之。

---

74 Ibid, xlvi, Introduction.

十二、徹爾巴特斯基論陳那與康德

對於佛教的認識論，西方和印度方面頗有學者喜歡把它與德國觀念論特別是康德的認識論拉在一起，創造對話的空間和哲學的類似性（philosophische Homogenität）。此中最明顯的，當推蘇聯的徹爾巴特斯基（Th. Stcherbatsky）和印度的梅爾蒂（T. R. V. Murti）。他們所作出的對陳那與龍樹的認識論的詮釋具有開創性與啟發性，有不少同情者，當然亦有反對的聲音，認為他們的做法有過當（over-interpretation）之處。上面提到的法稱認識論研究專家戶崎宏正便曾對筆者表示他贊同徹氏以康德哲學來解讀陳那與法稱的認識論的做法。以下我謹闡述徹氏如何以康德的超越哲學來詮解陳那的認識論，並提出個人的補充與回應。

首先，徹氏提出在知識論上康德與佛教徒（以陳那、法稱為主）有以下多方面相類似性：

1. 康德與陳那都強調我們的知識有而且只有兩個根源，這兩個根源極為不同。[75]
2. 這兩個根源雖然是極為不同和在理論上是分開的，但常經驗地混在一起。二者的分別不是經驗的（empirical），而是超越的（transcendental）。
3. 在一般的哲學體系，清晰的思考常被視為真理的保證，知性

---

[75] 按康德所提的根源是感性（Sinnlichkeit）與知性（Verstand），陳那所提的根源是現量（pratyakṣa，直接知覺）與比量（anumāna，間接推理）。現量相應於感性，比量相應於知性。

或理性（Vernunft）可以清楚知了終極實在或物自身。[76]而感官所得的現象則是混亂的。康德則不同，他認為清晰的認識只涉及現象，在現象中相應於感覺的東西則形成對象的超越的成分，即物自身（Sachheit）。[77]佛教徒認為，物自身是由純粹感覺認識的，被清晰地認識的事物，是客觀化了的意象。

4. 康德認為，物自身不可知，是知識界限。佛教徒亦認為，終極的特殊者非我們的認知所能達。[78]

5. 康德說物自身是存在的和有效力的。[79]法稱亦認為終極的特殊者是終極實在，它具有效力（efficiency）。[80]

如筆者在附註中所表示，徹氏對康德與佛教特別是陳那的認識論的闡釋有些問題，但大體上他是把握得不錯的。最重要的地方是，康德與陳那只認可兩種認識機能或認識手段：感性與知性（康德），或現量與比量（陳那）。康德的提法，是從認識的成素，亦即是認識的機能方面說的，而陳那的提法則是就我們的認識對象只有自相與共相因而認識手段相應地有現量與比量兩種說的，徹氏在這點上

---

76 按徹氏在這裏並未舉出哪一個人或系統這樣說，但我們可猜出這是理性主義者的說法。

77 徹氏在這裏說在現象中相應於感覺的東西，應是指睿智的直覺。

78 這終極的特殊者應是指真如而言，但不知徹氏何以用「終極的特殊者」這種字眼。一般來說，特殊者是經驗性格的，只有普遍的東西才具有終極的性格。下面第五項又提法稱說的終極的特殊者，我想這是指自相（sva-lakṣaṇa）而言。

79 說康德以物自身是存在的和有效力的，顯然有問題。物自身在康德的理論中只有消極的意義，表示知識的界限，它實際上不具有存在性，不能成為現實的東西。

80 BL, I. p.200.

沒有辨別清楚。至於範疇問題，康德的範疇論在知性中建立，陳那的範疇論在哪裏呢？徹氏未有注意及。在認識機能方面，徹氏一方面說這兩者（在康德來說是感性與知性，在陳那來說是現量與比量）在經驗中常相混，另方面又說兩者的分別是超越的。這亦使人難以明白。感性與知性、現量與比量各有自身的對象和功能，怎會在經驗上相混呢？至於兩者的分別問題，若就範疇來說，範疇可整理我們在感性和現量由外界承受而來的資料（康德說為雜多 Mannifaltigen）。這在康德來說尤其是如此，範疇對於雜多有超越和綜合的作用，而雜多也能服從範疇的綜合形式（如綜合實體與屬性），這便不光是超越的分別了。我們說超越，嚴格來說，是沒有存有論的指涉意義的，它基本上是邏輯意義的。在陳那來說，現量或直接知覺接觸和吸收事物的自相，但由於離分別的原因，故知識還是不能成立。徹氏自己也說，只有感覺，作為純粹感覺，不能產生知識。只有概念思維，即純粹構想，也不能生起真的知識。只有在這兩要素聯結起來，在知覺的判斷（judgment of perception）下，真正的知識才可能。他在解讀陳那的認識論，是以康德的認識論作為背景參照的。他表示，感覺把實在性（reality, vāstavatva）、特殊性（sva-lakṣaṇatva）、清晰性（sphuṭābhatva）和有效力的確認（vidhi-svarūpatva）授與知識，概念思維則把普泛性（sāmānya-lakṣaṇa, sārūpya）、邏輯性格（saṃvaditva）、必然性（niścaya）和明顯性（niyata-ākāratva）等，授與知識。[81]徹氏這樣說陳那的認識論，很明顯地是康德的觀點的影響所致。他以純粹感覺來說現量，以概念思維來說比量。在康德的情況是，感性吸收外界的雜多，由知性提

---

[81] Ibid., p.212.

供範疇來處理這些雜多，使成為對象。對象成立，知識也成立。至於超越問題，陳那認為，現量或直接知覺認識事物的自相，而比量或間接推理則認識事物的共相。自相是實在，共相不是實在，只是思維構作。由自相與共相分別推溯它們各自的認知主體，亦即現量與比量，比量由於不涉實在，對於涉實在的現量來說，的確有超越的不同。至於物自身問題，徹氏強調知性或理性可以清楚地知了終極實在或物自身，這是不對的，在康德來說，只有睿智的直覺（intellektuelle Anschauung）可以了解物自身（Ding an sich, Sachheit），但那不是人可擁有的，只有上帝才可擁有。而物自身也不如徹氏所說的是存在的和有效力的。物自身不是具有實質性的質體，只表示知識的界限，故是一個限制概念（Grenzbegriff）。這在上面已提過。法稱的終極的特殊者則不同，它是指自相（sva-lakṣaṇa），具有質體性（rigidity）與效力。

在德國觀念論者方面，徹爾巴特斯基不單關心康德，也關心黑格爾。他曾就感官、知性、理性三者的關係比較陳那、康德和黑格爾的知識論如下：

1. 康德認為我們有三種認知機能：感官、知性與理性。只有理性具有辯證的性格。
2. 黑格爾取消感官與知性的區別，改變知性與理性的關係。知性非辯證地處理一切對象或概念，理性則辯證地這樣做。
3. 陳那取消知性與理性的區別，保留感官與知性的徹底區別。感官是非辯證的，知性則是辯證的。
4. 康德與陳那都視物自身為終極性格的，是「非辯證的」（non-dialectical）。
5. 康德視實在或物自身為無關乎邏輯的。按這有以邏輯為知性的功能之意。在黑格爾來說，實在與邏輯是混同的。

6. 在陳那來說，實在、物自身在形而上學層面被匯歸於一元的整體。[82]

陳那、康德和黑格爾都是深具理論能力的哲學家，把他們三人拉在一起而平章他們的認識論，的確很不容易。徹爾巴特斯基能作出上述的評論，尤為難得。在這裏，筆者謹作一些回應。說到康德對認知機能的說法，主要以感性與知性為主，至於理性，康德似未視之為認知機能，起碼不是如同感性、知性般的認知機能。他提出理性，特別是實踐理性（praktische Vernunft），目的是要處理有關自由意志、上帝存在、靈魂不朽和道德方面的問題。倘若一定要在這些問題上說認知，也無不可，只是要把認知的意義重新界定，特別是要把它的適用範圍擴展得很遠很廣才成。至於理性在具有辯證性格上不同於感性與知性，則所涉問題更為複雜，是一個專門的課題，我在這裏沒有討論、回應的空間了。在黑格爾來說，他並不很重視感官與知性，故他的認識論很難說。他的哲學的精采處，在於對理性的辯證的發展、開拓。這已不是認識論的範圍，而涉及存有論以至形而上的真實的範圍了。在他看來，真實不是在康德義的對象上說的，那是立根於感性與知性上的。真實特別是精神（Geist）方面的真實，有它的發展歷程，而這發展是辯證形態的發展。陳那的情況，則比較清楚、簡要。他講認識論，主要是就五感識與第六意識說的。前者相應於現量，後者相應於比量。現量借感官而作用，比量則借意識而作用。說感官是非辯證的，這沒有問題。但說陳那的知性或比量是辯證的，令人難以明白。比量的主要作用是推理，那是邏輯

82　Ibid., p.486.

的工作，與辯證法有甚麼關係呢？[83]關於物自身的問題，康德的物自身是終極性的，這沒有問題。陳那的物自身，當是指現量所把握的自相。但自相能否說是物自身呢？這是上面遺留下來的問題。關於邏輯與實在的關係，倘若這邏輯是取狹義，只就形式思考來說的話，則不能說存有論的指涉，實在必須從存在論方面說。則康德說的實在或物自身的確無關乎邏輯。黑格爾的情況則大大不同。他所說的邏輯，其實是指辯證邏輯、辯證法。精神的實在需要經過一連串的辯證的發展歷程，最後才能臻於完滿。徹氏說在黑格爾來說，實在與邏輯混同起來，此中的「邏輯」，其實是辯證的邏輯。最後，有關陳那的實在與物自身匯歸於一元論的說法，在實在方面是沒有問題的；但物自身在陳那的體系中如何定位，是一個問題。我們要先解決這個問題，才能說它是一元抑是多元。

承著上面的物自身的題材，徹爾巴特斯基以物自身為相應於純粹感覺（pure sensation）的對象，視之為不可言詮的。而概念思維與判斷則是言詮性格，具有名稱的。概念思維可把握可以被言詮的思想（jātyādi-yojanā, kalpanā），而排斥感覺，後者的內容不可被言詮。徹氏並表示這是陳那的思想。[84]按以物自身為相應於純粹感覺，由於這物自身是康德慣用的字眼，一般提起這字眼，總離不開康德的脈絡。故要把物自身與純粹感覺連在一起，後者需要通於康德所堅持的能體證物自身的睿智的直覺才成。康德義的睿智的直覺只限

83 關於這一點，我曾與研究陳那、法稱的認識論的日本學者桂紹隆提過，他說就陳那的《集量論》論直接知覺與論排除（他者的排除 anyāpoha）的部分來看，不見有辯證的意味。他並補充說，辯證法可用於龍樹的中觀學，對於陳那的認識論，並不見得具有適切性。

84 Th. Stcherbatsky, BL, I. p.215.

於上帝所有，而上帝又無感官，則純粹感覺無與於睿智的直覺可知，如是，徹氏的說法難以成立。

又承著上面說到的邏輯與辯證法的問題，徹氏提出，康德以辯證法是幻覺中的邏輯（logic of illusion）。當人類的理性在處理以下四種問題時，便會生起幻覺性格的弔詭。這四種問題是：無限、無限的分割性、自由意志和必然的終極存有。這是四種背反（antinomy），對於它們的可能性，我們不能說是抑不是。黑格爾則認為，每一概念都是辯證的性格；一個概念的普遍性需透過它的否定性而被置定，只要概念是其自身否定的否定，它即是自身同一性格。徹氏以為，這與印度哲學有關普遍問題的理論是同聲同氣的，例如，一頭牛正好是牠的自身否定的否定，牠是「非『非牛』」。在形式邏輯來說，「非『非牛』」在值上是等同於牛的，事物經過雙重否定，最後還是回歸到自己方面來。[85]

在形而上學方面，徹氏提到實在的問題，這基本上是沿著陳那、法稱的思路說的。他以純粹感覺為一純粹的實在性（pure reality），而純粹觀念性（pure ideality）則是概念的非實在性。實在的是特殊的，觀念的則是普遍的。絕對地實在的是事物的「在其自己」（in itself），這是純粹肯定。不實在的則是「在他者眼中」（in the other）的事物，或從他者分化出來，因此是否定的（或是辯證的）。徹氏

85　我們要注意，由排除而導致的否定的否定或雙重否定的思考，不同於鈴木大拙所提的「即非」邏輯，與京都學派所喜歡強調的否定的否定的思想也不同。京都哲學家說否定的否定，目的是要提升真理的層次，以達於絕對的境界。否定的否定的結果是肯定，但這肯定是絕對的肯定，也即是絕對無（absolutes Nichts）。關於這點，我在自己所撰寫有關京都哲學的著作中都有闡釋，在這裏也就不重複了。

因此把事物二分（dichotomy）。一邊是實在、感覺、特殊、物自身、肯定。另一邊是觀念、概念思維、普遍、在他者眼中的事物、否定。徹氏認為，後者完全是內在的，在外在世界方面沒有普遍和任何否定。前者則有內在的和外在的；感官是內在的，物（自身）是外在的。[86]按陳那、法稱本是屬唯識學的譜系，以觀念為實在，其後受到經量學派的影響，有限度地認可外界實在（external reality）的觀點，因而略有從觀念論移行到經驗主義的傾向。因此便有徹氏的以

86 BL, I. p.506. 說到事物的二分法，一邊有感覺，另一邊有概念思維。徹氏在另一處，提到對於對象的把握，有感官（senses）與理智（intellect），兩者是不同的認識能力。按這感官與理智分別相應於感覺與概念思維。就作用言，徹氏提出，感官是攝取（apprehend）的，理智則是建構（construct）的。最初常是感覺（sensation）先行，它具有燃點起理智的活動的作用，後者能依其自身的法則產生剎那間的綜合。（Ibid., p.65）這便是在徹爾巴特斯基的觀點下的陳那、法稱的認識論，它明顯地是以康德的知識論為基礎而被提出來的。所謂感官攝取，理智建構，相應於康德知識論中的感性（Sinnlichkeit）接受外界的雜多，由知性（Verstand）來整合這些雜多。理智依其自身的法則生起剎那的綜合很明顯地相應於知性以其自具的範疇（Kategorie）以不同的方式對雜多進行連結，使它們成為對象（Gegenstand）。進一步，徹氏又提「這是一頭牛」的判斷（judgment），而以康德的範疇表來處理。首先，就量言，這判斷是單稱的。「這」這一主詞，是徹底地單一的。而謂詞「一頭牛」則是一個普遍。就質言，這判斷是肯定判斷。就關係言，這判斷無疑地是定然判斷。就模態言，這判斷是必然判斷。判斷是這樣，非判斷（non-judgment）又如何呢？徹氏引法稱的說法：非判斷是一種反照、反射（pratibhāsa），他認為感覺不會帶來知識的必然性，倘若知識把握一個對象，那是反照的現象。（Ibid., pp.222-223）按最後一點很有意思，知識把握對象是反照作用所致，這便表示對象不是外界實在，而是內在地有其根源。

感覺為實在，以觀念為非實在的看法。這是揚感覺而抑觀念的立場。但我們要很小心看這個問題，徹氏所說的純粹感覺在陳那、法稱的系統中不見得便是京都哲學的開創者西田幾多郎所說的具有終極義、實在義的純粹經驗，它所把握的對象的自相也不即是物自身。他以分析法、分解法把事物二分為實在、感覺、物自身和觀念、概念思維等，這樣，實在便有所對，與觀念、概念思維相對待，這樣，實在也不免要落於相對性格中，絕對性便難說了。同時，他說物自身是外在，那是對於甚麼東西而為外在呢？感覺麼？但感覺只能得現象，不能得物自身。同時，若物自身為外在的東西，則它作為實在是需要一種覺識去確認的，甚麼東西去扮演這個角色呢？只有概念思維能這樣做，但它被視為是非實在的，非實在的東西如何確認物自身而為它作實在性的定位呢？這是困難的所在。

徹氏又站在陳那、法稱的立場來說大乘佛教，特別是唯識學。他表示，一切觀念、感覺、意欲，只要是由智思（intellect）建構的，都是觀念性的，不是實在的。嚴格來說，任何具有智思性的構作（intelligible construction），都不能算是實在。實在即是物自身。他強調，這實在正相當於康德的 Realität, Sachheit，與純粹感覺相應的東西。[87]若是這樣，則純粹感覺便相應於康德義的睿智的直覺。如上面曾提過，這是一個有爭議性的問題。

最後，關於知識的種類，徹氏依陳那、法稱的說法為據，表示由文字語言帶導出來的知識與推理無異，表示它是非直接的知識。知識可以是直接的或間接的，它可由感官生起，或由智思（intellect）

87　Ibid, p.507.

生起，可以是知覺（感覺）或推理（概念思維）。[88]這樣，知識便儼然可以分為兩種：直接的知識和間接的知識。前者由感官作為機能或手段，後者則由智思作為機能或手段；這兩種手段分別相應於陳那、法稱的現量與比量。比量能作推理，因而引生形式義的邏輯知識。這沒有問題。現量或感官能否單獨作用便能成就直接知識呢？這是可以商榷的。以康德的理論為據，感性或現量可以吸納直接存在的世界亦即外在的資料。但光是這些資料不能成就知識，它們需要接受範疇概念的整合，成為對象，知識才可能。這些範疇概念，依康德，是由知性所提供的。比量相當於知性，但比量能否提供範疇概念呢？問題正在這裏。範疇概念是對存在世界有指涉的，但比量則是純然的推理，即使陳那、法稱沒有明說，我們也可以推定，倘若比量只是一種形式性的邏輯機能的話，則它不指涉存在世界，範疇概念還是出不來。這是陳那、法稱與康德在知識問題上最不同的地方，徹爾巴特斯基顯然未有考量及這點。

---

88 Ibid, p.459.

第二章　法稱的知識論

一、法稱在認識論上的文獻與現代的研究成果

在本文中，筆者要較有規模地研究法稱（Dharmakīrti）的認識論或知識論。首先要交代法稱在這方面的著作，也涉及他的門人、信徒對他的著作的疏釋。首先要一提的是，法稱是繼陳那（Dignāga）之後最大的佛教邏輯（包含一般邏輯與認識論）學者，他的著作很多，但其中不少已無流傳，即使在那些有流傳的著作中，也有大部分的梵文原本已失佚，只有西藏文的翻譯。由於他在認識論方面的深湛學養，研究他的人愈來愈多。大體而言，這些研究可分三個部分，分別以德語、日語和英語寫成。德語的學者有法勞凡爾納（E. Frauwallner）、舒坦恩卡爾納（E. Steinkellner）、維特（T. Vetter）、卡勒素爾（H. Krasser）、穆克（M. T. Much）、布妮曼（G. Bühnemann）、俱捷普（Leonard W. J. van der Kuijp）等。日語的學者有金倉圓照、渡邊照宏、服部正明、戶崎宏正、桂紹隆、岩田孝、本多惠、宮坂宥勝、矢板秀臣、谷貞志、木村俊彥等。英語的學者則有徹爾巴特斯基（Th. Stcherbatsky）、穆克己（S. Mookerjee）、彭迪耶（R. C. Pandeya）、默迪羅（B. K. Matilal）、杜利夫斯（George B. J. Dreyfus）、杜尼（John D. Dunne）、柏來薩特（J. Prasad）、笈多（R. Gupta）、

蒂利曼斯（Tom J. F. Tillemans）等。德、日方面的學者由於受到維也納大學（Universität Wien）的法勞凡爾納的研究方法所影響，因而稱為「維也納學派」（Wiener Kreis）；這種方法是以原典或古典文本為依據，對它作文字學與哲學的分析。[1]

據西藏傳統，法稱有以下七本著作：

1. 《量評釋》（*Pramāṇavārttika*）；全面有系統地探討知識論與推理（亦即現量 pratyakṣa 與比量 anumāna）的問題。
2. 《量決定論》（*Pramāṇaviniścaya*）；《量評釋》的撮要書。
3. 《正理一滴》（*Nyāyabindu*）；精簡地論現量與比量。
4. 《因一滴》（*Hetubindu*）；論比量的依據。
5. 《關係論》（*Saṃbandhaparīkṣā*）；論事物的結合。
6. 《辯駁論》（*Vādanyāya*）；討論論爭的過失（nigrahasthāna）問題，也涉及與正理學派（Naiyāyika）的討論。
7. 《相續存在論》（*Saṃtānāntarasiddhi*）；論他人及其思維的可能性，駁斥唯我論（solipsism）。

在這些著作中，除了《量評釋》、《量決定論》和《正理一滴》有梵文原本流傳外，其他的都只有藏文翻譯，收於《丹殊爾》（*Tanjur*）中。[2]

---

[1] 這個字眼在狄雍（J. W. de Jong）的《歐美佛學研究簡史》（*A Brief History of Buddhist Studies in Europe and America*. Tokyo: Kosei Publishing Co., 1997）被提及。後來筆者在拙著《佛學研究方法論》（臺北：臺灣學生書局，1983）對有關的研究法有較詳細的闡述。後來日本學者木村俊彥在他的《ダルマキールティ宗教哲學の原典研究》（東京：木耳社，1981，頁 20-21）也提及。之後好像少人提了。

[2] 徹爾巴特斯基提到法稱的這七論之中，只有《正理一滴》有梵文原本，

除了上述七部著作外，《西藏大藏經》以下列著作亦是法稱（Dharmakīrti, Chos-kyi-grags-pa）所作：

1. *Buddhaparinirvāṇastotra*（影印北京版，No.2047）
2. *Śrīvajraḍākasya stavadaṇḍakanāma*（同上，No.2159）
3. *Śrīhevajramahātantrarājasya pañjikānetravibhaṅganāma*（同上，No.2320）
4. *Sūtravidhi*（同上，No.3331）
5. *Sarvadurgatipariśodhanamarahomamaṇḍalopāyikā*（同上，No. 3462）
6. *Jātakamālāṭīkā*（同上，No.5651）

另外，《西藏大藏經》影印北京版有以下著作，題為 Dharmakīrtiśrī（Chos-kyi-grags-dpal）所作（按 śrī 通常譯作師利，殊勝、智慧之意，如「文殊師利」）：

Abhisamayālaṃkāranāmaprajñāpāramitopadeśāstravṛttidurbodhālokanāmaṭīkā（No.5192）

又在漢譯《大藏經》中，有兩書題為法稱作：《金剛針論》（1 卷，法天譯，No.32）、《大乘集菩薩學論》（25 卷，法護、日稱等譯，No.32），兩者皆有梵本現存，前者作馬鳴（Aśvaghoṣa）作，後者作寂天（Śāntideva）作。

在法稱的著作中，自然是以《量評釋》為最重要。這雖是針對陳那的《集量論》（*Pramāṇasamuccaya*）而作的疏釋，但其內涵遠較《集量論》為豐富，其論證亦較後者具有深度與說服力。印度學

未提《量評釋》。參看 Th. Stcherbatsky, *Buddhist Logic. Bibliotheca Buddhica*, XXVI, Leningrad, 1932, Vol.I, p.37. 此書以下省作 BL。

者彭迪耶（R. C. Pendeya）曾把它校正，以天城體（devanāgarī）出版：

R. C. Pandeya, ed., *The Pramāṇavārttikam of Ācārya Dharmakīrti*. Delhi: Motilal Banarsidass, First Edition, 1989.[3]

在彭氏之先，也有印度學者沙斯特利（S. D. Shastri）的天城體的校正本：

S. D. Shastri, ed., *Pramāṇavārttika of Āchārya Dharmakīrti*. Varanasi: Bauddha Bharati, 1968.

這部校本還附有意車善（Manorathanandin）的疏解（Vṛtti）。在日本學者方面，宮坂宥勝（Y. Miyasaka）也作過校本：

Y. Miyasaka, ed., *Pramāṇavārttika-kārikā*. *Acta Indologica*, Vol.II, 成田：成田山新勝寺，1972。

對於《量評釋》，有兩個重要的疏釋本：帝釋覺（Devendrabuddhi）的 *Pramāṇavārttikapañjikā*（梵本失，藏譯存）。智作護（Prajñākaragupta）的 *Pramāṇavārttikabhāṣya*（梵本、藏譯都存）。另外，釋迦慧（Śākyabuddhi）也作過疏解。

《量評釋》是挺難讀的書，除了文字上的問題外，在義理的解讀方面也是一個難過的關卡。特別是，法稱把很多其他學派的學說、觀點都收於其中，加以詳論、批判，以建立他的有相唯識或有形象的知識論（sākāravijñāna-vāda）的立場。此中有判教意味，要替佛

---

3 很多年前我已聽聞彭迪耶要把這部鉅著翻譯成英文。其後在加拿大碰到他，問起這件事，他支吾以對。幾年前我在西安開會，碰到一個由新德里（New Delhi）來的印度學者，問起同樣事情，他說彭氏已經死了。我想他還是未有翻譯。倒是近年（2005）日本學者本多惠把這部書以日語翻譯出來，參看下文。

教內外的義理定位，以突顯陳那和自己的學說。基於這個緣故，國際佛學研究界對《量評釋》的研究不算多，但質量很高。以下謹列出一些較受注意的研究，特別是在認識論方面的：

E. Frauwallner, *Beiträge zur Apohalehre, Text* (WZKM, Bd.37), *Übersetzung und Erleuterung* (Bd.39, 40), *Zusammenfassung*. Bd.42, Wien, 1930-1935.

E. Frauwallner, *Landmarks in the History of Indian Logic*. WZKSO, Bd. V, 1961.

E. Frauwallner, "Die Reihenfolge und Entstehung der Werke Dharmakīrtis," ASIATICA, *Festschrift für F. Weller*, Leipzig, 1954.

宮坂宥勝著〈量評釋に於ける法稱の現量章の一考察〉，《印度學佛教學研究》，III, 2, 1955.

M. Nagatomi, "The Framework of the *Pramāṇavārttika*". Book I, *JAOS*, 79, 1959.

R. Gnoli, *The Pramāṇavārttikam of Dharmakīrti. The First Chapter with the Autocommentary, Text and Critical Notes*. Serie Orientale Roma XXIII, Rome, 1960.

S. Mookerjee and H. Nagasaki, The *Pramāṇavārttikam of Dharmakīrti [Kārikās 1-51]*. Nālandā, 1964.

戶崎宏正著《佛教認識論の研究：法稱著プラマーナ・ヴァールティカの現量論》，上、下，東京：大東出版社，1979、1985。

本多惠譯《ダルマキールティの認識批判》，京都：平樂寺書店，2005。

木村俊彥著《ダルマキールティ宗教哲學の原典研究》，東京：

木耳社，1981。此書附有著者對法上（Dharmottara）的《正理一滴釋》的日譯：〈ダルモーッタラ釋ニヤーヤ・ビンドゥ和譯〉，頁214-346。

此中最重要的，自然是戶崎宏正的《佛教認識論研究》，這是對於《量評釋》中論現量（pratyakṣa）亦即是論知識論部分的專門研究，文獻學與分析性都很強。作者花了數十年的工夫在這個研究上，對學問的專心與忠誠，委實難得。筆者撰寫本書這一章和第三章時，時常遇到解讀法稱的《量評釋》的困難，都有參考這本鉅著，才能解決。本多惠的《ダルマキールティの認識批判》是《量評釋》全書的翻譯，未有著重哪一部分。這是《量評釋》的首部全譯著作，很能滿足法稱研究界的需求，只是在梵文的解讀上不是那麼精確而已。不過，與徹爾巴特斯基對於法稱著作特別是《正理一滴》的解讀比較起來，本多惠的研究還是很好的。徹氏對佛教知識論特別是法稱的著作的解讀與翻譯的鬆散，是出了名的。木村的書則主要是對《量評釋》首章〈量成就〉（Pramāṇasiddhi）的翻譯，但他的梵文學養不夠好。

跟著要闡述的，是學界對法稱的其他著作的研究。這些研究大體上都有一個集中點，或者是訂正、全譯或部分的翻譯。研究《量決定論》的有：

E. Steinkellner, ed., *Dharmakīrti's Pramāṇaviniścaya*. Chapts. 1 and 2. n.p.: China Tibetology Publishing House, n.d.

E. Steinkellner, *Dharmakīrti's Pramāṇaviniścayaḥ*, 2. Kapitel: *svārthānumānam*, Teil 1 (Tibetischer Text und Sanskrittexte). Wien, 1973; Teil 2 (Übersetzung und Anmerkungen). Wien, 1979.

T. Vetter, *Dharmakīrti's Pramāṇaviniścayaḥ*, I. Kapitel: *Pratyakṣam*. Wien: Hermann Böhlaus Nachf, 1966.

舒坦恩卡爾納（Steinkellner）研究比量部分；維特（Vetter）則研究現量部分，與認識論較有關連。再來是，法稱的後學法上（Dharmottara）有很強的思考能力，他對法稱的著作曾作過疏釋，包括目下所涉的《量決定論》，對於法上的這種工夫有以下的研究：

E. Steinkellner und H. Krasser, *Dharmottaras Exkurs zur Definition gültiger Erkenntnis im Pramāṇaviniścaya*. Wien, 1989.

另外，據說大陸方面有一名為剛曉的出家人把韓鏡清（應該是他）從《量決定論》由藏譯翻過來的漢譯作過頗為周延的解讀。

法稱的第三部論著《正理一滴》也是一部重要的認識論的文獻，到目前為止有以下譯本：

Th. Stcherbatsky, *Buddhist Logic. Bibliotheca Buddhica*, XXVI, Leningrad, 1930, Vol.II, pp.1-253.

渡邊照宏譯《渡邊照宏著作集第七卷：正理一滴法上釋和譯，調伏天造正理一滴論釋和譯》，東京：筑摩書房，1982。

如上面所述，徹爾巴特斯基（Th. Stcherbatsky）的翻譯鬆散，不嚴整，他的長處不在翻譯。渡邊照宏的翻譯則頗為典雅，比較多用傳統的字眼。

另外，法上與調伏天（Vinītadeva）分別對《正理一滴》作過論釋，而為《正理一滴釋》（*Nyāyabinduṭīkā*, *Rigs pa'i thigs pa rgya cher 'grel pa*）。調伏天對西藏的哲學與宗教，有一定的影響，而法上的論釋則多方面反映出經量部（Sautrāntika）的觀點。就解讀上言，則前者較能忠實地表達法稱的原意。學者對於這兩部論釋的研究，主要是在翻譯方面。上面提到《渡邊照宏著作集第七卷》和木村俊彥的《ダルマキールティ宗教哲學の原典研究》二書都附有法上的論釋。最受注目的自然是上提的徹爾巴特斯基的《佛教邏輯》（*Buddhist Logic*）中所收錄的法上論釋的英文翻譯。至於調伏天的論釋，則有上面提及的渡邊照宏的著作。另外，對法上的論釋作部分翻譯的有：

Otto Strauβ, übersetzt, *Erkenntnistheorie und Logik nach der späteren Buddhisten*. München-Neubiberg, 1924.

戶崎宏正也作過調伏天對《正理一滴》的論釋的英譯，但未有發表。最後，力士師（Mallavādin）曾對法上的《正理一滴釋》作過論釋，題為 *Dharmottaraṭippanaka*。日本學者矢板秀臣在他的《佛教知識論の原典研究》（成田：成田山新勝寺，2005）一書中收入他自己對力士師的這部論釋的梵語校本。復次，對於法上的《正理一滴釋》，密次勒（P. Durveka Miśra）又寫支釋（pradīpa, subcommentary）：*Dharmottarapradīpa*，印度學者馬瓦尼亞（P. Dalsukhbhai Malvania）曾對此書的梵文本作過校訂，連同法稱的《正理一滴》、法上的《正理一滴釋》二書的梵文本一同刊出，並寫有導引：

P. Dalsukhbhai Malvania, ed., *Paṇḍita Durveka Miśra's Dharmottarapradīpa*. Patna, 1971.

至於法稱的《因一滴》，其主要內容是探討正因的問題，論證剎那滅性（kṣanikatva-anumāna）。這方面的研究有以下兩種：

E. Steinkellner, *Dharmakīrti's Hetubinduḥ*. Teil 1: Tibetischer Text und rekonstruierter Sanskrit-Text; Teil 2: Übersetzung und Anmerkungen. Wien, 1967.

P. P. Gokhale, *Hetubindu of Dharmakīrti: A Point on Probens*.

Text and English Translation. Delhi: Sri Satguru Publications, 1997.

對於《關係論》或《結合關係論》的研究有：

E. Frauwaller, *Dharmakīrti's Saṃbandhaparīkṣa*. Text und Übersetzung. WZKM, Bd. 41, Wien, 1934.

對於《辯駁論》的研究有：

M. T. Much, *Dharmakīrti's Vādanyāyaḥ*. Teil I: Sanskrit-Text; Teil II: Übersetzung und Anmerkungen. Wien, 1991.

P. P. Gokhale, *Vādanyāya of Dharmakīrti: The Logic of Debate*. Delhi: Sri Satguru Publications, 1993.

對於《相續存在論》的研究有北川秀則的英譯：

H. Kitagawa, "A Refutation of Solipsism. Annotated Translation of the *Saṃtānāntarasiddhi*." 北川秀則著《インド古典論理學の研究：陳那（Dignāga）の體系》，東京：鈴木學術財團，1973，頁 407-429。

這是實在論者與觀念論者對唯我論問題的對話。在其中，法稱駁斥實在論者的指控，表示觀念論者可以避開唯我論的困難，也可證立他人的存在性。北川的翻譯，是據徹爾巴特斯基的以下校本而成：

Th. Stcherbatsky, *Dharmakīrti: Obosnovanie chuzhoi odushervlennoti*. Petersburg, 1922.[4]

---

[4] 根據東北書目，法稱的這本著作編號為 4219: *Rgyud gshan grub-pa shes-bya-baḥi rab-tu-byed-pa*。另外，編號 4238 的 *Rgyud gshan grub-paḥi ḥgrel-bśad* 是調伏天（Vinītadeva）的疏釋。徹爾巴特斯基曾為這兩部文獻作校訂，並把它們翻譯成俄語。

最後，法稱之後，有一本佚名的《知識秘要》（*Tarkarahasya*）論著，簡明地闡述如法稱所述的知識哲學或知識論。維也納學派的布妮曼（G. Bühnemann）和日本學者矢板秀臣都對它作過研究。矢板特別把此書的梵文本子校訂和研究，將他的研究成果收入於他的著作《佛教知識論の原典研究》中。[5]

以上所闡述的，是直接關乎法稱的著作的梵文原典和藏文翻譯的研究，也包含對文本的校訂出版方面。下面看一些對法稱的認識論的確定題材的研究，其中好些也涉及古典文獻的翻譯：

T. Vetter, *Erkenntnisprobleme bei Dharmakīrti*. Wien: Hermann Böhlaus Nachf, 1964.[6]

戸崎宏正著〈後期大乘佛教の認識論〉，三枝充悳編集《講座佛教思想第二卷：認識論、論理學》，東京：理想社，1974，頁 145-186。（中文翻譯：吳汝鈞譯〈法稱的認識論〉，吳汝鈞著《佛教的概念與方法》，臺北：臺灣商務印書館，1988，頁 242-278。

戸崎宏正著〈ダルマキールティの認識論〉，平川彰、梶山雄一、高崎直道編集《講座大乘佛教 9：認識論と論理學》，東京：春秋社，1984，頁 153-182。

戸崎宏正著〈認識〉，《岩波講座東洋思想：インド佛教 3》，東京：岩波書店，1992，頁 160-185。

桂紹隆著〈ダルマキールティにおける「自己認識」の理論〉，

---

5 矢板秀臣著《佛教知識論の原典研究：瑜伽論因明、ダルモッタラティッパナカ、タルカラハスヤ》，成田：成田山新勝寺，2005。

6 維特（T. Vetter）這部書主要研究法稱在《量評釋》中的知識論思想。

《南都佛教》第 23 號，南都佛教研究會，東大寺，1969，頁 1-44。

E. Steinkellner, *Die Entwicklung des Kṣaṇikatvānumānam bei Dharmakīrti*. WZKSO, Bd.12-13, Wien, 1968.

E. Steinkellner, *Wirklichkeit und Begriff bei Dharmakīrti*. WZKSO, Bd.15, Wien, 1971.

E. Steinkellner, "Bemerkungen zu Īśvarasenas Lehre vom Grund." WZKSO, Bd.X, 1966, S.73-85.[7]

沖和史著〈無相唯識と有相唯識〉，平川彰、梶山雄一、高崎直道編集《講座大乘佛教 8：唯識思想》，東京：春秋社，1990，頁 177-209。

E. Steinkellner, *Miszellen zur erkenntnistheoreticsh-logischen Schule des Buddhismus*. WZKS, Bd.23, Wien, 1979.

以下所列舉的，是其內容中有有關法稱的認識論研究的著書。這些著書分歐文與日文兩方面；先列歐文者，然後列日文者。

L. Bapat, *Buddhist Logic: A Fresh Study of Dharmakīrti's Philosophy*. Delhi: Bharatiya, 1989.

S. R. Bhatt and Anu Mehrotra, *Buddhist Epistemology*. Westport, Connecticut: Greenwood Press, 2000.

George B. J. Dreyfus, *Recognizing Reality: Dharmakīrti's Philosophy and Its Tibetan Interpretations*. Albany: State University of New York Press, 1997.

7　Īśvarasena 作自在軍或勝軍，一說他是陳那的弟子，亦有說他是法稱的老師。

John D. Dunne, *Foundations of Dharmakīrti's Philosophy*. Boston: Wisdom Publications, 2004.

E. Frauwallner, *Erich Frauwallner's Posthumous Essays*. Tr. J. Soni, Delhi: Aditya Prakashan, 1994.

R. Gupta, *The Buddhist Concepts of Pramāṇa and Pratyakṣa*. Delhi: Sundeep Prakashan, 2006.

Roger R. Jackson, *Is Enlightenment Possible? Dharmakīrti and rGyal tshab rje on Knowledge, Rebirth, No-Self and Liberation*. New York: Snow Lion Publications, 1993.

B. K. Matilal, *Logic, Language and Reality. Indian Philosophy and Contemporary Issues*. Delhi: Motilal Banarsidass, 1990.

B. K. Matilal, *Perception: An Essay on Classical Indian Theories of Knowledge*. Oxford: Clarendon Press, 1986.

B. K. Matilal and R. D. Evans, eds., *Buddhist Logic and Epistemology: Studies in the Buddhist Analysis of Inference and Language*. Dordrecht: D. Reidel Publising Company, 1986.

S. Mookerjee, *The Buddhist Philosophy of Universal Flux: An Exposition of the Philosophy of Critical Realism as Expounded by the School of Dignāga*. Delhi: Motilal Banarsidass, 1980.

J. Prasad, *History of Indian Epistemology*. Delhi: Munshiram Manoharlal Publishers Pvt. Ltd., 1987.

N. J. Shah, *Akalaṅka's Criticism of Dharmakīrti's Philosophy: A Study*. Ahmedabad: L. D. Institute of Indology, 1967.

A. Singh. *The Heart of Buddhist Philosophy: Diṅnāga and Dharmakīrti*. Delhi: Munshiram Manoharlal Publishers Pvt. Ltd., 1984.

Th. Stcherbatsky, *Buddhist Logic*. In two Volumes. *Bibliotheca Buddhica*, XXVI, Leningrad, 1930, 1932.

Tom J. F. Tillemans, *Scripture, Logic, Language: Essays on Dharmakīrti and his Tibetan Successors*. Boston: Wisdom Publications, 1999.

金倉圓照著《インド哲學佛教學研究 1：佛教學篇》，東京：春秋社，1973。

木村俊彥著《ダルマキールティにおける哲學と宗教》，東京：大東出版社，1998。

武邑尚邦著《佛教論理學の研究》，京都：百華苑，1968。

谷貞志著《剎那滅の研究》，東京：春秋社，2000。

谷貞志著《無常の哲學：ダルマキールティと剎那滅》，東京：春秋社，2000。

中村元著《論理の構造》上，東京：青土社，2000。

以上所列是包含有對法稱的認識論的研究的著書。我們現在要注意一本書，那是由舒坦恩卡爾納（E. Steinkellner）和穆克（M. T. Much）共同編纂而成的有關佛教認識論的現代研究的書目，其中有不少是關連到法稱的認識論的：

E. Steinkellner und M. T. Much, *Texte der erkenntnistheoretischen Schule des Buddhismus*. Göttingen: Vandenhoeck u. Ruprecht, 1995.

最後，值得一提的是，國際佛學研究界對法稱的哲學特別是知識論與邏輯的興趣越來越高，從事研究的人越來越多，因而有所謂「國際法稱研討會」（International Dharmakīrti Conference）的召開。第一次研討會於一九八二年在京都舉行，負責籌辦的是舒坦恩卡爾納（E. Steinkellner）。第二次研討會於一九八九年在維也納（Wien）舉行，也是舒坦恩卡爾納籌辦。第三次研討會於一九九七年在廣島舉行，負責籌辦的是桂紹隆。估計這樣的研討會會每隔若干年舉行一次，這也顯示出國際佛學研究界對法稱哲學特別是知識論方面的分量的肯定。筆者手頭便有一本第三次會議的論文集：

S. Katsura, ed., *Dharmakīrti's Thought and Its Impact on Indian and Tibetan Philosophy*. Proceedings of the Third International Dharmakīrti Conference, Hiroshima, November 4-6, 1997. Wien: Verlag der Österreichischen Akademie der Wissenschaften, 1999.

另外，第二次會議發表的論文亦已結集成書：

E. Steinkellner, hrsg., *Studies in the Buddhist Epistemological Tradition*. Proceedings of the Second International Dharmakīrti Conference, Vienna, June 11-16, 1989. Wien: Verlag der Österreichischen Akademie der Wissenschaften, 1999.

二、唯識學的立場

法稱的活動時期，在陳那之後，又在大乘佛教後期的初始。當時的佛教，在派別與義理上有明顯的改變。小乘的有部和經量部仍然流行，也堅持外界實有的觀點。而講習因明學（hetu-vidyā，相應於西方哲學的邏輯與知識論）也日漸興盛，特別是唯識學派。這學派強調心識的究極的空性，但認可它在經驗層的實在性，同時也受到經量部的影響，有限度地接受外界實在的說法。[8]到了陳那，則識的形而上義變得淡薄，把關心的焦點放在知識問題上，他雖然間中提到第八阿賴耶識（ālaya-vijñāna），但並不很重視它。三自性說也被忽視。陳那之後，唯識學派與經量部越來越接近，最後結合成經量瑜伽行派（Sautrāntika-Yogācāra）。[9]

有一點要注意的是，在印度的思想中，知識問題並不很能獨立發展，卻常與心理問題關連起來，像哲學常混雜有宗教那樣。學者們關注知識的不同機能，不免要對心的作用進行探討、分析，因而在知識論中常含有心理學的要素。這在唯識學特別是世親的識的理論中可以找到明顯的例子。它所說的心所，具有認識的作用，但同時有濃厚的心理學意義。不過，這種情況到了陳那（Dignāga）與法

8　徹爾巴特斯基以為唯識學派設定一個純粹的觀念（citta-mātra, vijñapti-mātra），作為終極的絕對者（final Absolute）。（BL, I, p.523）這種說法並不精確。唯識學的所謂「純粹的觀念」或「終極的絕對者」，只能就真如（tathatā）說，不能就心（citta）或表象識（vijñapti）說。

9　唯識學在陳那與法稱和他們之後，因明學有飛躍的發展，頗不平常。印度學者柏來薩特（J. Prasad）指出，在龍樹以前，佛教並未出現系統性的邏輯思想，在巴利文獻（Pāli literature）中，看不到有邏輯思想。邏輯學的真正發展，要到梵文文獻（Sanskrit literature）才開始。（J. Prasad, *History of Indian Epistemology*. Delhi: Munshiram Manoharlal Publishers Pvt. Ltd., 1987, p.50）這裏說邏輯，其實是指辯證法，其具體表現，正展示於龍樹《中論》（*Madhyamakakārikā*）的四句（catuṣkoṭi）思維中。不過，這種四句思維，在《阿含》（*Āgama*）文獻中也可見到。柏來薩特的說法並不全對。又柏氏之書省作 HIE。

稱（Dharmakīrti），有了明顯的改變，他們對於認識的問題，比較能作獨立的處理，不再與心理學與宗教問題扯在一起。

但法稱的哲學也有一些問題，特別是在根本立場上是屬於唯識學（Vijñāna-vāda）抑是屬於經量部（Sautrāntika）的問題，這點與他的認識論也分不開。傳統的說法都視他是唯識學派的中堅分子，這在他的《相續存在論》（*Saṃtānāntarasiddhi*）中可以看得很清楚。不過，亦有一些學者持異議，認為他是經量部的人，而不是唯識學的人，或與唯識學沒有密切的關連。其中尤以印度學者辛格（A. Singh）持之甚堅。[10]這些學者的說法也非無理，法稱的確混雜有經量部的思想，特別是傾向外界實在論方面。以下我要就他的最重要著作《量評釋》（*Pramāṇavārttika*）作些考察。

法稱在《量評釋》首章〈量成就章〉（"Pramāṇasiddhi"）中說：

> pratyekam upaghāte 'pi nendriyāṇāṃ manomateḥ,
> upaghāto 'sti bhaṅge 'syās teṣāṃ bhaṅgaś ca dṛśyate.[11]

---

[10] A. Singh, *The Heart of Buddhist Philosophy: Diṅnāga and Dharmakīrti*. Delhi: Munshiram Manoharlal Publishers Pvt. Ltd., 1984.

[11] R. C. Pandeya, ed., *The Pramāṇavārttika of Ācārya Dharmakīrti*. With the Commentaries *Svopajñavṛtti* of the Author and *Pramāṇavārttikavṛtti* of Manorathanandin. Delhi: Motilal Banarsidass, 1989, p.13, ll.3-4, k.41. 此書以下省作 PV-P。又 k 表示 kārikā，偈頌之意，k. 表示一偈頌，kk. 表示超過一偈頌；若不是偈頌，說語句亦可。l 則表示 line 行碼，ll 表示超過一行。下面一切有關《量評釋》原文的出處註明，都在有關偈頌之後標示，不再在這裏立附註。另外，梵文語詞有時會多個相連，有時亦可分開。印度學者有喜前者的，日本學者則喜後者的。在這裏，

此中的意思是，各種感官（indriya）破壞了，意識不會破壞。但倘若後者有所損傷，我們可以體會到前者也會破壞。這是說感官依於意識，意識則不依於感官。感官是物質性的東西，意識則是心。故在存有論上，心對於物具有先在性（priority）。

《量評釋》跟著說：

tasmāt sthityāśrayo buddhim eva samāśritaḥ,
kaścinnimitam akṣāṇāṃ tasmād akṣāṇi buddhitaḥ.
（PV-P, p.13, ll.5-6, k.42）

此處的意思是，心是「心的存在」的依據，任何東西都以心作為依據。心是感官的原因，感官是由心所生的。這是典型的唯識學的說法：一切境、物都依於心識，在境、物與心識之間，唯有心識是實在，這便是唯識（vijñapti-mātra）。故法稱的唯識立場，基本上是清楚確定的。

《量評釋》又說：

yadā niṣpannatadbhāva iṣṭo 'niṣṭo 'pi vā paraḥ,
vijñaptihetur viṣayas tasyāś cānubhavas tathā.
（PV-P, p.132, ll.4-5, k.338）

按法稱的知識論或認識論是站在唯識學的立場而建立的。這與常識

我則酌情處理。再者，本文所參考的這個版本，以〈現量章〉（Pratyakṣam）為主。

的假定外界有真實存在的東西，和我們的認識能力能接觸這些東西作為對象而認識之很不同。後者便是外界實在論的知識論的根本認識或起步點。法稱對這種認識論的回應是，我們對外界的東西有視為好的（iṣṭa），有視為不好的（aniṣṭa）。好的也好，不好的也好，這些外在的東西都作為原因而成為我們的心識的對象，其形象（ākāra，或作相）為我們的心識所接受。心識雖不能接觸外在的東西，但可依後者而取得相應的形象，這便形成形象與心識的結合。人們便以為我們能認識外在的東西，而加以執取（在唯識學，對對象的認識與執取是同時發生的，故認識論與心理學常相伴而發生），這便成了對外在對象的認識。這是上面引及的偈頌的意味，也有筆者的發揮在內。這種認為我們對外在對象的認識的可能性，或我們可認識外在對象，在胡塞爾（E. Husserl）的現象學（Phänomenologie）來說，顯然缺乏明證性（Evidenz），是不能成立的，我們應以懸擱（Epoché）來處理，終止一切相類似的判斷。

《量評釋》接著說：

> yadā saviṣayaṃ jñānaṃ jñānāṃśe 'rthavyasthiteḥ,
> tadā ya ātmānubhavaḥ sa evārthaviniścayaḥ.
> （PV-P, p.132, ll.6-7, k.339）

這偈頌用了 yadā …… tadā 所成立的關係詞與相關關係詞的字眼結構，表示「倘若是……，則……」的意味。在法稱眼中，從唯識學的立場來看有關「對象的認識」的問題是，知識是我們在心識中假立對象而加以認識，這是自己對自己的領受或證知。而在領受中，對象有好的和不好的分別。在這種情況，我們姑且可說知識能把握外在對象，但這對象、事物（artha）是以形象（ākāra）來說，而形象是由於心識的錯亂、迷亂（viplava）而致，宛然好像外界的對象而施設地確立的。這並不表示在外在世界真有這樣的東西。

《量評釋》說：

> tadā 'nyasaṃvido 'bhāvāt svasaṃvit phalam iṣyate.
> （PV-P, p.131, l.2, k.332）

法稱在這裏堅持，在知識的對象方面，知識不能認識它自身以外的東西，因而不能確定它們的存在性。此中只有自己認識（sva-saṃvitti, sva-saṃvedana），或自證。這是知識或認識的結果（phala）。由於我們不能認識知識範圍以外的東西，我們亦不能確定這些外境東西的存在性。這種觀點非常類似康德（I. Kant）對物自身（Ding an sich）的觀點。康德認為，我們只能認識可能經驗範圍內的東西，不能認識這範圍之外的東西：物自身。即是，我們只能認識現象（Phänomen），不能認識物自身。在這裏，物自身相當於法稱所說的事物自身以外的東西，或外境。

對於這種不能認許外界事物的存在性以至實在性，智作護（Prajñākaragupta）也留意到。他以所緣（ālambana）來說這外界實在，強調一切條件都不含有它。他在《量評釋疏》（*Pramāṇavārttikabhāṣya*）中說：

> tena nirālambanatve sarvapratyayānāṃ.[12]

---

[12] R. Sāṅkṛtyāyana, dec. and ed., *Pramāṇavārttikabhāṣyam or*

這裏的第三身單數的 sa 用具格（instrumental）tena，正表示「從對於外在世界我們沒有溝通的渠道或接觸這一點來看」之意，跟著便對外界存在或對象加以否定（nirālambana）。

很自然，知識或認知既然不能認識它自身之外的東西，便只能認識自己了，認識自己所變現的形象了，這便是知識的自己認識或自證。不過，就知識一面言，倘若知識具有對象的形象，我們便不能否定知識的存在性。但這並不足以確定外界對象的存在性。這樣的知識的生起，可能由於在外界的存在物所致，也可能由於心識內部的因素（例如習氣或種子）所致。在這點上倘若沒有確定的答案，我們便無法確認外在對象是存在的。但經量部卻認為知識的形象必有來源，而這來源是來自外界的。這是透過比量（anumāna）的一種思考方法。這種思考是否可以接受，當然可以商榷。我的意思是，知識中出現的形象必有其來源，這不錯，但這來源可以是外界對象，也可以是心識，即由心識所變現（pariṇāma）。這點不能確定，便不能具有如胡塞爾所說的明證性而確定有外在對象。法稱是站在唯識學的立場來看這個問題的。《量評釋》說：

> darśanopādhirahitasyāgrahāt tadgrahe grahāt,
> darśanaṃ nīlanirbhāsaṃ nārtho bāhyo 'sti kevalam.
> （PV-P, p.131, ll.7-8, k.335）

法稱的意思是，倘若沒有知覺這一條件（darśanopādhi），我們便不

Vārttikālaṅkāra of Prajñākaragupta, Tibetan Sanskrit Works Series, Vol.I, 1953, p.388, l.2.

能觸及形象。即使有知覺觸及形象的經驗，我們仍不能確定外界對象的存在性。法稱顯然在強調獨立於知覺的對象不能被視為存在這一點。其實更恰當的意思是，即使知覺具有對象的形象，也不必然表示對象在外界獨立地存在著。知覺中的形象不能保證與它相應的對象的獨立存在性。這仍是我在上面所說的意思。

以上我們引了許多《量評釋》的文字，都表示法稱的以心識先在於（邏輯上、理論上的先在）外境或對象的立場，他的唯識學的根本立場：境由識生，識亦非實，應該是沒有問題的。只是他有時也表示某種程度的實在論或外界實在性觀點的傾向，這正是經量部所持的根本觀點。因此便有人提出法稱是經量部論者。上面提到的辛格（A. Singh）便是最明顯的例子。另外好些學者提出持平之見，又可交代法稱的經量部思維的傾向。戶崎宏正即認為，法稱的《量評釋》中含有唯識說與經量部說的成分。在受經量部影響方面，經量部認為，對象是使認識生起的原因，這對象把自己的形象賦與認識，而成所謂「所取」。倒轉來說，認識執持著對象的形象而生起，而為「能取」。或者說，對象使認識生起，也把自己的形象給與出來。[13]但問題是，這對象來自何處？是在識或認識之外，抑在其內呢？不解決這點，仍難以把法稱與經量部拉在一起。戶崎在別處便說，法稱本來是奉行唯識說的，但在方便權宜上，把他的現量論建築於經量部說上。[14]徹爾巴特斯基認為，法稱與陳那都奉行瑜伽唯

13　戶崎宏正著《佛教認識論の研究：法稱著プラマーナ・ヴァールティカの現量論》上卷，東京：大東出版社，1979，頁 51。按此書分上、下卷，為方便起見，以下省作《認識論》。

14　《認識論》上卷，頁 54。

識派，但在認識問題上，則採經量部說，因而稱為「經量部瑜伽行派」（Sautrāntika-Yogācāra）。[15]我認為法稱屬於唯識學抑經量部，是一個存有論的問題，我們應從這一點著眼。在上面的探討，我們看到，對於法稱來說，心識對感官或根具有存有論的先在性（priority）、跨越性（superiority）。根、感官是色法，不能獨立於心識而存在，心識則可獨立於根、感官而存在，這正是唯識的立場。另方面，在認識論方面，法稱認可形象應有其來源，傾向於這來源是識，不認可這來源是在識或認識之外的外界的對象，因而有自己認識的說法。即是說，他始終不接受外界實在的說法，後者是證立經量部的根本概念、根本命題；故我們不能說他是經量部的人。至於他的著作間中也展示外界實在觀點的痕跡，這是當時風氣所使然。佛教發展到中、後期，經量部有長足的發展，也有與其他學派如唯識學、中觀學和如來藏思想合流的趨勢，這是當時印度佛學的環境、狀態，法稱作為唯識學者，受到經量部義理的熏陶，在外界實在一問題上，間中表示這種傾向，並不為奇。他與當時的印度哲學各派與佛教內部唯識學以外的他派相辯駁，相摩盪，而受到一些表面的影響，在哲學史的角度來說，也是常見的。這對於他的根本立場不會帶來實質性的衝擊。在這一點上，我們實在不必神經過敏，對他的所屬問題，捉錯用神。

三、承先啟後的地位：承先

在佛教現代意義的認識論的開拓上，陳那（Dignāga）是開創者，

15 BL, II, p.370, n.3.

法稱（Dharmakīrti）承其餘緒，加以發揚光大，開啟爾後佛教認識論的長足發展。此中重要的論師有帝釋覺（Devendrabuddhi）、智作護（Prajñākaragupta）、法上（Dharmottara）、寂護（Śāntarakṣita）、蓮華戒（Kamalaśīla）、智勝友（智吉祥友，Jñānaśrīmitra）、寶稱（Ratnakīrti）、智藏（Jñānagarbha）、寶作寂（Ratnākaraśānti）和脫作護（Mokṣākaragupta）等。故在佛教認識論上，法稱是一個承先啟後的關鍵性人物，他的影響非常深遠。有人說他是西方哲學的知識論中的康德，實不為過。

首先看法稱的生卒年代。法勞凡爾納（E. Frauwallner）推算法稱的年代為 600-660 年。[16]日本學者則以法稱的年代為介於玄奘離開印度和義淨去印度之間，即七世紀中葉。近年木村俊彥提出較新的說法，他認為就中土方面的資料看，法稱大約活躍於七世紀前半截。[17]

又有關法稱的學脈，據布頓（Bu-ston）的《印度佛教史》

---

16 E. Frauwallner, *Landmarks in the History of Indian Logic*. (WZKSO, Bd.5), p.137.

17 木村俊彥著《ダルマキールティ宗教哲學の原典研究》，東京：木耳社，1981，頁 9。此中所謂中土資料，是指義淨的《南海寄歸內法傳》卷四所收的文字：「取喻同乎日月，表況譬之龍象，斯乃遠則龍猛、提婆、馬鳴之類，中則世親、無著、僧賢、清哲（辯）之徒，近則陳那、法稱、戒賢及師子月、安慧、德慧、慧護、德光、勝光之輩。斯等大師無不具前內外眾德，各並少欲知足，誠無與比。……法稱則重顯因明……」（《大正藏》54·229 中）這裏把陳那、法稱以迄德光、勝光等列於最後一期發展，以推斷法稱活動的時期。又，名為「法稱」者不止一個，這裏補敘與因明學有密切關聯的法稱，以確認其中所說的法稱，正是和陳那一齊開拓現代意義的邏輯與知識論的那一個。

（*rGya-gar-chos-ḥbyuṅ*），法稱曾追隨自在軍（Īśvarasena）學習《集量論》，但不滿意自在軍對陳那認識論的解讀。[18]又據他勒納塔（Tāranātha）的《印度佛教史》（*rGya-gar-chos-ḥbyuṅ*），法稱依護法（Dharmapāla）出家，隨陳那弟子自在軍學習《集量論》。另外，那爛陀（Nālandā）的商羯羅（Śaṅkara Ācārya）曾主動要求與法稱辯駁，結果輸了，便投身於恆河之中。其後法稱隱居山中，作七論。[19]又有些說法謂，法稱生於南印度，其父為婆羅門教系的遊方人士，法稱本人具足該教系的學養，在青年時期轉向佛教，依護法出家。[20]這些說法，只提供有關法稱生平的點滴訊息。一如其他佛教的論師那樣，其一生的經歷，好像一個人披上面紗，總是看不清楚。不過，這些都不是我們所最關心的。我們所關心的是他的學脈，關於這點，我只想以數言說出。法稱依護法出家，護法是唯識學的殿軍，上承無著（Asaṅga）、世親（Vasubandhu）而有所開拓，有《成唯識論》（*Vijñaptimātratāsiddhi-śāstra*）一巨著傳世，是有相唯識說（Sākāravijñāna-vāda）的重要人物。法稱依他出家，在哲學特別是知識問題上必然受到他的影響。另外，法稱通過自在軍而理解陳那，後者亦屬有相唯識譜系，故法稱的有相唯識背景當是很強的。不過，他也不囿於陳那，不因後者的《集量論》而滿足，卻是青出於藍，在吸收了陳那的學養外，又有所開拓，這在他的《量

18 E. Obermiller, tr., *History of Buddhism by Bu-ston*, II. Part: *The History of Buddhism in India and Tibet*. Heidelberg, 1931; Reprint Series 5, Tokyo: Suzuki Research Foundation, 1964, p.152.

19 A. Schiefner, übersetzt, *Tāranātha's Geschichte des Buddhismus in Indien*. St. Petersburg, 1869, SS.175-185.

20 木村俊彥著《ダルマキールティ宗教哲學の原典研究》，頁 11。

評釋》中可以看得很清楚。在他之後的唯識以至中觀學者，幾乎沒有不受到他的認識論思想的影響。他的作品有很多註釋本，分別由帝釋覺（Devendrabuddhi）、法上（Dharmottara）、調伏天（Vinītadeva）等所作成。他在認識論、存有論上所受到經量部的影響，則又超過陳那了。

上面說，在佛教認識論的發展方面，法稱是一個承先啟後的挺重要的人物。這裏先說承先：特別要先提出，法稱的承先，主要指承繼陳那的認識論觀點。對於陳那，法稱有所承受，也有新的開拓。首先看現量的問題。陳那在他的認識論中，確立兩種認識能力或手段，這即是現量與比量。由於現量對於認識論有較重要的關係，因此這裏只談現量，不談比量。現量的梵語是 pratyakṣa，是從感官而來之意，akṣa 即是感官。我們可以說，現量是依感官而立名的。感官與對象相對說：感官認識對象，感官是能識，對象是所識。陳那說起認識問題，總是強調現量而不大提對象。這是因為，在陳那看來，感官的認識不同於比量（anumāna）的認識，後者相應於康德所說的知性（Verstand）的認識，或泛說的意識的認識。對象可同時為感官與意識（Bewuβtsein）所認識，但感官的認識畢竟不同於意識的認識，陳那為了特別強調感官（akṣa）作為認識手段的獨特性，與意識的不共通性，因此強調現量，亦即 pratyakṣa。法稱承襲陳那的思想，在這個有關問題上，強調感官的重要性。他在《量評釋》中說：

samīkṣya gamakatvaṃ hi vyapadeśo niyujyate,
tac cākṣavyapadeśe 'sti taddharmaś ca niyojyatām.
（PV-P, p.104, ll.1-2, k.192）

這裏是說，名稱的決定，應以能知的機能為依據，現量（pratyakṣa）的名稱含有感官的意味在內，依重視能知一點，應強調現量。而所知的對象，其意涵亦在能知之中。法稱在這裏顯然要突出認知的方式在認識活動中的重要性，亦即感官的感性認識的重要性。這是與陳那的說法一致的。在這個問題上，法稱對陳那有所承受。

關於極微或原子（aṇu）的問題，法稱的認識論可能受到經量部的影響，強調作為極微的集合的對象。他也明顯地受到陳那的影響。陳那認為，眾多實體或物件（dravya）集合起來，可以成為知識的對象，成為所緣。法稱對於這點，有更為細微的說法。他在《量評釋》中說：

> arthāntarābhisambandhājjāyante ye 'ṇavo 'pare,
> uktāste sañcitāste hi nimittaṃ jñānajanmanaḥ.
> aṇūnāṃ sa viśeṣaś ca nāntareṇāparān aṇūn,
> tad ekāniyamāj jñānam uktaṃ sāmānyagocaram.
> （PV-P, p.104, ll.7-10, kk.195, 196）

法稱的意思是，多數極微集結起來，可成為較大的極微群。這些東西又可集結而成為對象，構成知識的原因。[21]這些東西有特定的相狀，與相鄰的東西接合起來，產生知識。他特別強調我們並不是對這些東西（極微）逐個認識的，它們作為實在的東西（dravya）積

21 陳那認為，在認識活動中，對象是不可欠缺的一項條件。要成為對象，需能滿足兩點：使認識活動生起，及能提供認識的形象。法稱在有關方面，也很重視對象。

聚起來，以共相的方式成為所緣（sāmānyagocara）。[22]法稱這樣提出極微的認識論，頗接近外界實在論的說法，他受到經量部說的影響，可見一斑。有一點很重要的是，極微不應被視為一種作為物質或物體的最根本的密實的粒子，而應被視為一種架構或構造（structure）義的東西。但這個問題有點複雜，我在這裏不擬細論。

對於這樣的極微說，有人可能提出質疑：極微太小，在感覺之外，即使它們聚合起來，也難以成為認識的對象。對於這種問難，《量評釋》有如下的回應：

> ko vā virodho bahavaḥ saṃjātātiśayāḥ sakṛd,
> bhaveyuḥ kāraṇaṃ buddher yadi nāmendriyādivat.
> hetubhāvād ṛte nānyā grāhyatā nāma kācana,
> tatra buddhir yadākāra tasyās tad grāhyam ucyate.
> （PV-P, p.110, ll.2-5, kk.223-224）

法稱的意思是，很多極微聚合在一起時，便能形成一種力量，讓知識生起。另方面，聚合在一起的極微能滿足作為被認識的對象的兩

22　有關的解釋，可更參考：T. Vetter, *Erkenntnisprobleme bei Dharmakīrti*. Wien: Hermann Böhlaus Nachf., 1964. 此書以下省作 ED。另外，維特（Vetter）在他的書中，翻譯了《量評釋》中包括第 195, 196 偈頌的多個有關的偈頌：S.67(kk.194-196), SS.67-68(kk.197-199), S.68(kk.200-204), SS.68-69(kk.205-206), S.69(k.207), S.69(kk.208-210), S.69(k.213), SS.69-70(kk.208-210), S.70(k.211), S.70(kk.212-213), S.70(kk.214-219), S.71(kk.220ff.) 又戶崎宏正對於上面引出的第 195 與 196 偈頌有進一步的解釋，參看《認識論》上卷，頁 297-298。

個條件：一、作為知識的原因；這即是能引生認識活動。二、把形象給予知識。這樣，極微便是可被認識的了。按這種說法，完全是順著經量部的思考而來，不是很有說服力。例如，倘若極微太小，不能見到，則眾多極微聚合在一起，又如何變得可見呢？又何以多個極微合在一處便能凝聚出一種力量讓知識生起呢？

以下看認識結果（pramāṇa-phala）與認識能力（pramāṇa）的關係問題，這是佛教認識論的一個重要課題。印度哲學中很多學派都一致地認定認識結果與認識能力不是同體的，不是同一種東西的不同表現、面相。佛教則有自己的獨特的看法，認為兩者是同體的。陳那認為，認識結果即是知識本身；那是對於對象（viṣaya）的知識。我們進行認識活動，最後得出知識，這知識即是認識的結果、果實。我們通常說結果（phala），好像指涉某一種既成的東西，某一種存有，這是通過認識活動而產生的。而生起這結果的，是作為工具、活動的原因（karaṇa），這便是認識能力。對於這認識能力，我們通常也會視之為一種工具，一種手段，因而把它質體化、具體化。陳那則不同，他不從質體（entity）或質體性格（entitativeness）來看認識能力，而傾向以作用、活動（Akt, Aktivität）來看。他認為，知識自身便具有對對象的攝握作用（vyāpāra），而對於對象的知識便挾帶著對象的形象（arthākāra, artha-ākāra）而生起。這便成了有相唯識學，而與安慧（Sthiramati）他們的無相唯識學對揚。[23]我

---

23 關於有相唯識與無相唯識的詳細意義與異同，我不想在這裏多著墨，有興趣的讀者，可參考沖和史著〈無相唯識と有相唯識〉，平川彰、梶山雄一、高崎直道編集《講座大乘佛教 8：唯識思想》，東京：春秋社，1990，頁 177-209。

們可以說，認識能力擬似對象的相狀而生起，這是對於對象的攝握。被認識的形象與知識可以說是同時生起的。陳那的這種說法，表面上似乎在為經量部的外界實在論背書，讓人相信有外界的對象被模仿，被擬似，而生起形象；實則是否定外界實在說，擬似只是權說，並無獨立的外在世界的對象被描繪，被模擬。一說知識，便就在認識能力的面前的形象說，這是確定的；被描繪、模擬的外界對象是不確定的，我們不能對它明確地置一詞，因我們沒有接觸它的渠道。對於陳那來說，對象的知識與認識對象的活動是一體的，此中的對象只是泛說，其實所指的是形象。[24]法稱則認為，對象的知識與生起對象的知識的認識活動是一體的。兩人的差別是很微的，主要是在對於認識能力或量（pramāṇa）的看法方面：陳那以量是認識對象的作用、活動（vyāpāra），法稱則視量為建立對象的知識的機制（sādhana）。陳那傾向於活動義，法稱則免不了質體的（entitative）、質實的（rigid）觀感，分別相應於非實體主義與實體主義的傾向；對於經量部來說，法稱較接近它的外界實在的看法。戶崎宏正在這個問題上，相當強調陳那、法稱的殊異處。不過，他認為就知識對象的形象性而言，兩人都持有形象知識論或有相唯識的立場。即是，兩人都強調知識是牽引著對象的形象而生的，在知識中有對象的形象在裏頭。[25]我所關心的重要的一點是，即使說有形象知識論（sākārajñāna-vāda）強調知識擬似對象的形象而生起，但作為這形象的來源的對象，是心識所生，抑是來自外界，或在外界有實在性，

---

24 有關陳那對認識問題的觀點，可參考《認識論》上卷，頁 394-395。又可參考 M. Hattori, DP, p.28.

25 《認識論》上卷，頁 396。

則陳那堅持前者即世親唯識學的立場，法稱則近於後者即經量部的立場，起碼有這個傾向。

另外一個重要點是有關自己認識問題。陳那在他的《集量論釋》（*Pramāṇasamuccayavṛtti*，《影印北京版西藏大藏經》，No.5702）中曾表示，我們要設置知識的自己認識，倘若不這樣做，知識便要為另外一種知識所認識、見證，後者又需第三種知識去認識、見證，如是下去，便會形成無窮追溯（aniṣṭhā）的理論困難。這種困難有點像唯識學講自證分的困難那樣。見分（dṛṣṭi）認識相分（nimitta），需要設自證分來確認，而自證分又需要有證自證分來確認，這便成了無窮追溯。[26]

為了杜絕這種無窮追溯的困境，法稱提出自己認識（sva-saṃvitti, sva-saṃvedana），把相分、見分、自證分、證自證分都歸於知識自己。陳那的學說中已有這種理論了，法稱把它吸收過來，而加以發揮。就法稱的觀點來說，關於認識活動，我們通常可分為三個面相：認識活動自身、認識主體與被認識的對象。認識主體是能知，被認識的對象是所知。就認識活動中能知把握所知而言，法稱承襲了陳那的學說。特別是，他認為我們把握對象，即是在認識活動中有對象的形象被挾帶而生起有關對象的知識。他在《量評釋》中說：

---

26 關於知識的自己認識問題，日本和德國的學者曾作過相當深廣的研究。值得留意的是桂紹隆在早年所寫的〈ダルマキールティにおける「自己認識」の理論〉，《南都佛教》第23號，南都佛教研究會，東大寺，1969，頁1-44。這是一篇不可多得的佳作。

sā ca tasyātmabhūtaiva tena nārthantaraṃ phalam,
dadhānaṃ tac ca tām ātmany arthādhigamanātmanā.
savyāpāramivābhāti vyāpāreṇa svakarmaṇi,
tadvaśāt tadvyavasthānād akārakamapi svayam.
（PV-P, p.126, ll.2-5, kk.307-308）

法稱的觀點是，持有對象的形象（按即挾帶著那形象）的認識活動，是認識自身的作用。也是由於這點，便展現出對象的形象（這意味活動與形象同時生起）。實際上，知識不是自己單獨地在作用，而是相伴著對象的形象以成就有關對象的認識。按這表面上似乎是對對象構成知識，其中介即是對象的形象。實際不是這樣，對象只是一種被擬設的東西，作為形象的依據。我們實際上認識的，不是對象，而是形象，它背後有甚麼東西，我們不能置一詞。我們只能憑推論，由形象而推斷有對象在外面存在。同時，法稱把對於對象的認識視為自身的作用。自身是甚麼呢？這即是認識活動。由於認識活動需要有一主體特別是認識主體來進行，故這主體即是認識，即是認識活動。我們認識對象、對對象的認識既是自己的作用，則對象（其實應說形象）和對於對象的認識應是屬於認識活動自身，亦即知識自身。這正是知識的「自己認識」。在這種認識活動中，對象（當說為形象）是由知識自己發放出來的，不是來自外界。就這點看，對象的形象與知識有極其重要的關係。沒有形象，知識不能成立；沒有知識，形象不能成立。我們通常說先有對象或形象，然後我們去認識它，成立對它的知識。法稱的觀點不是這樣。

四、法稱的啟後意義

上面一節我們闡述了法稱對佛教認識論特別是陳那的觀點的承受，最後說到自己認識的問題。實際上，法稱的認識論的特性，在自己認識一問題中顯露得很清楚，他實有透過自己認識這一關鍵之點由現象層面的認識、知性的認識上提至睿智的認識的傾向，即是，由世俗諦的認識轉而為勝義諦或第一義諦的認識。上面一節的主題是承先，但在自己認識一問題上，我們不但說了法稱對陳那有所繼承，也具體地觸及他對後來者的啟發，亦即是啟後了。這裏我便就「自己認識」的問題進一步看法稱如何啟後，特別是他對寂護、蓮華戒的影響。

表面來說，法稱的「自己認識」的理論立場是植根於唯識學的，這應沒有問題，不然的話，他大可探討我們的心識對外在世界的認識。同時，我們也可初步說這種認識是現象性格的，即世俗的層次，這與經量部的立場和有相唯識都有關連。不過，透過自己認識，主體與對象都是同體，由此可以突破主客的二元對立關係，而向絕對的、終極的目標進發，最後以辯證的方式匯入空的理境。這不單是唯識學方面的事，也是整個佛教的思維方式的事。後期的印度佛學，順著法稱、寂護、蓮華戒的發展軌跡，可以說是立根於實在論（如阿毗達磨 Abhidharma、毗婆沙派 Vaibhāṣika、經量部 Sautrāntika）而作唯心論的轉向，最後集中於對空的理解與體證中。佛教諸派最後走向綜合形態，因而有所謂經量瑜伽派（Sautrāntika-Yogācāra）、瑜伽行中觀派（Yogācāra-Mādhyamika）之屬，但都立根於空（śūnyatā）的義理上。

就瑜伽行中觀派來說，佛教自法稱之後，中觀派相當活躍，其主要人物寂護（Śāntarakṣita, Śāntirakṣita）和他的弟子蓮華戒（Kamalaśīla）以智藏（Jñānagarbha）為中介，繼承中期中觀學者清辨（Bhavaviveka, Bhavya）的二諦觀，又吸收陳那、法稱的知識理論，這樣綜合中觀學與唯識學，而成瑜伽行中觀派。寂護的主要著作《真理綱要》（一作《攝真實論》*Tattvasaṃgraha*）中有〈對外境的審視〉（"Bahirarthaparīkṣā"）一章，非常重要，這正是繼承與發揮法稱的「自己認識」的理論的。蓮華戒所寫的《真理綱要細註》（*Tattvasaṃgrahapañjikā*），是寂護的這部鉅著的疏釋，其中說：

> tatrābhyāṃ prakārābhyāṃ vijñaptimātratābhiṣṭā, bāhyasya pṛthivyādisvabhāvasya grāhyasyābhāve grāhakatvasyāpy abhāvāt, saty api vā santānāntare grāhyagrāhakalakṣaṇavaidhuryāt.[27]

其意思是，在心識之外，並不存在著如地（pṛthivī）那樣堅實的認識對象，而心識亦不是認識活動中的能識的主體，世界的一切只是表象（vijñapti）而已。人即使有心識之流（santānāntara），但並無能取、所取、主體、客體的特別分野。一切都是無自性（abhāva）。

寂護和蓮華戒提到知識，展示它的獨特性。它的生起與沒有知覺的東西不一樣，這是知識的自己認識所使然。它能認識自己，對自己生起自覺，沒有知覺的東西便不能這樣。我們要注意，所謂知識的自己認識，並不是基於知識能把自身看成是對象這一點而提出

27　E. Krishnamacharya, ed., *Tattvasaṃgrahapañjikā*. Gaekwad's Oriental Series, Nos. XXX, XXXI, 1926, p.550, ll.11-13.

來的。這冊寧應說為是知識的本有的性格，它能照明對象，也能照明自己。像燈火和太陽光一樣，它們能照明外物，也能照明自己，自我照明。蓮華戒說：

> na hi grāhakabhāvenātmasaṃvedanam abhipretam. kiṃ tarhi. svayam prakṛtyā prakāśātmatayā, nabhastalavarttyālokavat.[28]

即是說，知識不是以自己作為對象而照明之，它只是以其作用去照明自己的本性，像虛空中的光明那樣。在這裏，蓮華戒又重提自己認識的知識作用（ātmasaṃvedana）。此中並無嚴格意義的對象性可言，即是，知識認識自己，不把自己作為對象而認識，卻是自我認識，自我照明。所認識的，是自己的本性，也可以說是自己的光明的本性。這便和如來藏思想所說的自性清淨心拉上關係，也可通到般若思想所強調般若智（prajñā）照明的作用，由此可以開出自我覺悟、去對象化的效果。對象以至對象性消失，便是主客合一的勝義諦、第一義諦的現成。

自己認識的覺悟、救贖的意義，在於去除一切對象思維、能所分別，而自我照明，自我呈顯。有對象性的認識，是現象層次的活動；無對象性的認識，則是本質層次、本體層次、物自身層次的思維。後期佛學的日護（Ravigupta）說：

> rtog-pa med-pas mthoṅ-ba la gzuṅ-ba daṅ ḥdsin-par snaṅ-ba ni ma yin te, raṅ gi ṅo-bo kho-na myoṅ-baḥi phyir ro.

---

28 Ibid., p.559, ll.22-23.

rnam-par-rtog-pa snaṅ-ba ni gzuṅ-ba daṅ ḥdsin-paḥi dṅos-po skra-śad la-sogs-pa bshin no. deḥi phyir bden-pa ma yin no.[29]

日護的意思是，知識活動中有能所關係，這是分別識所使然。倘若沒有虛妄分別，則沒有能知、所知的二元對峙關係（Dualität）。在這種情況，認知主體只是承接自己的形象而已。若虛妄分別流行、呈現，能取、所取的關係便不能免。知識若是自己認識，若是自照而不照他，則沒有能、所的分別，而臻於自己同一的關係（Selbst-Identität）。這便是主客合一，以至主客雙泯，而入於人法二無我的空的真理中。日護的說法，明顯地受到法稱的自己認識的影響。覺悟要到這一地步才能說。能入於空，便無執著，免除種種顛倒行為。

法稱的認識論不僅在佛教中帶來影響，也影響及印度的其他哲學派別，例如正理派（Nyāya, Naiyāyika）的邏輯與認識論。影響的幅度如何，則有待進一步的研究。

五、法稱認識論的實效概念

我們對於對象事物的認識，有時是為了認識而認識，頂多是為了增加我們對對象事物的知識，其中不必有實效的意識在內。但有些哲學家也本著實效的動機來認識這個世界，希望這種認識會為自

29　Ravigupta, *Pramāṇavārttikaṭīkā*，影印北京版《西藏大藏經》，No.5722, 149b⁸-150a¹。對於這段藏文的理解，我先解釋，又參考了戶崎宏正的解讀。（《認識論》下卷，頁 15-16, n.43）

己帶來好處、實際的有益的效果。在西方知識論中，經驗主義（empiricism）、實證主義（positivism）或實用主義（pragmatism）便有這種傾向。佛教是一種強調智慧的宗教，藉著智慧，眾生便可體證得終極真理，而得著覺悟、解脫。這與現世的知識談不上直接的、密切的關連。唯識學比較強調對世間事物的知識，但最後還是要轉識成智，與實效扯不上邊，除非把轉識成智、得解脫視為一種實效，那便不同。

在這個問題上，法稱有頗為不同的看法。他把作用、功能、效果與現實的認識關連起來。他在《量評釋》中說：

> nityaṃ pramāṇaṃ naivāsti prāmāṇyād vastusadgateḥ,
> jñeyānityatayā tasyādhrauvyātkramajanmanām.
> （PV-P, p.5, l.5-p.6, l.1, k.10）

法稱的意思是，認識的所依不是常住的。對於實在的東西的理解，是具有明證性的。實在的認識對象是無常的，因而對它（指認識對象）的理解也是無常的。按這裏所說的實在的認識對象是實實在在的，是具有作用、功能的，我們對它的理解也是真實的理解。在這裏，我們要弄清楚，實在的東西是無常，但不礙它內藏的作用、功能，我們不能視為虛幻。在這一點上，法稱頗有實在論的傾向，雖然這傾向非常微弱。這裏的 kramajanma 是關鍵字，表示認識或理解是依次生起的，每一剎那都在生起，但下一剎那便滅去。從緣起的角度言，這剎那生剎那滅的認識並不礙（被）認識的對象的作用性與功能性。

《量評釋》又說：

prāmāṇyaṃ vyavahāreṇa śāstraṃ mohanivartanam,
ajñātārthaprakāśo vā svarūpādhigateḥ param.
（PV-P, p.4, ll.2-3, k.7）

他指出，知覺或覺知是世俗性（vyavahāra）的認識的依據，佛教的論書、論典是拒斥迷妄的。按迷妄起自分別、測度，不能生起世俗性的認識，我們需先會得自相，才能談共相。法稱的論點的背景是，先要得到自相，才能說共相；光是說共相，會陷於分別、迷妄（moha）。這便突出了自相的重要性，這自相與世俗性有直接的關連，明證性（prāmāṇya）是在世俗性中（vyavahāreṇa）說的。而所謂作用、功能大抵是在這種脈絡中說。法稱的看法是，自相有產生效果的能力（artha-kriyā-śakti），而共相則沒有；前者是具體的，與世俗性有交集，後者則是抽象的，與世俗性沒有直接關連。

勝主覺（Jinendrabuddhi）寫有陳那的《集量論》的疏釋，強調自相（sva-lakṣaṇa）與共相（sāmānya-lakṣaṇa）的分別，說自相具有生起結果的力量，只有它是實在的。這明顯是受了法稱的影響。陳那未有重視生起效果（artha-kriyā）一點，但法稱卻對這點念之繫之，表示由之可以見到自相和共相的區別，把自相從共相中分別開來。

法稱很明顯地以為自相通於實在（reality），同時有效用、效能的內含或關聯，共相則不是這樣。這是揚自相而抑共相。徹爾巴特斯基在這個問題上，有很多具參考價值的說法。他認為佛教的邏輯學派在處理終極實在（paramārtha-sat）的問題上，正面來說是，實在的即是有效能的（artha-kriyā-kārin）；負面來說即是，實在的即是非觀念的（nirkalpaka）。觀念性的東西則是被建構的、被構想的，是我們的知性（understanding）的營為。所謂真實，是遠離建構性的，它只與純粹感覺相應。經驗的東西是我們的構想力基於感覺而營構出來的（vikalpena anugataḥ sakṣātkāraḥ）。他最後提出一點頗堪玩味：我們能夠認知的，不是實在本身，而是被構想出來的實在性的上層結構（superstructure）。[30]在這裏，徹氏把自相、效能、實在連在一起說，三者合起來隱含以下意思：一是只有自相關乎實在，二是只有自相具有效能。第二點間接地標示出自相是有動感這一意涵，效能（efficiency）不是一個純然的概念，而是一種作用，一種能量，它是在具體的運作中表現出來。經驗也可有動感義，它的基礎仍在自相：它是我們的構想力以感覺為基礎而營構出來，而感覺正是在時空之中發生的，有空間性，也有空間、位置上的轉移，這是非動不可的。至於最後所說的認知（cognize, cognition），那是在嚴格的知識論義（epistemology proper）的脈絡下的認知，是把雜多、現象建構為嚴格義的對象的認知，它的作用只及於現象範圍，離開這個範圍，它一無所知。

徹氏對作用、效用、效能一類觀念作進一步的發揮。他從物質（matter）問題說起：佛教徒有一特殊的看法，即是原子（aṇu, atom）並不是如勝論派（Vaiśeṣika）一類實在論者所說的不可分割的，而是可分割的，而由原子所結聚而成的分子，是構成物體的材料。一切物體都包含同樣的分子，只是分子的數目不同而已。同時，物體的不同，是它內裏的不同的力的強度（utkarṣa）所使然。因此他認為，佛教有關物質的理論，是一種動感的理論。這在說一切有部已是如此，到了觀念論（按指唯識學），更是如此了。徹氏認為，佛教的物質理論與它以效能來說實在是完全符順的，也與它以動態來

---

30 BL, I, p.181.

說因果現象相符。終極實在是動感的，純粹存在是效能（Pure existence is nothing but efficiency）。徹氏又引法上（Dharmottara）的說法，表示終極實在指可以以自身的力量去產生一效果的東西，這東西可被那產生效果的力量所測定。法上由此得到如下結論：只有特殊者是真實的，它是效果的焦點，是物自身；被構作的經驗對象不是真實。[31]

進一步，徹爾巴特斯基又以效能來說唯識學的三性說（svabhāva-traya），認為這三性說展示出實在性（reality）與觀念性（ideality）的明顯區別。這三性是：遍計所執性（parikalpita-svabhāva, pure imagination）、圓成實性（pariniṣpanna-svabhāva, pure reality）、依他起性（paratantra-svabhāva, interdependence）。他強調，法稱對於三性說的態度，是以效能（efficiency）來說圓成實性，徹底反對觀念性（ideality）。這樣，真實（real）便與純粹存在（pure existence）、徹底的特殊性（extreme particular）和物自身（Thing-in-Itself）同義了。真實也和非存在（non-existence）、觀念性（ideality）和一切思想性的營構（mental construction）區別和對反開來了。[32]徹氏所提法稱以效能來說唯識學三性說中的圓成實性，讓人驚異，有神來之筆之勢。一般對於圓成實性的理解，是將它視為真如（tathatā）

---

31 BL, I, pp.190-192.

32 Ibid., p.197. 按徹氏這樣說，有把圓成實性與觀念主義對立起來的意味。圓成實性固然不同於遍計所執性，但是否便完全與觀念主義無關聯呢？觀念性（ideality）是否不可能有真實可言呢？觀念性與圓成實性是否可以一種特殊的媒介，如睿智的直覺（intellektuelle Anschauung）相互溝通呢？這種直覺是否與觀念性絕無關聯呢？這些問題都需要作進一步的深入研究，才能解決。

的境界，即在依他起性的事物中，不對它們起周遍計度，以為它們具有自性，而知它們只是依因待緣而生起的，因而是空，沒有自性。若能在依他起性的事物中，如其所如地視它們為依他起，不周遍計度，執著其自性，這即是圓成實性，亦即是空、真如。對於空、真如，特別就唯識學而言，通常是視之為事物的真正的、真確的狀態；由於是狀態義，因而是靜態的（static）。現在徹氏引入法稱的效能觀，視圓成實性有動感義，這樣便是從動態一面來說真如、真理，表現另外一種思維形態。

徹氏在以上所述的法稱以至法上的觀點的解讀，可謂富有洞見、洞識。這得先從法稱發揮自己認識這一點說起。如上面所闡釋，法稱讓一般認識論的模式認識對象作自己認識，把認識活動的焦點從有靜態義的、質體性的對象轉移到自我亦即是主體方面去，這便鬆動了所認識的對象的凝結性、僵滯性，讓所認識的自己或自我活現出來，自由無礙，增強了認識活動本身的靈動性、機巧性，最後導致認識活動從對象的拖累性中解放開來，而作行為的、行動的轉向（activizing turn）。動感便可在這樣的脈絡下的行為、行動中說。認識對象發自主體與對象的靜態的、對立的、橫列的關係中，而自己認識則可讓主體從主客關係中認識對象或客體轉而為認識自己、自我，因而傾向於一種自我實現、自我呈顯的導向或矢向，這種矢向是動感的、垂直的性格。這便可通到法稱的實效、作用、效能觀念，而發展為一種強調動感、效能的哲學與宗教實踐。徹氏在他的大著中對於這點一語道破，可說是佛教特別是法稱（也包括陳那）的知音。佛教強調普渡眾生，是需要大力氣的，非要具足活動性、動感性、行動性不可。他的「終極實在是動感的」的體會，真是得來不易，需要有大智慧才行。[33]

六、正確知識及其效能與實在性

以下我要進一步探討效能亦即是知識的效能問題。一般人說起知識論，總是依循知識的對象、知識的成素、對知識的成素的闡釋這樣的方式依序討論。我在這裏不依這個慣例，目的是要特別注意法稱知識論的效用問題，突顯他對效能問題，和把效能與實在性關連起來，看他如何從效能一點看知識論所理解的實在性，再從實在性回轉到知識的識別問題，和知識在我們的現實生活所起的作用、所扮演的角色。在這方式的探討中，我把文獻的焦點從《量評釋》移轉到《正理一滴》（*Nyāyabindu*）方面。

法稱在《正理一滴》中首先從實效的角度來說正確的認識：

> samyagjñāna pūrvikā sarva puruṣārtha siddhir iti tad vyutpādyate.[34]

法稱的意思是，人要成就一切目的，基於正確的認識

33　雖然如此，徹氏有時亦不免有失言之敝。他說佛教有關物質的理論是一種動感的理論，這不錯。但說說一切有部亦持這種理論，便不正確。說一切有部講「法體恆有」以建立常住不動的法體（svabhāva），不單無動感可言，也違離佛陀的我法二空的根本立場。

34　Dharmakīrti, *Nyāyabindu. Bibliotheca Buddhica*, VII, Leningrad, 1918, p.1, l.6, k.1. 此書以下省作 NB。又，《正理一滴》不是以偈頌來寫，而是以簡短的段文來寫，為方便起見，其短段亦以 k.（kārikā）來標示。

（samyagjñāna），因此要研究（它）。調伏天（Vinītadeva）指出，對於這部論書的傾聽（śravana），便能無錯亂（abhrānta）地理解正確的認識或知識。故這《正理一滴》是一種方便（upāya），可使我們對正確的認識有廣泛的認知（parijñāna）。正確的認識是沒有矛盾（avisaṃvādaka）的認識。[35]這所謂沒有矛盾，並不必然指邏輯方面的矛盾，毋寧是指實質的、有效的作用（arthakriyā）方面沒有矛盾，例如有因無果的矛盾。至於「一切目的」（sarva puruṣārtha）中的「一切」（sarva），調伏天的理解是，它的所含是多元的，包括切近的（nikaṭa）、遙遠的（dūrastha）、世間的（laukika）、出世間的（lokottara）、應該捨棄的（heya）、應該執持的（upādeya）和無所謂放棄或保留的（upekṣaṇiya）。[36]由上面的闡述，我們可以看到，談起知識、認識問題，不單法稱重視實效，調伏天強調「實質作用」，也有重視實質的、實效的東西的傾向。

在法稱看來，甚麼是正確的知識呢？上面提到，調伏天以「無錯亂」（abhrānta）來說法稱所謂的知識。這無錯亂即是對錯亂（bhrānta）的否定，這與陳那在他的《集量論》（*Pramāṇasamuccaya*）中以對

---

[35] 渡邊照宏譯《渡邊照宏著作集第七卷：正理一滴法上釋和譯，調伏天造正理一滴論釋和譯》，東京：筑摩書房，1982，頁 111-112。下面我理解調伏天對《正理一滴》的論釋（*Nyāyabinduṭīkā*），如沒有特別說明，則都依據渡邊的這個翻譯。對於渡邊的這本第七部著作，以下省作《調伏天釋》。我這樣做，捨梵文原典而借助日譯，是不得已。拆解梵文原典來理解，非常耗費精力和時間，我付不起。希望讀者垂注。

[36] 《調伏天釋》，頁 113。

分別（kalpanā）的否定來說現量（pratyakṣa）是同調的。[37]這都是透過否定或離、遠離（apoha）的方式來作解：遠離了錯亂、分別，便是正確的知識，便是現量。有了正確的知識，在生活上很快便能有實際的效果，實現自己的目的、夢想。

法稱的這種對認識、知識的實效關連，也影響到法上。後者認為正確的認識能讓人想起過去的知覺、經驗，由想起而生欲望，由欲望而生行為，由行為而有人的目的（puruṣārtha）的渴求與實現。進一步看，法上認為，倘若認識能達於對象，即有「一切目的成果的成立」（sarvapuruṣārthasiddhi），而使人能達於對象的，正是正確的認識。而不能使人達於對象的，正是錯誤的認識。法上認為，人的目的、成果是不能由錯誤的認識引致的。[38]

對於正確的知識有這樣的效能，讓人能實現目的、理想，表面看是如此，細想之下，問題似乎不是這麼簡單。一個人在事業上的成就，要建立功勳，讓目的落實，正確的知識自然是必需的，但並不充足，需要配合其他條件才行。套一句老土的話，要建功立業，需配合天時、地利、人和才行。知識是書生的事，甚至是哲學家的事，但事功是帝王將相的事，除了天、地、人的因素之外，有時還得靠運氣。調伏天說《正理一滴》強調正確的知識的用處是對的，

37　M. K. Jain, ed., *Tattvārtha(rāja)vārttika* of Akalaṅka. Jñānapīṭha Mūrtidevī Jaina Granthamālā, Sanskrit Grantha, No.10, Benares, 1953, p.53·30. 另外，陳那的《因明正理門論》也說：「現量除分別。」（《大正藏》32·3 中）都是同一意思。

38　木村俊彥譯〈ダルモーッタラ釋ニヤーヤ・ビンドゥ〉，木村俊彥著《ダルマキールティ宗教哲學の原典研究》，頁 222-223。又此書以下省作《法上釋》。

它不啻是一種工具。但工具也需要好好處理，善巧地運用才行。

對於正確的和有錯亂的知識的問題，現代學者頗有其看法。印度學者穆克己（S. Mookerjee）指出，有些思想家認為錯誤或虛妄只是思考性格，與知覺扯不上關係，錯亂與無錯亂不是知覺的事。但寂護（Śāntarakṣita）反對這些思想家的看法，提出錯亂總是發生於特殊的感官的運作中，當這運作停止時，錯亂也停止。這些錯亂應被視為感性的錯失，不是純然思考性的。它們只在感官有毛病時發生。因此，寂護總結謂，錯亂作為知覺性格的和與觀念建構無關的東西，應該是在知覺範圍內的。穆氏又提出，調伏天對於無錯亂（abhrānta）有不同的詮釋，他視之為「與實在（reality）未有不相應（avisaṃvādaka）」。穆氏又以為，這種說法太寬泛，因它可包含推理在內，後者也可不必有這種不相應。因此，我們應加入「與觀念建構無關」字眼，以排除推理，後者總是帶有觀念性元素在內。[39]按我們的錯誤的認識活動應有一個程序：感官或知覺先接觸外物，例如繩，取得它的形象；然後由知性加以判斷它是何物，例如蛇。再行近一看，才能確認它不是蛇，而是繩。這展示感官或知覺是沒有所謂錯亂的，錯亂是發生在知性的判斷方面。故寂護的看法並不妥當。便是由於感官或知覺所取得的外界對象的形象無所謂正確與錯誤，有相唯識學（sākāravijñāna-vāda）才提出「有相」（sākāra）說。

---

39 S. Mookerjee, *The Buddhist Philosophy of Universal Flux*. An Exposition of the Philosophy of Critical Realism as Expounded by the School of Dignāga. Delhi: Motilal Banarsidass, 1980, pp.276-277. 此書以下省作 UF。

穆克己又提到，法上（Dharmottara）認為把「無錯亂」解為「與實在未有不相應」起不了作用。他認為知覺不能與事實不協調；因為真正的知識應有這種協調性。因此，調伏天的說法只是重言（tautology）而已。[40]按說真正的知識應有與事物的協調性，是因為知識總是有關存在世界的，故這種協調性是毋庸置疑的。調伏天的說法是重言，理由是知識本身便有不與事實（reality）矛盾之意。

不過，穆氏提到，若對這個無錯亂的問題深一層看，會覺得無錯亂這個形容詞並無必要。因為，作為有效知識的要素，知覺不能與事實相矛盾，這便足夠排除錯誤了，因為後者與事實相矛盾。因此，「無錯亂」在調伏天提出的 "avisaṃvadaka" 或法上提的「與實在未有不相應」來說，都是沒有用的。[41]穆氏顯然很重視知識需與事實（fact）、實在（reality）相應，只有立足於這點上，才能說知識的有效性。因此他同意寂護與法上提出的知識的有效性不但只有實用的意涵，同時需與實在協調。他又強調，要測定知識是否具有有效性，只靠檢證性和實用性是不夠的，真正的標準仍在與實在相符這一證明之中。[42]穆氏所重視的是知識應與實在相應，法稱自身則強調知識需要有實效。這都是重視現實情境的態度。實際上，與實在相應便有實效；反過來說，有實效便與實在相應。

徹爾巴特斯基也提過近似的看法，他認為，對於法稱來說，正確的認識（samyagjñāna, pramāṇa）即是成功的認識，它能產生判斷

40　UF, pp.277-278.

41　UF, pp.278-279.

42　UF, pp.280-281.

（adhyavasāya, niścaya），引致一成功的活動（puruṣārthasiddhi）。[43] 這正表示法稱是以實用的、效能的眼光來看知識。徹氏又提及，我們可以在知識的邏輯和它的實用效益之間建立起關係。正確的知識即是有效的知識。他又表示，法稱的對於正確知識的定義讓我們覺得受到衝擊，因他說的正確知識正是我們日常的正確知識。它不是對於絕對者的認識，不是對事物的如如認識，也不是對外在世界的實在或非實在（reality or unreality）的知識。他們便真正行動了。[44] 徹氏的意思殆是，人們若確認正確的知識即是我們日常的知識，如法稱所說，他們便不會只說說、空談一下便算，而是會採取實際行動（take action）。我們也要跟他們一樣，切切實實去做，不能只是言說，停滯於思想的層面。這對我們是一種催促，一種壓力。

法稱這樣強調正確的知識與效能的密切關係，則他所說的知識，應該不限於知解性、思辯性的（discursive）知識，只限於理解現象的知識，而應與終極真理或本體有關連。他的所謂效能，也不應是單純的現前的、可以計算、量化的那些利益，而應有生命的理想、目的的意涵在裏頭。因此，他的知識論、認識論與康德在他的《純粹理性批判》（*Kritik der reinen Vernunft*）所展示的那一套不盡相同，雖然徹爾巴特斯基曾就知識論方面說法稱是佛學中的康德。實際上，法稱的知識論超越了現象的層面，而指涉到實在性、真實性（reality）。他所說的正確知識的效能性，也應放在實在性、真實性的脈絡下說。他所說的知覺，或現量，嚴格來說，也與西方知識論的感性（sensibility）、感覺（sensation）不完全相同，倘若我

---

43 BL, I, p.59.
44 BL, I, pp.62-63.

們把後者的意義關連侷限於對現象的認知的層次的話。我的意思是，法稱的知覺應可連繫到超越現象的實在方面去。而這種實在也不是言說的、思想的對象。

在關連到以上的意涵方面，穆克己對法稱的知覺論作過相當深刻的探討。他認為知覺成立於對對象本身的特性（sva-lakṣaṇa）的把握，這特性與其他對象並無相同之處。因此，知覺完全無與於與名言的連繫，這連繫是依於相對性思考的。知覺的對象是實在（reality），後者是當下地現於心靈之前。這實在不是普及性（sāmānya）、屬性（guṇa）、運動（kriyā）、實體（dravya）或名稱（nāman）一類的概念。這些概念不是現前的感覺與料的一部分，而是由想像（vikalpa）提供出來。穆氏在這裏提到實在的判準（criterion）問題。在他看來，法稱認為實在與想像出來的不實在的東西的不同是，只有那些東西，就其自身所處的位置的或近或遠便能影響知覺的呈現性格，是實在的。例如一個細頸瓶，或更確切地說，它的呈現，會隨著它與知覺者的位置關係而為或暗或明。但一個由記憶連繫或想像提供出來的對象的概念是不會變化的，不管那對象與知覺者的位置關係為何。只有這種實在性稟有實際的效能（arthakriyā-kāritva），被想像出來的對象是沒有這實際的效能的，它不是通過感覺媒介被呈現出來。因此，法稱的結論是，知覺的對象是實在性，實在性的測定，端賴是否具有實際的效能。[45]

由上面的闡述，我們可以歸結出法稱的所謂正確的知識，是知覺對實在性的把握，而這種把握是具有實際的效能的。關於這點，法稱在他的《正理一滴》中亦有透露出來：

45　UF, p.337.

arthakriyā sāmarthya lakṣaṇatvād eva vastunaḥ.
（NB, p.13, l.15, k.15）

這句子是順著上面何以自相是勝義存在一提問而作答的，其意思是，實際的效能必含有實際的作用性能。即是，實際意義（artha）即是作用（kriyā）。實際意義的作用是可實現的，這是實際意義的作用的可能性（arthakriyā-sāmarthya）；或者說，這可能性是真實的，不是虛假的。在這個問題上，徹爾巴特斯基通過本質觀念來說。他提出，在法稱看來，特殊性或特殊本質（particular essence）是終極地真實的要素，只有它是有效能的。實在（reality）的本質正是它的有效能的能力（capacity to be efficient）。[46]說實在或實在性的本質是一種有效能的、有效應的能力，這有效能、效應表示一種必然的實現性，或者說，效能、效應的現成，是本質義的。這保證終極實在（ultimate reality）必能展現、實現。徹氏的這種解讀實在性，令人想起海德格（M. Heidegger）的一句名言：存有在呈顯中成就了或證成了它的本質（Sein west als Erscheinen）。[47]這句話的德文語詞 Wesen（本質）以動詞出之，強調本質的動感性、實現性。[48]徹氏在解讀法稱方面提出的那一語句，也有實在性必然會展示它的作為本質的效能、效應的意味，實在性就其本質來說便是實現的，會發揮它的效能、效應的。

---

46 BL, I, pp.189-190.

47 M. Heidegger, *Einführung in die Metaphysik*. Tübingen: Max Niemeyer Verlag, 4. Auflage, 1976, S.108.

48 關於這一德文語句的解讀，參看拙著《純粹力動現象學》，臺北：臺灣商務印書館，2005，頁 104。

七、印度哲學中的認識論

以下我要探討法稱的認識論或知識論。[49]不過，在此之前，我要先對印度哲學中的認識論作些理解，俾能突出法稱的認識論的特色和殊勝之處。關於印度哲學的認識論，有兩本大部頭的巨著都涉及。它們是：

S. Dasgupta, *A History of Indian Philosophy*. 5 Vols., Delhi: Motilal Banarsidass, First Indian Edition, 1975.

E. Frauwallner, *Geschichte der indischen Philosophie*. 2 Bde., Salzburg, 1953-56.

這兩本著作的內容質素都很好，只是在談起認識論的問題方面是泛說，不夠專精。印度學者柏來薩特（J. Prasad）的以下一書則是專業、專門之作：

J. Prasad, *History of Indian Epistemology*. Delhi: Munshiram Manoharlal Publishers Pvt. Ltd., 1987.

這本書的篇幅不多，但水準頗高，也很全面，對於印度多個學派的知識理論都能兼顧及。筆者在這裏所簡述的印度諸學派的認識論，很有一部分是參考這部著作的。此書以下省作 HIE。另外，筆者手頭也還有一些著書是專論印度某一學派的認識論的。[50]

49　認識論即是知識論。在我的這篇著作中，一如我的其他著作，這兩個語詞交替運用、出現。

50　C. D. Bijalwan, *Indian Theory of Knowledge Based upon Jayanta's Nyāyamañjarī*. Delhi: Heritage Publishers, 1977.

村上真完著《インドの實在論：ヴァイシェーシカ派の認識論》，京都：平樂寺書店，1997。

以下便是對印度哲學的認識論的析論。首先我們要注意一下這方面的學問所常指涉的字眼：citta-vṛtti。citta 是心，有認識機能和認識活動的意味，在梵文的哲學論著中，機能和活動時常混同起來，以 citta 來表示。vṛtti 則正正是活動的意思。citta-vṛtti 指思考、思想的活動。這種活動有以下幾種：認識手段（pramāṇa）、分別（vikalpa）、記憶（smṛti）、睡眠（nidrā），也可指錯誤的認識（viparyaya）。此中最需注意的是 pramāṇa，漢譯作「量」，認識機能之意，例如感性、知覺、知性、推理之屬，日本學者喜歡以「認識手段」來說。佛教特別是陳那以我們的認識手段有兩種：現量（pratyakṣa）與比量（anumāna）。正理派（Nyāya）的《正理經》（*Nyāya-sūtra*）則提出四種認識手段：現量（與佛教同）、推理（相當於佛教的比量）、相似性比較（upamāna）和證言（śabda）。勝論（Vaiśeṣika）的《勝論經》（*Vaiśeṣika-sūtra*）則只提現量與比量兩種，與佛教相若。但它認為比量或推理的表現方式有多種，計為比較（upamāna）、證言（śabda）、假設（asthāpatti）、指述（sambhava）和非存在（abhāva）。其中的比較與證言跟正理派的相同。比較是透過相類似性的比對而得的知識，證言則指聖者的說法（這有權威主義的傾向，以聖者為

N. J. Shah, *Akalaṅka's Criticism of Dharmakīrti's Philosophy: A Study*. Ahmedabad: L. D. Institute of Indology, 1967.

長崎法潤著《ジャイナ認識論の研究》，京都：平樂寺書店，1988。

藤永伸著《ジャイナ教の一切知者論》，京都：平樂寺書店，2001。

G. Bühnemann, *Der Allwissende Buddha, ein Beweis und seine Probleme; Ratnakīrtis Sarvajñasiddhi*. Übersetzt und kommentiert. *Wiener Studien zur Tibetologie und Buddhismuskunde*, Heft 4, Wien, 1980.

川崎信定著《一切智思想の研究》，東京：春秋社，1992。（這分別是對正理派、勝論派、耆那教、佛教的有關認識理論的研究。）

知識的權威）。就正理派而言，現量是直接的認識，是一種感覺的認識，對於對象只有粗略的把握。推理則較為深入，涉及推論的分類問題。相似性比較的知識則是透過把它們與推理知識作出比較而顯現出來的知識特性。證言則展示對權威的尊敬與服從所涉及的知識。另外，《正理經》又提到瑜伽修行的實踐，這已超越了知識的範圍，而關連到睿智：道德的教化與宗教的轉化方面了。

另外，在正理派、勝論派等實在論的學派之外，還有耆那教（Jainism），其創教者大雄（Mahāvīra，又作勝者 Jina）與佛陀同期出現。概略地說，這個派系在認識論上提出兩種認識手段：直接的（pratyakṣa）與間接的（parokṣa），相應於現量與比量。它們分別生起直接知識與間接知識。前者是對於呈現在感官面前的東西的知識，後者則關連到感官以外的對象。此中最簡明的著作當推悉達斯納地瓦卡拉（Siddhasena Divākara）的《入正理論》（*Nyāyāvatāra*）。他視量（pramāṇa）為不被障蔽所妨礙（bādhavivarjita）的認識手段，自照而又能照他（sva-parābhāsi），成就直接知識與間接知識。另外，在知識方面，還有推理的知識、證言的知識和經典的知識。經典的知識很有信仰的性格，它符順有學問的人的知識而又與直接知識一致。它關連到真理和普遍性，有超越的性格。還有一點，《入正理論》強調知識是沒有錯誤（bhrānta）的。進一步看，《入正理論》的作者在知識手段方面提出明確而重要的區分：一般的認識手段和絕對的直接認識（kevalaṃ pratyakṣam）手段。只有後者才能從一切障蔽中脫卻開來（sakalāvaraṇa-muktātma），恆常地照耀一切事物的本質性格。[51]

---

[51] HIE, pp.129-130.

耆那教的認識論的重要文獻除了《入正理論》外，還有曼尼卡耶納地（Māṇikya Nandi）的《抉擇門經》（*Parīkṣāmukha-sūtra*）。在知識的分類方面，他亦分直接知識（pratyakṣa）與間接知識（parokṣa）。不同的是，後者復分為記憶（smṛti）、確認（pratyabhi-jñāna）、論證（tarka）、推理（anumāna）與經典檢證（āgama 聖言量）。記憶是對於過往經驗的覺醒，例如記起他是天得（Devadatta）。確認是由回想而來的知覺（darśana smaraṇakāraṇaka）以肯認一個對象（saṃkalana），確認「這便是那個了」（tad evedam）。[52]論證是就某物的存在或不存在（在場或不在場）來說的遍充知識（vyāpti jñāna），例如「倘若 A 在，則 B 亦在；倘若 B 不在，則 A 亦不在」。這有點像西方邏輯的假言推論。推理是以中詞（sādhana）推導出大詞（sādhya），像西方邏輯那樣。經典檢證是由特殊人物之屬（viśiṣṭādaya）而來的知識。[53]

最值得關注的應該是吠檀多派（Vedānta）。在認識論方面有三個代表人物。菓子足（Gauḍapāda）的說法近於佛教的中觀學，在一般層面否定我們對事物的知識和它們的實在性。商羯羅（Śaṃkara）提出中庸的說法，以幻力（māyā）和無明（avidyā）的義理試圖平衡全盤否定外在世界的知識和實在性和無選擇性地接受這實在性的兩種想法。羅摩奴查（Rāmānuja）則持知識及其對象皆實在的說法。在這裏，讓我們集中在最重要的商羯羅身上。商氏在他對《吠檀多經》（*Vedānta-sūtra*）的評釋中，提出世俗層的世界（vyāvahārika-jagat）和終極層的世界（paramārthika-jagat）的區別，因而有無明

---

52 筆者按：evedam 是 eva idam 的連聲（saṃdhi）的結果。

53 HIE, pp.131-133.

（avidyā）與知識或明覺（vidyā）的對比。在商氏的認識論中，幻力（māyā）是一個關鍵性的概念。這是一種正面的因素（hbāva-rūpa），如其原意所指的「存在的形質」所示，但這要素又是不可表述的（anirvacanīya）。它是世俗世界的根源，但倘若我們能達致覺悟，便能消除它，把作為真正的實在的梵（Brahman）展露出來。對於現象世界，商氏只有限度地說其虛幻性，與佛教特別是空宗很不同。這是由於，在他看來，幻力是現象世界的存在原因，它是具有正面意義的，因而現象世界也有正面的存在性，而可與知識或明覺接連。不過，幻力畢竟不能脫離虛幻性，因此現象世界的真實程度也是有限的。[54]

關於認識活動，商羯羅認為由自我、後際器官（antaḥ-karaṇa）、感官和對象合成。我們這裏需要注意的是所謂「後際器官」。商氏對它有不同的解讀，視之為意識（manas），或理性（buddhi），或識（vijñāna），或心（citta）。他視之為認識活動不可或缺的要素。認識活動的結果是知識的成立。所謂知識，商氏的理解是，能夠清晰地區分對象的性質的，便是知識。而知識與錯誤又如何區別呢？商氏認為，在我們的日常經驗中，人往往不能把兩種相反的質體區分開來：主體與對象。無明（avidyā）會令人產生誤置（adhyāsa），把一物的性質錯放在他物上。[55]按商氏以人不能區分主體與對象亦即主客不分這種情況為錯誤，則能把主體與對象分開而加以識別便不是錯誤，而是知識了。這種知識是以主客區分、主客相對待為基

54 HIE, pp.176-182. 對於幻力的性格與作用，商羯羅在這裏顯得立場不夠堅定，在現象與實在之間往來徘徊。

55 HIE, p.182.

礎的，故應是屬於現象層次的世俗諦的知識，不是屬於本體、本質層的勝義諦的知識，這仍與在宗教覺悟的脈絡下所說的認知大不相同，後者是以主客合一的關係為基礎的。而所謂把一物的性質錯放在另一物上，就以繩為蛇的事例來說，是把蛇的性質、形相放在繩上，因而把繩作了錯誤的認同，以之為蛇了。這種錯誤仍是屬於世俗諦層次的錯誤，是我們通常所意指的錯誤，不是道德、宗教上的明覺上的錯誤。

印度哲學發展到較後期，正理派與勝論派結合在一起，而成正理勝論派（Nyāya-Vaiśeṣika）。按正理派一直是以自然哲學和因明學為主。在自然哲學方面，吸取了勝論派在這方面的義理；在因明學方而，則本著原有的思想與《方便心論》的義理而成立。這正理勝論派的吉祥足（Praśastapāda）為《勝論經》作註釋，寫有著名的《吉祥足疏》（*Praśastapāda-bhāṣya*）。在其中，他把認識（buddhi, upalabdhi, jñāna, pratyaya）分為兩種：正確的認識（vidyā）與錯誤的認識（avidyā）。它們各自有四類型。正確的認識的四類型是：直接知識（pratyakṣa）、推理知識（laigika）、記憶（smṛti）和啟發性知識（āgama）。下面我只對前兩種作些闡釋。直接知識是對對象的沒有分化的把握的所得，是靈魂、思維、感官對對象的接觸。這又可分為一般的直接知識與神秘的直接知識。前者由感官接觸對象而成，後者則由靈魂、思維直接地接觸對象而成。[56]推理知識是通過符號（liṅga）或標記而成。它有兩種：為自推理（svārthānumāna）

[56] 初步看，這兩種知識分別相應於康德（I. Kant）的感性直覺（Sinnlichkeit）與睿智的直覺（intellektuelle Anschauung），二者都能直接地接觸對象。

與為他推理（parārthānumāna）。[57]至於錯誤的認識的四類型是：懷疑（saṃśaya）、錯誤（viparyaya）、不確定（anadhyavasāya）和幻覺（svapna）。[58]

在正理勝論派的認識論中，瓦茲耶雅納（Vātsyāyana）也有特殊的貢獻。他寫了《正理疏釋》（*Nyāya-bhāṣya*），對認識手段和認識成素作了補充。他認為，認識手段需要指涉一個對象（arthavad），必須在對象透過它的作用而被認識之時，它（指認識手段）的地位才能確立起來。至於知識，他認為應包含四個要素：認識者（pramatṛ）、認識手段（pramāṇa）、被認識的對象（prameya）、認識的模式（pramiti）。[59]

八、法稱、法上與調伏天論認識問題

上面交代了印度哲學中的認識論，這是法稱提出他的認識論的背景。以下我們概略地看法稱論認識的原則性問題，如正確的認識的條件、認識的機能或認識的手段、認識的對象之類。我們也會參看法上和調伏天對法稱的文獻的解讀，在其中，法上和調伏天的認識觀點也可窺見。在這一節的探討中，我們用的主要文獻是法稱的《正理一滴》和法上、調伏天對這部論著的疏釋。

認識問題的最關要之點，是要有正確的認識活動，因此法稱在

---

57 按這種為自為他的不同推理自吉祥足以來便有了。吉祥足先於陳那，故這種推理的分法應先於陳那的為自比量與為他比量的分別。

58 HIE, pp.138-141.

59 HIE, p.137.

他的《正理一滴》中劈頭便說：

> samyagjñāna pūrvikā sarva puruṣārtha siddhir iti tad vyutpādyate.（NB, p.1, l.6, k.1）

這是說，人要成就一切目的，基於正確的認識。因此，要研究這（正確的認識）。這一切目的（sarva puruṣārtha）含有有用的、有效能的之意。其意是，人的一切目的的達成（siddhi），需賴正確的認識（samyagjñāna）。法上認為，所謂「正確的認識」是指沒有錯誤的認識。[60]但認識不能生起、帶來對象，對象的達致，或獲得，需要人自己催動，與對象連繫。因此，認識是以未知的對象為境。（《法上釋》，頁 219）按這樣說有對象已預先存在在那裏的意味，這是外界實在的立場，法上顯然是受到經量部的這種立場的影響。

法上很強調人在認識中的作用性、能動性。他認為對象依認識而被理解，而人亦在認識中表現其作用性、能動性。由此作用性、能動性而接觸對象，而理解它。即是，依於知覺而被作用的對象，亦即是依於現量而被作用的對象。對於某一個對象，我們可以現量的現證性這種作用而加以把握，這樣便能現證地認識事物。（《法上釋》，頁 220）

法上繼續強調，正確的認識能展示具有作用、能動性的實在物。我們對於具有某種形相的東西的把捉，不能作為具有另外的形相的

60 「正確的認識是沒有錯誤的認識」是一分析命題，「正確」即是「沒有錯誤」之意。

東西的認識根據。[61]例如，把捉黃色的貝殼的認識不能作為對於白色貝殼的認識根據。又在某一場所把捉某一物體的能力，不能作為對另一場合的某一物體的認識根據。時間亦是一樣：在某一時間把捉某一物體的能力，不能作為對另一時間的物體的認識依據。例如，對於午夜的物體作為日中時的物體來把捉的夢中的認識，不能作為對於午夜中的物體的認識根據。（《法上釋》，頁 221）[62]

上面約略提到正確的認識是沒有錯誤在內的認識。法稱在其《量評釋》第一章〈量成就〉（Pramāṇasiddhi）便明確地說：

> pramāṇam avisaṃvādijñānam arthakriyāsthitiḥ,
> avisaṃvādanaṃ śābde 'pyabhiprāyanivedanāt.
> （PV-P, p.2, ll.5-6, k.3）

這是說，量（pramāṇa）是指沒有錯誤的認識（avisaṃvādijñāna）。對象的具有有效的作用（arthakriyā）可以表示這點。在這裏我們可注意兩點：一是具有效能的作用可以證成正確的認識，故在法稱的所謂正確的認識中，具有效能作用很重要。法稱把正確的認識與效能作用關連起來，明顯地表示他在認識論的效能意識。二是承認言說的功能，它可以正確傳達說者的意思。śābda（言說）一語詞用位格或處格的 śābde，表示在言說中我們也可以找到真理、正確的認

61　這表示我們不能同時認識兩個對象。我們不能在認識具有蘋果形相的蘋果，同時以這蘋果的形相去認識具有柳丁形相的柳丁。

62　這是說認識有時空的限制。在這種情況下進行的認識，只能把事物作為現象（Phänomen）、對象（Gegenstand）來認識，不能認識事物的物自身（Ding an sich）、本質（Wesen）。

識。特別是在 śābde 之後加 api，表示分量的加強，應該注意之意。

順著法稱的以上說法，調伏天也強調正確的認識是沒有錯亂的（abhrānta），它遠離四種異見（vipratipatti）。這四者是數量方面的異見、自性（svabhāva）的異見、對象（viṣaya）的異見和果（phala）的異見。關於數量方面的異見，有人以為認識或量只有一種，有人以為有三種，有人以為有四種，有人以為有六種。關於自性方面的異見，有人以為現量（pratyakṣa，按即直覺、知覺，指直接的認識方式）是有分別的（savikalpaka），有人以為現量是無分別的（nirvikalpaka）。關於對象方面的異見，有人以為現量的對象只是自相（sva-lakṣaṇa），比量（anumāna，按即推理，指間接的認識方式）的對象只是共相（sāmānya-lakṣaṇa），亦有人持不同說法。關於果方面的異見，有人以為果與認識或量（pramāṇa）是不同的，有人以為是不異的。（《調伏天釋》，頁 114-115）這裏所謂異見，在字眼上看，表示對某些問題持不同見解，並不一定有貶抑之意。調伏天基本上以不同見解來說異見。但在數量、量的數量上的異見方面，隱伏著這上舉的說法的一種、三種、四種、六種的不正確性，俾為下面法稱提出兩種量（現量、比量）留下伏筆，這一點似有貶抑意。

於是有法稱以下的說法：

dvividhaṃ samyagjñānam.（NB, p.5, l.17, k.2）

pratyakṣam anumānaṃ ca.（NB, p.6, l.1, k.3）

這是說，正確的認識有兩種，那便是現量（pratyakṣa）與比量（anumāna）。法上表示，法稱把正確的認識依其內涵分成兩種，不會生起定義上的差別性。（《法上釋》，頁 223）即是，正確的認識是一個籠統的字眼，其中有哪些成素能成就這種認識作用，是未清晰的。法稱進一步將這些成素確定為現量與比量，兩者各有自己的功能、作用，這在正確的認識的定義上便很清楚了。這其實是一種具體列舉出有關的項目的定義法。[63]

有關現量與比量，特別是前者，我會在後面有詳盡的探討。這裏只想闡述就法上與調伏天在有關問題上的個人看法。法上指出，現量連接感官，而依存於其中。對於現量，他以 pratigatam akṣam 來解讀。（按陳那的《正理門論》*Nyāyamukha* 則以 akṣam akṣam prati vartate 來解。）他指出，依存於感官表示對作為對象的一個物體的直覺是可能的。凡是對於對象的直覺的認識，便是「現量」。他並提到這認識若只限於感官的認知，意識的現量是無從說起的。[64]他又表示，若現量與對象有一正確的關係，則現量可被視為能夠到達對象的認識手段。比量也是一樣，若它與對象有一正確的關係，則比量可被視為達到判斷的對象的認識手段。[65]（《法上釋》，頁 224-225）

關於比量，法上指出，它可以作為證因的知覺為媒介而施行判

---

63 這種列舉式的定義法，其好處是把要定義的語詞以它所包涵的具體內容一一列出，不會含糊。例如對「符號邏輯」（symbolic logic）作定義，把屬於這種邏輯推理的不同系統周延地列出，如邏輯代數、真值涵蘊、嚴密涵蘊等。但也有不足之處：所列出的項目有遺漏，或欠缺周延的概括性。

64 法上的這種理解，與佛教後期把現量與意識的結合的思維方式並不矛盾。現量可聯同其他認識機能或認識手段而共同作用。

65 這裏提出兩種對象：現量可達致的對象和判斷中的對象。前一對象是實在物，後一對象是概念。

斷，把對象展示出來。[66]（《法上釋》，頁 220）他又明確地表示，這對象是在沒有實物自身的心象中依推理而推得的東西，這種東西是不能把捉的。這推理正是比量。在推理中的個體物，是比量作用的對象。它所把捉的東西，不是實在的事物。而現量的對象則不同，它是事物本身，或可說為事物的個別相。（《法上釋》，頁 234）

跟著我們要看調伏天對法稱在上面所述的《正理一滴》的兩段話。調伏天表示，說正確的認識只有兩種（dvau viddhau），這「兩種」是數詞（saṃkhyāpada），表示不是一種，也不是三種，而是兩種之意。依調氏，現量能現證對象的本性（sākṣātkāritva），例如說能「行走」（gacchati）的東西是「牛」（gauḥ），這表示能行走是牛的本性（gotva），由於具有牛的本性，因此稱為「牛」。同樣，就根或機能這種本性來說，這即是就知了對象而加以現證的本性來說，有四種現量。調氏又強調，所謂「量」（māna）是決定（pari-chid-）之意，anu- 即是在後（paścāt）而知之意。「在後而認識」（paścān mānam）的，是比量（anu-mānam）。在調伏天看來，說「現量與比量」這樣的區分（vibhāga），是表示其差別（bheda），這是就對象的差別說。[67]（《調伏天釋》，頁 116）

---

66 所謂證因是指直接與對象接觸的要素，具體來說，這即是現量。而這裏說比量可把對象展示出來的展示，只是一種推衍、推想，不是真實的展現（presentation），而所展示的對象也只是一個概念，不是現實的東西。

67 這種就對象的差別而說現量與比量的區分，可以上溯到陳那。陳那認為我們的認識對象有兩種：自相（sva-lakṣaṇa）與共相（sāmānya-lakṣaṇa），也可說是個別相與一般相、特殊相與普遍相。分別了別這兩種對象相的，是現量與比量。

在這裏，我想可以對法稱的認識論在傳承上作一個簡要的總結。法稱承陳那，在大關節上確認兩種認識手段：現量與比量，亦即直接知覺與推理。在對直接知覺所成的知識中，法稱特別提及這種知識的條件：無錯亂（abhrānta），這是陳那所忽略的。同時，他強調，我們在認識論中要證實某一物體的實在性，需要確定這物體能促成某種意圖（arthakriyā-sāmarthyam），或完成某種效能。這並不近於陳那，反而近於正理派。至於他說對象所帶有的實在性，自然是受到經量部的外界實在說的影響了。總的來說，法稱的認識論有緊貼著我們的實際生活、經驗活動來發揮的傾向。他比較少談終極的形而上的問題甚至覺悟的境界。即使談，也是低調地說。

九、關於現量

如所周知，在佛教邏輯中有兩種學問：西方意義的邏輯推理與認識論。前者的認識手段或量是比量，亦即是推理；後者的認識手段或量是現量，亦即是直接知覺。現量與比量之間有明確的區別，那是由於它們各有自身的功能的原故。現量認識事物或對象的個別相，比量則認識對象的一般相或普遍相。這和西方哲學的認識論有點不同。就康德的認識論來說，我們有兩種認識機能：感性與知性。感性吸取外界的與料，由知性提供範疇整理這些與料，將它們建立為對象，成就對這些與料的知識。感性相應於現量，知性則相應於比量。雙方的意思自然不是完全相同，其中有一重要之點是：在西方哲學的認識論，感性與知性總是聯合在一起，共同作用以成就知識；在佛教邏輯中，分別與感性、知性相應的現量與比量有明確的區分，特別是在認識不同的對象方面，如上面所說。結果，現量成就認識論，比量則成就邏輯推理。此中何以有如此分別，和分別的微細之點，不是這裏要處理的問題。現在回返到法稱的現量思想方面。

如上面所述，陳那把認識手段嚴格地限定為兩種：現量與比量。但在現量方面，則提出許多種：感官現量、意識現量、重度煩惱的心理狀態或作用、瑜伽修行者的覺照和自我現量。感官現量即是眼、耳、鼻、舌、身五種不同感覺功能的現量，不具有分別性。意識現量以意識（mānasa）為主，能感取事物的相狀。煩惱作用是一種自證現量。瑜伽的覺照是瑜伽現量，是瑜伽修行人（yogin）對對象的覺照。最後的自我現量則是對自己的直接覺知。[68]

法稱的現量思想，展示於他的《量評釋》和《正理一滴》中。以下我們看《正理一滴》的說法。法稱說：

tatra pratyakṣaṃ kalpanāpoḍham abhrānta.（NB, p.6, l.15, k.4）

這是說，現量遠離分別（kalpanā），沒有錯亂（bhrānta）。關於這無分別、無錯亂，我在上面也曾涉及，但那是在正確的知識的脈絡下說的；這裏說無分別、無錯亂，則是在現量的脈絡下說的。中間有少許重複之處，但為了較完整地看法稱的意思特別是法上與調伏天的解釋，讓他們的觀點能在《正理一滴》這部傑出的著作中完整顯現，我還是不厭其煩地在這裏從始到末細說一次。法上以為，遠離分別表示沒有分別的性質；沒有錯亂表示不違悖具有作用、效能

68 有關陳那的現量說，戶崎宏正有近似的說法。參看《認識論》上卷，頁 338-339。

的實在物的相狀，如形狀、屬性、顏色等。法上自己也提出一個問題：只說「遠離分別」能否成立現量呢？為了解決這個問題，他認為提出「沒有錯亂」是恰當的。有錯亂，便不能成就現量。不容許錯亂，可以排除種種異說，也排除比量。比量可以對在自身面前顯現的非實在的東西當作對象，而加以判斷，因而可生起錯亂。這種錯亂自然是需要排除的。在這裏，法上又一度強調作用、效能的重要性。他把「沒有錯亂」理解為對於具有作用、效能的實在物的形相沒有悖離。（《法上釋》，頁 225）

調伏天則認為，說現量遠離分別，沒有錯亂，是總義。就分別義來說，遠離分別是拋離（tyakta）分別。沒有錯亂是對於對象不起顛倒（aviparyasta）（見）。他強調，遠離分別是為了使現量與比量簡別開來，因比量也是沒有錯亂的。（《調伏天釋》，頁 117）最後一點的意思應該是，現量與比量都是遠離錯亂的，就遠離錯亂這一特性可以同時把現量與比量從其他有錯亂的東西分別開來。

下面我們即探討法稱的分別觀點。《正理一滴》說：

abhilāpasaṃsargayogya pratibhāsa pratītiḥ kalpanā.
（NB, p.7, l.20, k.5）

這是說，分別是對能結合言說表示出來的表象（pratibhāsa）的認知。按這是直譯法，意思不能流暢地被表達出來。我們可以改說：表象能以言說展示出來，對於這種表象的認知，便是分別。在分別中，我們自然要處理展示表象的言說。按 pratibhāsa 這個字眼，很多時出現在早期的唯識學的論典中，通常譯作「詐現」、「似現」，譯成表象是比較少的，但渡邊照宏和木村俊彥都譯作「表象」，我在這裏姑從之。法上理解表象，強調意義與表現的結合。[69]兩者合起來，便成表象。法稱又強調，在認識中，意義與表現雙方結合起來，才能產生言說。例如，通過約定俗成的方式，「瓶」這樣的對象的概念是伴隨著與「瓶」這一名稱結合起來的對象顯現的。[70]法上頗有實在論的傾向，他以為知覺對象能生起心識（感識），因而獲得確定的在顯現中的表象（按這表象即是形像、形相）。例如色能引生眼識，因而有確定的顯現性的表象生起。不過，他認為意識不同，意識不能從對象生起。法上又認為，要把前此知覺與後此知覺的兩個對象統合為一體的識，就此識本身言，不可能有對象現存，因為前此知覺的對象已不存在了。[71]沒有對象的識不能依附於對象中，而無所依附的東西，由於缺乏顯現性表象的確定的原因（按這應是指對象而言），因此只有不確定的顯現性表象。（《法上釋》，頁226-227）法上在這裏展示出來的詮釋，有相當濃厚的實在論的思想傾向。他說知覺對象能生起心識，這頗有知覺對象在存有論上較心識為根本的意味，這知覺對象自然是指涉外界實在的東西。而說沒有對象的識不能依附於對象中，則沒有對象的識是甚麼呢？它不能依存於對象中，它的存有性格又如何能站得住呢？

調伏天的詮釋與法上不同，他不具有那種濃厚的實在論的傾向。他強調要以言說結合（abhilāpa-saṃsarga）來說表象，這表示表

---

69 意義指涉言說，表現則指涉形相。

70 即是說，瓶是一對象，「瓶」則是一概念，指瓶這一對象的名稱。名稱與實在物相應，於是作為對象的瓶這一實在物便顯現了。

71 這裏說得有點含糊，識根本不能統合前後二知覺的對象。知覺是旋生即滅的，前後二知覺不可能面對同一的顯現性的對象。我們頂多只能說，沒有前此知覺的對象現存，但仍有後此知覺的對象現存。

象缺乏獨立性，需依附言說而顯現。認知即是證知（saṃvedana）、覺知（buddhi）之意。（《調伏天釋》，頁 119-120）這種理解表象的方式讓人想起中觀學（Mādhyamika）所說的假名（prajñapti）。表象依附言說而成立，言說是假名，不指涉任何外界實在的東西。故表象亦不過是假名性格，是施設性的東西，在外界並沒有實在物與它相應。

接著看法稱對錯亂的說法。《正理一滴》說：

> tayā rahitaṃ timirāśubhramaṇa nauyāna saṃkṣobhādy anāhita vibhramaṃ jñānaṃ pratyakṣam.（NB, p.9, ll.4-5, k.6）

其意是，沒有了這分別，也沒有了依眼病、快速運動、航行和故障等錯亂而來的認識，便是現量。法上認為，沒有分別、沒有錯亂兩者是相互依存、相互補足的，由此形成現量的定義。眼病的原因是感官中有錯亂。若把燃燒著的木條快速地旋轉，會構成錯亂，讓人以為是一個火輪。船在航行，船中的人看岸上的樹，好像樹在運動、移動，這便是錯亂。故障則是風質、膽質、痰質等發生了問題。這些東西有故障，木條便好像生起火輪，這便是錯亂。（《法上釋》，頁 228-229）法上的意思是，倘若沒有了以上所列舉的種種有問題的現象，便沒有錯亂；沒有錯亂，便能顯現現量。或者說，現量展現的條件，是沒有了上述的現象。這明顯地透過陳那所闡發的否定或離脫（apoha）的概念來說現量。

調伏天的解釋，與法上相近。他把那些火把、船行現象稱為「生起錯亂的東西」（āhita-vibhrama）。例如，眼病會使人見到兩個月亮（dvicandra darśana）；迅速轉動的火把會使人視之為輪（cakra）；

船航行會使人覺得岸邊的樹向後面移動；風質與膽質等惑亂會使人覺得事物在燃燒。（《調伏天釋》，頁 120-121）調伏天的意思是，這些現象的消失是現量生起的條件。這裏應該有因果關係，但不是異時因果，而是同時因果。錯亂消失是因，現量生起是果，但不是因出現了，隔了一段時間，果才出現。而是，這邊錯亂消失，那邊現量即時現成；甚至連「這邊」、「那邊」的空間性也可以不立，這邊那邊、因與果是同體的。

確定了現量的遠離分別與錯亂的特性後，便處理現量的數目問題。《正理一滴》說：

tac caturvidham.（NB, p.10, l.1, k.7）

即是說，現量有四種。調伏天列出四種現量的名字：感官（indriyaja）現量、意（manas）現量，自證（sva-saṃvedana）現量與瑜伽認識（yogijñāna）。他並提出立這些現量的理由：有人以為「感官（indriya）即是見者（draṣṭṛ）」，為了否定這種說法，因而提出感官現量，表示由感官所生的認識是現量，不是感官便是現量。有人以為「意現量（manaḥ-pratyakṣa）是過失（doṣa）」，因而提出意現量來展示這種過失。有人不承認心（citta）、心所（caitta）的自證性，因而提出自證現量。有人不承認瑜伽者的現量（yogināṃ pratyakṣam），為了否定這說法，因而提出瑜伽認識，這認識是一種現量。（《調伏天釋》，頁 122）按調伏天強調的幾種理由，缺乏獨立而深刻的理據。他的論辯方式是：「有人不承認 A，因而提出 A」。對於 A 是否真能成立，則未有交代。

跟著法稱逐一處理這些現量。他是用「認識」（jñāna）來說，但即是「現量」（pratyakṣa）。在有些場合，他交互使用 pratyakṣa 與 jñāna。jñāna 通常是指智言，指識或心識的，則是 vijñāna。《正理一滴》先說感官認識（indriya jñāna）（NB, p.10, l.3, k.8）。法上的解釋是，這種認識是現量的認識，那是依存於感官而發揮作用的認識。（《法上釋》，頁 229）調伏天則提出，這感官或根是指眼等五根（cakṣurādīni pañcendriyāṇi），而不是指意根（mana indriya）。對於意現量或意認識，則另有解說。而依持眼等根或感官（cakṣurādīndriyāśrita）而生的認識，則是感官所生的現量。（《調伏天釋》，頁 122）按這感官認識的意思很清楚，法上與調伏天都沒有詳細解釋。

關於意識的知識或意識現量，《正理一滴》說：

> svaviṣayānantaraviṣaya sahakāriṇendriya jñānena
> samanantara-pratyayena janitaṃ tan mano-vijñānam.
> （NB, p.10, ll.6-7, k.9）

法稱的意思是，自己跟與自己直接相續的對象共同活動，以感官認識為等無間緣（samanantara-pratyaya），由此而成就的知識，便是意識的知識（mano-vijñāna）。這也是意識現量的定義。依法上的詮釋，直接相續表示沒有間隙，沒有中斷而變為不同狀態。否定了這種間隙，便能成就下一剎那的同種的感官對象。這樣，感官對象在剎那間相續下去，便可成為一連續狀態。對於感官知識來說，這可被視為共同活動的原因。法上以為，這樣依於對象與識而成的共通果實，便是意識，或意識的知識。而以這種感官認識或感覺的知識作為心理的機緣，便成瑜伽現量或瑜伽知識。（《法上釋》，頁 230）

按感官對象在剎那間相續不斷的發展，便可成一連續狀態，這便是等無間緣。而所謂瞑想或觀行（vipaśyānam），如法上所說，是以感官知識為直接所緣的。這所緣可以說是心理的機緣，故這種觀行與瑜伽現量有密切關連。

調伏天的詮釋，則特別重視等無間緣。他提到「自身對象的無間」（svaviṣayānantara）這種說法。即是說，自身對象（svaviṣaya）與下一剎那所生的東西相似，這所生的相似東西即是「無間」。這便是「自身對象的無間」。由於它是一種被對向的對象，因而稱為「自身對象的無間的對向對象」（svaviṣayānantaraviṣaya）。對於感官認識來說，有所謂同緣的作用（sahakāra），這是以自身對象的無間對象為同緣的感官認識，以感官認識為等無間緣，而由它生起的東西，由於只以意識（manas）作為所依（āśrita），因此稱為意識現量（manaḥ-pratyakṣa）。調伏天又補充說，這種意識現量，以感官認識的對象的無間的次一剎那生起的東西為其對象。（《調伏天釋》，頁 123）關於意識現量這樣一種認識能力，從表面的字眼看，自然是矛盾的。現量是知覺，是直覺，是沒有分別性的。意識則是思想的機能，以抽象的、普遍的概念去分別現象事物，有很濃厚的分別意味。無分別性與分別性如何能結合在一起而成意識現量呢？不過，法稱在這裏所提的意識現量，其對象不是感官所認識的對象，而是以這種對象的無間的次一剎那生起的東西為其對象。這便有不同。感官認識的對象是現成的，它已經被置定在那裏，供感官去認識。但意識現量的對象則是尚未生起、尚未現成而又會在下一剎那馬上現起、出現的東西。這種對象與其說是一種一般意義的對象，毋寧應說為一種對象的意義，它還是抽象的，只有意義而沒有實物。下一剎那才成為實物。而由當前瞬間能牽引下一瞬間的對象生起，則是倚賴等無間緣的力量。在這裏，我想我們能夠抓緊這點便行：意識現量的對象不是現前擺在那裏的具體對象，而是這具體對象所能概括的下一剎那的作為抽象概念的對象。我們的著眼點應被置定於那仍然是在抽象階段的對象概念，不應被置定於那正呈現而為感官所認識的具體的對象。因此之故，調伏天以這種在抽象階段的對象概念是依於意識，不是依於感官。甚至認為由等無間緣生起的對象，亦是依於意識。

進一步看，法稱提出意識現量，更能逼近以動感、活動為基礎的存有論。通過感官、感識而表現的現量，有靜態的傾向，而它所認識的，通常都是被視為靜態的對象。它被擺放在那裏，讓現量一剎那一剎那地認識，但每一剎那所得到的對象的形象都不同，這些形象也沒有連貫性。但意識現量則不同，它除了能現見對象外，還能依於等無間緣順推下一剎那、再下一剎那……的對象，而有一連續性。同時，它也能向後逆推前此出現的前一剎那、再前一剎那……的對象。於是，對象便不光是一個靜態的東西，而是具有動感的、不停地活動的流：對象流。這是依於意識具有推展與回憶的功能：推展以後剎那的對象，和回憶以前剎那的對象。這樣，對象便可由靜止不動的質體而動感化，化為一件事件，或一個現象，像西哲懷德海（A. N. Whitehead）所開拓出來的事件（event）和實際的境遇（actual occasion）那樣。這樣，存有論的單位便不必以作為個體物的對象說，而是以活動說。我們甚至可以說，本來被視為處於靜態的實體（substance），轉化而為動感性的、具有生機的機體（organism）了。

第三種現量是自證現量。這是甚麼呢？法稱說：

sarva-citta-caittānām ātma-saṃvedanam.（NB, p.11, l.4, k.10）

這是指一切心（citta）、心所（caitta）的自證認識（ātma-saṃvedana）或自己認識。法上認為，心能把握對象，心所則能指涉、把握快樂之屬的特定情態。心能理解自己而有自證認識，這沒有問題。為甚麼心所也可以有自證認識呢？法上提出，心所或心理狀態對於快樂之類的感受，自身是可以清晰地覺知的，故能說自證。而所謂自證或自我認知，是「自己具有自身」被自己覺知，這也是自證知的現量，或自證現量。法上又就現證、現量一點對知覺對象與心所加以區別開來，強調兩者是不同的。他以我們既可以對顏色對象有知覺，同時內心也可以感到快樂的事例來解說。他認為被把握到的青一類相狀不能作為快樂一類感受而被知覺，理由是快樂一類的感受不能被經驗，像青等顏色可以被經驗那樣。[72]關於現量與形象或相狀的關係，法上表示，對於某種相狀的現量的現證活動若能持續下去，而生判斷，則這相狀便可以說為在現量之中。他又強調，我們若能直接地覺知自我，不起分別，沒有錯亂，便是現量。[73]（《法上釋》，頁 231）

調伏天的解釋則是，文本中的「一切」（sarva）可以包括錯亂的認識（bhrānti-jñānāni）。但是不是這樣呢？我們不能無疑。因為

---

72 我們可以說青色是對象，可以為我們所經驗，對於外在的東西，我們通常說經驗；但快樂一類內在的感受，不能如外在的東西、對象那樣被經驗。感受和經驗是不同的活動。我想法上是這個意思。

73 相狀、形象可以作法說，自我則是我。法上顯然認為，我與法都可以是認識活動特別是現量的認知對象。但這種對我、法的認知究竟是落於哪一層次，法上則沒有作進一步的探索。

上面已說過現量是沒有錯亂的。對於「自證」，調伏天的理解是，對於自己質體（svarūpa）的明察，便是自證。即是，一切心、心所把知識作自性（svabhāva）看，因而生起對自己質體的證知（saṃ-vid-）。[74]調伏天舉燈火（dīpa）為例，以燈火具有照明（prakāśamāna）作用，能照明自己質體，不需其他燈火來照明。同樣，心、心所能知了自身，不需其他智力來觀照。因此，心、心所具有自己成立（svasiddhi）的性能。這便是自己（ātman）的現量。（《調伏天釋》，頁 124）這自己的現量即是自證認識。

最後一種現量是瑜伽現量。法稱說：

> bhūtārtha bhāvanā prakarṣa paryanta jaṃ yogi-jñānaṃ ceti.
> （NB, p.11, l.17, k.11）

法稱的意思是，瑜伽現量是瑜伽修行者的知識，這是由對真實不虛的對象（bhūtārtha）進行瞑想（bhāvanā）而獲致的絕高境界（prakarṣa-paryanta）的認識。法上的詮釋表示，真實不虛即是作為對象的真如（按木村在這裏以對象來說真如，易起誤解，不是很妥

74　按調伏天在這裏提出「自己質體」（svarūpa）和「把知識作自性看」中的「自性」（svabhāva），都不是很恰當的語詞，都會帶來誤解。關於「自己質體」，其中的「質體」的本來字眼是 rūpa，這即是色或相，相當於英語的 matter 或 form，有實質的、體性的意涵，意思相當確定。調伏天在這裏說「自己質體」，這「質體」的意涵不是那麼清晰、確定。它是物理呢？生理呢？心理呢？超越性格的主體性呢？都不確定。至於「自性」（svabhāva），在佛教的文獻中，通常是拿來指述那些緣起法所不具有的常住不變的本性。以自性來說知識，並不恰當。我想自性在這裏應該是性能、效能的意思。

當），那是在正確的認識中見到的事物的狀況。這種認識其實是一種瞑想，一種絕高境界的瞑想，在其中，修行人對於顯現的對象有明確的體證。對於由這瞑想境界生起的如如現前的對象有澄明觀照的，即是瑜伽現量。這種澄明照耀是無分別性格的。甚麼是無分別性格呢？要解答這個問題，需要從有分別或分別知的情狀說起。法上指出，分別知是在言說的約定俗成下對對象的認識，那是與言說結合起來的認識。在言說的約定俗成下的知覺，正是以在言說的約定俗成下的認識作為基礎對對象的覺識。法上進一步探索分別的問題，他強調，現在的事物不能作為過去已消失了的認識對象看。在這種情況，我們只是把捉事物的非存在性而已。要把捉現時消失掉的對象，是不明確的；由於是不明確，因而是有分別性。[75]（《法上釋》，頁 232-233）按不明確性是一種以遮詮的方式來說認識的狀態，而有分別則是以表詮的方式說。由不明確性到分別性，應該透過一種認識論的推演（epistemological deduction）才行，以交代何以不明確性會引致分別性。但法上沒有這樣做。

跟著看調伏天的詮釋，對於瑜伽修行者的這種認識，或瑜伽現量，調伏天有較詳細的疏釋。他首先指出，所謂「真實」（bhūta）即是沒有顛倒（aviparyasta）之意。調伏天以為，這是指原始佛教的四聖諦（catvāry ārya-satyāni）之意。這方面的修證工夫，可視為對真實對象的瞑想。這是絕高的境界。至於瑜伽者的認識，調伏天

---

75 對於現前已消失的事物，我們自然不能以感官去把捉，因感官不具有連續性，而事物也是剎剎不同。倘若一定要把捉，則只能交由意識來做，因意識具有記憶的功能，能夠把前剎那所把捉得的對象的形象記留下來。

的解釋是，以深厚的瞑想工夫，澄明地、清徹地展示已有（bhūta）、現有（bhāvin）、當有（bhaviṣyat）的種種情況，因而生起無錯亂的行相（ākāra）。[76]即是說，對於過去的（atīta）、未來的（anāgata）、遙遠的（dūra）、被覆蓋的（vyavahita）和細微的（sūkṣma）種種存在，能夠明晰地展示出來。這便是瑜伽現量。調伏天作結謂，瑜伽現量是一種無上的（anadhika）心境一如的智慧（cittaikāgrya）。瑜伽修行者或瑜伽自在主（yogīśvara）是這種智慧的體現者，他以已有、當有作為存在的對象而無錯亂地認識之，這種認識或量是正確的認識或量。（《調伏天釋》，頁 124-125）調伏天這樣說瑜伽現量，把它看成是對過去的、未來的、遠的、不顯的和微弱的存在都能滲透進去而加以恰當的、正確的理解的智慧，明顯地有很濃厚的神秘主義的意味。說他把瑜伽現量視為一種東方式的睿智的直覺，殆不為過。

柏來薩特（J. Prasad）把法稱在上面所闡釋的四種現量都視為直接認識：感覺認識（indriya-jñāna）、意識認識（mano-vijñāna）、自我認識（ātma-saṃvedana）和神秘認識（yogi-jñāna）。他的解說頗有意思，我在這裏姑略述如下。感覺認識是依附或屬於感官的知識。意識認識由一種即時的和同源的條件所引發，這條件是有一對象作依附的感覺認識的延續；又這種認識與其自身的對象是直接連接的。實際上，它是被視為具有意識認識的性格的現量：感官作用停止後的現量。按柏來薩特對意識認識解說得不錯，只是有些地方不是很清楚。這裏所說的有對象作依附的感覺認識的延續，其實是

76　這裏所謂「已有」、「現有」、「當有」，意指過去、現在、未來三種時段。

指等無間緣，而依附在對象之上的條件，正是意識的連續性。感官認識是沒有連續性的，是一剎那一剎那地進行的。意識則可說連續性，這是就它的回憶與推想作用而言的：回憶過往的印象，推想、推測在後一剎那中所會得到的形象。由形象的連續性可以推定對象的連續存在性。但在這種情況，外界實在還是不能說。所謂「具有意識認識的性格」、「感官作用停止後的現量」中的「現量」不是純然的、與意識沒有關連的現量，而是自始至終都有意識在伴隨著的現量，因此便可說這現量具有意識認識的性格或作用了。跟著的自我認識是屬於心（citta）和心所（caitta）的認識。前者只把握對象，後者則把握特殊的思維條件。在心所中，對於自己的認識總是現量性的。至於最後的神秘認識則是在對真實性（reality）的性格的瞑思中出現。[77]

十、現量的對象：自相（sva-lakṣaṇa）

上面是講現量的問題，以下講法稱對現量的對象的論述。《正理一滴》說：

tasya viṣayaḥ sva-lakṣaṇam.（NB, p.12, l.13, k.12）

這是說，現量的對象（viṣaya）是自相或個別相（sva-lakṣaṇa）。法上提出，上面所講的那四種現量的對象都是作為個別相而被知。所謂個別相是個體自身的、獨自的相狀、屬性。一般的實在物，都有

---

77 HIE, pp.125-126.

其獨自的性質和共通於他者的性質。前者是由現量所把握。法上又提到，正確的認識對象有兩種，一是被認識的東西在心識中以表象的方式生起；另外一種是由判斷而得到的。這兩種對象是有區別的。現量所把握的是一剎那的東西，而由判斷而得知的東西，則可以依據判斷而相續地不斷地存在下去，這判斷是由現量的力量而生發出來的。（《法上釋》，頁 233-234）按在這裏，法上提出判斷是由現量的力量而生發出來，但如何生發呢？法上未有交代。另外一點是，被認識的東西在心識中以表象的方式生起，這是嚴守唯識的本來的立場，以心識生起表象，而不取有部或經量部的外界實在的觀點，以表象是由外界的對象生起的。

調伏天則強調，現量所認識的對象，只能是個別相或自相（sva-lakṣaṇa），而不能是普遍相或共相（sāmānya-lakṣaṇa）。為甚麼呢？相對於非實在的物事（avastuka）來說，可以通過認識（upalabdhi）而得的，是實在的事物（vastu）的自性（svabhāva）。（《調伏天釋》，頁 126-127）這裏說的自性，自然不是實體義，而是指自相。

法稱又強調對象距離我們有遠近的不同，因而便在外形上有差別。《正理一滴》說：

> yasyārthasya saṃnidhānāsaṃnidhānābhyāṃ
> jñāna-pratibhāsa-bhedas tat sva-lakṣaṇam.（NB, p.13, l.1, k.13）

法上的詮釋是，對象依於與我們或遠或近的不同因而在知覺中有不同的顯現，這便是個別相。對象（artha）即是境或對境。這是知覺的對象。知覺依於對象與我們的距離不同而展示出它所把捉得的對象有明晰與不明晰的差別。這樣的東西，正是個別相，或自相。一切的實在物，遠則看得不清晰，近則看得清晰，這便是個別相。（《法上釋》，頁 234）在這裏，法上以顯現來說梵文名相 pratibhāsa，這是唯識學的一個關鍵性的概念。又為甚麼個別相是現量的對象呢？這在跟著的文字中會解釋。

調伏天的解釋，大體上相似。他提出我們應該如何對個別相作理解（pratipattavya）。他指出，擺在近前與在遠處的對象，其形象在認識中有明晰與不明晰（sphuṭatvāsphuṭatva）的分別。按 sphuṭatva 是明晰性，asphuṭatva 則是不明晰性。調伏天的意思是，若在近處，則生起具有明晰形象的認識；若在遠處，則生起具有不明晰形象的認識。就對象（artha）來說，它在認識中顯現不同的形象，這就是個別相。對於 pratibhāsa，調伏天以「影像」來說。（《調伏天釋》，頁 127）照筆者看，顯現與影像之間，顯現的意思較有積極義。

跟著，法稱提出「勝義」（paramārtha）來說現量的對象。《正理一滴》說：

tad eva paramārtha-sat.（NB, p.13, l.10, k.14）

即是說，只有這種東西，亦即是現量的對象，是勝義的存在（paramārtha-sat）。法上指出，勝義是非人為、非構想的性格。具有這種性格的東西，是勝義有。只有它是現量的對象。（《法上釋》，頁 235）至於何以這樣的東西是勝義有呢？仍未回答，這要在下一段文字中解釋。

調伏天的詮釋是，「勝義」（paramārtha）是沒有作為（akṛtrima）、沒有假設（anāropita）的意思。（《調伏天釋》，頁 127）按這沒有作為、沒有假設應是在時空的脈絡中說的，而所謂個別相，亦應是在時空下存在的個別相。不過，這裏頗有一個矛盾：倘若所謂勝義是與世俗所說的勝義相對，則應該是超越時空的。只有世俗的東西才有時空性。這又牽連到現量的作用問題。現量是在時空中作用呢，抑是不受限於時空而作用呢？以康德的詞彙來說，現量是感性的直覺抑是睿智的直覺呢？這個問題，其實在陳那的知識論中已存在。一般的說法仍是：現量是感性的，不是睿智性的。這又關連到現量的對象是自相，這自相是否物自身的問題。戶崎宏正認為自相即是物自身，我則不以為然。這是多年前我們在日本九州太宰府討論及的一個問題。

跟著，法稱提到作用、效能的問題。《正理一滴》說：

> arthakriyā-sāmarthya-lakṣaṇatvād eva vastunaḥ.
>
> （NB, p.13, l.15, k.15）

這是說，實在物的特質，是具有作用的效能。法上的解釋是，我們欲求某些東西，是由於它們有用。在我們的生活中，有應捨棄的東西，有應保留的東西。由作用可以通到目的，在其上若加上人的作為，便有成就了。他認為實在物具有力用，這力用是它的特質。（《法上釋》，頁 235）法上又強調，「實在物」與「勝義有」是同義語。[78] 具有作用、效能的東西是勝義有，依於或遠或近而在知覺中有不同顯現的對象，具有作用、效能，故是勝義有。我們可以從現量的對

78　按這與我們一般的用法不同，一般的用法是，實在物指作為現象看的事物，勝義有則指具有超越性格、不受限於時空的東西。

象方面得到作用，但不能從分別的對象方面得到。法上並表示，在被知覺的東西中是有作用的，因此這種實在物是個別相，不是推理的對象。（Idem.）按分別的對象即是概念，不是實在物，故不能說作用。

調伏天的詮釋是，實在物是以具有作用的效能作為其特質的。調氏提出這是法稱在回應外人問何以只有個別相是勝義的存在而提出的。調氏指出，實在物具有作用（kriyā），他很重視實在物的作用效能（arthakriyā-sāmarthya），以之為實在物的本性、特質。（《調伏天釋》，頁 128）按這作用效能應是在時空中表現出來的，這明顯地是調伏天承繼了法稱的實用主義的觀點。

這些具有作用效能的實在物到底是甚麼東西呢？日本學者桂紹隆表示，法稱認為「知識的對象是集合起來的多數的原子」這種經量部的說法是對的，這種說法是世親的《唯識二十論》與陳那的《觀所緣緣論》以來被否定的。桂氏認為，法稱的思想有經量部的傾向；在法稱看來，直接知覺即現量的對象（即獨自相）正是在外界積集起來的原子群。[79]桂紹隆的這種看法，是假定法稱思想與經量部思想有交集甚至是密切的交集而提出的。雙方交集的程度，仍是一個有待探究的問題。由於經量部的資料很有限，這個問題不易解決。

在佛教之外的其他印度哲學學派，例如彌曼差派（Mīmāṃsā），有與法稱對於直接的現量與它的對象亦即自相的觀點相近似但又較為複雜的說法，這裏姑述說一下。此派的重要人物古摩里羅（Kumārila）在他的《頌評釋》（*Śloka-vārttika*）中，探討過直接知

---

79 桂紹隆著〈ダルマキールティにおける「自己認識」の理論〉，《南都佛教》第 23 號，南都佛教研究會，東大寺，1969，頁 20-21。

覺（pratyakṣa）的知識或直接知識，表示直接知識是由一個人所得，是感官正確地作用於其相應的對象而得。他以為直接知識可分兩種。其一是純然的把握（ālocana-jñānam），是非分別的（nirvikalpakam），由純然的對象引生出來（śuddhavastu-jam）。在這種作用中，只有作為特殊性（viśeṣa）與普遍性（sāmānya）的根底的個別的對象被認識。這兩種性格（特殊性與普遍性）隱藏於對象中，但認識者並未覺察到它們的特性。即是說，這對象並未被視為是特殊的（asādharaṇatvena），也未被視為是普遍的（sāmānyam iti nāpi）。另一種直接知識則是，在其中，對象的屬性，例如普遍性，被顯示出來。《頌評釋》強調，一切認識，只要是感官與對象接觸的結果，不管是分別的抑是非分別的，都被視為直接知識。倘若沒有感官的接觸，則不視為直接知識。[80]古摩里羅在這裏所說的直接知識，毫無疑問地相應於法稱所說的現量對自相所成就的知識，雖然前者複雜得多。法稱的問題在於以勝義來說現量和自相，這便不尋常。通常佛教說到勝義，有「第一義」的意思，這是與俗諦相對揚的真諦的所涵，相應於睿智的直覺，而不相應於感性直覺。現量應該是在這個脈絡中說的。與睿智的直覺相應的，應該是現量中的瑜伽現量或柏來薩特所提的法稱說的神秘認識，但一般說現量，是就感性直覺說，它所認識的對象，是現象義的自相，而不是物自身。這是我不贊同戶崎宏正說自相相當於物自身的理由。古摩里羅在說到直接知識時，總是強調關連到感官方面，這便比較清楚。法稱所講的現量，也應以感性、感官為主。

---

80 HIE, pp.155-156.

十一、瑜伽現量

倘若我們以嚴格意義的知識論來立論，如康德所建立的那樣，則我們的認知能力只有兩種：感性與知性，這正相應於陳那與法稱的現量與比量。而感性或現量只認識事物或對象的個別相或自相，知性或比量則認識事物的普遍相。這樣便不會有戶崎宏正以自相即是物自身的說法。而認識物自身的能力，康德認為只有睿智的直覺（intellektuelle Anschauung），在佛教一般，則有相應的說法，這即是般若智（prajñā）認識事物的空性，或真如。在陳那、法稱的體系來說，他們特別是法稱把般若智說為是瑜伽現量（yogi-jñāna），這個語詞的最恰當的表示式應該是 yogi-pratyakṣa。這大體上相當於康德的睿智的直覺。但康德認為人沒有這種直覺，只有上帝有之，故人不能認知物自身。法稱則認為人亦可有這種認識能力，以認知、體證作為終極真理的空性、真如。

法稱在《量評釋》中說：

> prāg uktaṃ yogināṃ jñānaṃ teṣāṃ tad bhāvanāmayam,
> vidhūtakalpanājalaṃ spaṣṭam evāvabhāsate.
> （PV-P, p.121, ll.1-2, k.281）

法稱表示，這瑜伽現量是指作瑜伽修行或實踐的人的認識。[81]這種

---

81 嚴格來說，這不應稱為認識，而應稱為體證、證成。因為所處理的東西不是現象層次，而是物自身層次。不過，有時我們為方便計，也稱為認識。

認識遠離一切分別的羅網，讓所知的東西歷歷在目。這種說法，扼要而清晰地展示出一種成覺悟、得解脫的途徑。戶崎宏正指出法稱的後學如智作護（Prajñākaragupta）、意車善（Manorathanandin）和帝釋覺（Devendrabuddhi）等人這個意思，大體上是依從「修行→無分別的境界→對象歷歷在目」或「修行→對象歷歷在目→無分別的境界」這樣的漸進的程序來理解。[82]這與唯識學一向依循的漸進的修習路向也很相應。

有一點是可以肯定地說的：《量評釋》說：

na vikalpānubaddhasyāsti sphuṭārthāvabhāsitā.
（PV-P, p.121, l.5, k.283）

即是，法稱認為，與分別相互連結起來的知識，不可能清晰地把對象呈顯、展現出來。這是很自然的。分別表示概念的運用，這種運用或認知，只能把對象作為現象來理解。要對對象作出歷歷分明、就其自身來理解，必須克服種種分別思維，要無分別地理解。在這方面，便存在著一種對於對象的即時體現或現證（adhyakṣa）的問題。法稱認為，我們通常是透過分別的方式去對言說的對象（śabdārtha）進行理解，而構成知識。但這種知識不是現證的性格，後者是超越一切分別的，而是無分別的。知識本身，以至對象的自身，不是言說的對象，這些東西需要現見、親證，與相對性格扯不上關係。這在《量評釋》中的一首偈頌顯示出來：

82　《認識論》上卷，頁377。

śabdārthagrāhi yad yatra taj jñānaṃ tatra kalpanā,
svarūpañ ca na śabdārthas tatrādhyakṣam ato 'khilam.
（PV-P, p.122, ll.1-2, k.287）

按這裏存在著一個問題。通常我們說親見、現見對象，而不多說親見、現見對象的知識。這是知識論上的共同觀點。即是，對於外界的對象，或作為現象看的東西，我們可以建立知識；這種知識是有分別性格的，是概念性、範疇性的。但對於這種知識本身，法稱似又說及一種現見、親證，視之為遠離分別的。現在的問題是，對外界的知識或認知能力，與對知識本身的現見、親證，是否一體呢？倘若不是一體，則我們要對這種現見、親證有一個理性的交代，要說明它的來源，討論它與其他的理性能力，例如道德理性的關連。這很不容易做。倘若是一體，則我們又要把我們的認知能力的層次區分清楚，起碼有兩層，其一是有分別的，另一是沒有分別的。二者如何結成一體？倘若以筆者的純粹力動現象學中純粹力動下墮而屈折成世諦智以認知現象世界與保持自身的明覺、睿智以了知本體及現象、本體不離的說法來看，則有分別的知識能力應相當於世諦智，無分別的現見、親證應相當於純粹力動自身的明覺、睿智。[83]

不過，戶崎宏正有他自己的解釋，他把我們對於對象的知識與對象看成是同一的東西。[84]這樣的詮釋可以省去很多麻煩，正確的可能性也很大。但這是否表示法稱的原意，畢竟難以決定。

---

83 參看吳汝鈞著《純粹力動現象學》附篇第三章〈純粹力動屈折而開世諦智與良知坎陷而開知性的比較〉，頁 787-809。

84 《認識論》上卷，頁 381。

顧名思義，法稱的瑜伽現量作為一種睿智性的認知能力，與古印度流行的瑜伽實踐有一定的關連。這種實踐是一種有靜態傾向的瞑想活動。瑜伽學派的基本典籍《瑜伽經》（*Yoga-sūtra*）說到量或認識機能，包含現量（pratyakṣa）、比量（anumāna）和聖言量（āgama）。同時，它也提到人可以透過瑜伽的實踐，以成就一種睿智或智慧（prajñā），這種智慧可以讓人照見終極的、絕對的、宗教意義的真理，可被視為一種神秘的直覺（mystische Anschauung），近於康德所說的睿智的直覺（intellektuelle Anschauung）。前蘇聯學者徹爾巴特斯基也提到類似的直覺，他先說一切經驗知識都受到我們的感官機能的限制。但佛、菩薩具有另外一種睿智性的（intelligible）、非感性的直覺，可直接理解、證成一切事物，而成為全知的（omniscient）存在。[85]他又提到一種純粹感覺（pure sensation），是被動性的、非建構性的，也是非主觀性的；這種感覺是超越地真實的，不是虛妄的。[86]他說的這樣的睿智性的直覺或純粹感覺，與法稱的瑜伽現量極可能相應於同一的認知機能，徹氏稱這種瑜伽現量為「聖者的睿智性的直覺」（intelligible intuition of the Saint）。徹氏將這種直覺理解為能夠直接地像我們在感覺的第一瞬間所得到的那樣去理解實在性（reality）。他認為這種直覺的知識是不受限制的，能像近者那樣知道遠者，像對現前者那樣知道過去物與未來物。它不必以辯證的概念來知了事物，只以直接的直

85　BL, I, p.154.

86　Ibid., p.155. 按這種純粹感覺會讓人想到西田幾多郎所提的純粹經驗一觀念。但我們要分清楚，純粹經驗有存有論的意涵，也有動感，它是先在於一切主、客的東西。但徹氏所說的純粹感覺是非建構性的，因而也沒有存有論的意涵，也很難說動感。

覺（direct intuition）來知了。最後他斷定，這樣的知（識）不含有虛妄成分。[87]按徹爾巴特斯基在這裏所說的與瑜伽現量近似的聖者的睿智性的直覺，大體上通於康德的睿智的直覺，但他所說的直覺與知性之知之間的界線不是很清楚，也未有作出現象與物自身的區分。以知遠者不異於近者表示超越了空間概念，光是這樣說不足以盡「睿智」的所涵。特別是，他強調這種直覺不必以辯證的概念來理解事物，只以直接的直覺便能理解，這便偏離了康德的睿智的直覺的正軌了。倘若一種直覺只有直接性，而無辯證性，則與感性直覺有甚麼不同呢？徹氏在這裏似乎忘記了康德的睿智的直覺能理解物自身，而感性直覺則不能，它只能理解現象。「睿智」之為睿智性格，全在於它有辯證的、逆反的意味。華嚴宗說「一即一切，一切即一」，般若思想說「所謂佛法者，即非佛法」，天台宗說「煩惱即菩提，生死即涅槃」，以至西田幾多郎說「逆對應」，都是辯證意涵的展示。徹氏在這裏說這種話，很不適宜。在佛教，一切智理解普遍性，道種智理解特殊性，一切種智綜合一切智與道種智，是一種辯證性格的綜合。必須要有這種綜合，全面的智慧才能開拓出來。東方人在這種智慧、思考方面是很強的，可惜徹爾巴特斯基在這方面讀書不足，因而未有恰當的理解。

徹氏又把法稱的純粹感覺關連到意象（image）方面去，表示在純粹感覺中的意象是不可言詮的。他說明：對於一束顏色，倘若我們收回一切對它的想法，使意識還原到純質（rigidity）的狀態（stimitena cetasā），好像沒有了意識，這便是純粹感覺（akṣa-jā matiḥ）了。他另外又說，倘若我們從這種純質的狀態醒覺開來，開

87　Ibid., p.162.

始思考，感到有一意象（一束顏色的意象）；正在此之前，我們還未能說出那種 rigid 狀態，這便是純粹感覺（indriyād gatau）。[88]徹氏以不同的語詞來指涉純粹感覺，讓它的意涵變得模糊起來。一方面說在純粹感覺中的意象，是不可言詮的；但又說我們開始思考時，感到有這意象。那麼意象是不是完全不可言詮，完全不可思考呢？何以說我們開始思考，便感到有意象呢？這不是很清楚、確定。

徹氏又把相關的主題關連到柏格森（H. Bergson）方面去。他指出對於法稱的純粹感覺的觀點，柏格森有相同的說法。柏氏表示，當我們所有的知覺消失掉，我們的意識會被還原到極端貧乏的狀態，這極端貧乏的狀態便相應於純粹感覺。[89]關於柏格森所說的意識的極端貧乏狀態，並不表示意識死了，不能活動了。在這種狀態下的意識仍是活的，只是它不生起任何概念或思考。

徹氏又引述蓮華戒（Kamalaśīla）的看法，後者認為，當一對象以其絕對的個別性（absolute particularity）呈現時，我們對它有一種意識狀態，這正是純粹感覺（akṣāśritam upajāyate），它毫無內容可言。[90]在這裏，有兩點要注意，一是所謂「絕對的個別性」這種語詞在邏輯上是不能成立的。個別性只能在經驗方面說，而經驗不可能是絕對的。絕對性只能與超越性連在一起說，而超越性正是經驗或經驗性的對反概念。另外，純粹感覺超越一切意識思維，它不可能是一種意識狀態，它是無意識的。蓮華戒的說法，只能從辯證的角度來理解。

88　Ibid., p.151.

89　Idem.

90　Ibid., p.152.

嚴格地說，法稱的瑜伽現量和康德的睿智的直覺都是辯證性格的，這是理解終極真理或原理的恰當的認識能力，而終極真理或原理應該是超邏輯的、辯證性格的。必須是這樣，它才能含有豐富的內容。柏來薩特也提過，彌曼差派的古摩里羅特別強調一種智思性的直覺（savikalpaka pratyakṣa）亦能生起直接知識。[91]他特別反對佛教的一些思想家，他們認為只有非智思的、非反思的知識才是直接知識。[92]

實際上，在正理勝論派的思想中，的確可以看到「無分別的現量」（nirvikalpaka pratyakṣa）與「有分別的現量」（savikalpaka pratyakṣa）這兩個概念。有些正理勝論派的學者也認為兩者可以統一起來，即是說，現量可以是無分別的，亦可以是有分別的。有分別的現量比較接近睿智的直覺。顯然這兩者的現量本來是同一的現量，但分別與其他機能結合起來，因而便有不同。由此我們可以在下面探討一下與這個問題有密切關係的意識現量一概念。

十二、意識現量

實際上，我在上面第九節已經談及意識現量問題，而且花了不少篇幅。那是就法稱的《正理一滴》和法上、調伏天的疏解而做的。在這裏我想進一步看法稱的《量評釋》和參考戶崎宏正的觀點再作說明。為了讓眉目清楚起見，我先把上面第九節所探討的扼要地重

---

91 這意味著，直接知識不必只由純然的直覺而來，智思性的直覺也能生起直接知識。

92 HIE, p.146.

溫一下。法稱理解意識現量是：自己跟與自己直接相續的對象共同活動，以感官認識為等無間緣（samanantara-pratyaya）以成就知識。在這裏，我們要注意以下諸點：一、等無間緣是感官對象在剎那間相續不斷地發展，而成一連續狀態。二、因此，這是自身的對象的無間狀態（svaviṣayānantara）。三、由於活動或認識只以意識為所依，因此稱為意識現量。這是以感官認識的對象的無間的前一剎那生起的東西為其對象。四、由當前瞬間牽引下一瞬間的對象生起，需要依靠等無間緣的力量。五、意識現量的對象不是擺在現前地方的具體對象，而是這對象的下一瞬間才出現的對象。這現前的具體對象與下一瞬間出現的對象有連貫性，故為同一。

以下我們就《量評釋》來看意識現量。《量評釋》說：

> svārthānvayārthāpekṣaiva hetur indriyajā matiḥ,
> tato 'nyagrahāṇe 'py asya niyatagrāhyatā matā.
> （PV-P, p.114, ll.7-8, k.244）

實話實說，法稱在上面說到的幾種現量中，意識現量無疑是最具爭議的空間。《量評釋》的上面偈頌的意思是，意識能感得對象，感官也能感得對象，這兩個對象是同抑是不同呢？法稱認為，在前一瞬間感官認識對象 a，這對象 a 在後一瞬間轉為對象 b，此時感官認識成了意識的等無間緣，因而意識得以生起，而認識對象 b。按法稱繼承陳那的知識論的觀點，他首先碰到其中的一個難題，這即是偈頌中所說的對象 a 與對象 b 是相同抑是不相同呢？法稱的回應是，這兩個對象有連貫性，故為相同。

《量評釋》在下面跟著說：

asataḥ prāg asāmarthyāt paścāc cānupayogataḥ,[93]
prāgbhāvaḥ sarvahetūnāṃ nāto ’rthaḥ svadhiyā saha.
（PV-P, p.114, ll.11-12, k.246）

這是第二難題：作為果的知識與對象的成立，是同時發生抑是不同時發生呢？法稱所持的是不同時或異時發生說。他說明：在果生起前的事物，沒有生果的能力。與果同時存在的事物，對果的生起沒有影響，不起作用。一切以因的身份存在的對象，在果生起前已在那裏了，故與作為知識的果不是同時一齊存在的。

戶崎參考法上的疏解補充謂，意識在感官停止運作時成為現量，在感官運作時，對於色（物質）的現量的知識是依於感官的。戶崎接著提出一非常重要之點，他認為，法上的疏解含有如下的意思：感官在運作時，只有感官知識生起；感官停止運作時，意識便生起，而且作為現量而生起。這便是意識現量。[94]

倘若暫時離開文獻，凌空一點來看，意識與現量是不同的認識機能，現量是直接知覺，是直覺，認識對象的個別相（sva-lakṣaṇa），意識則是推理，或稱為比量，是思考力，認識對象的普遍相（sāmānya-lakṣaṇa）。這在陳那已決定下來了。一個是直覺，一個是思考力，各有不同的認識機能，雙方怎能結合在一起，而成為一種既能直覺又能思考的統合的認識機能呢？這的確是一煞費思量的知識論的問題。我曾與另一學者服部正明討論了好一段時間，我問

93 此前半頌依 R. C. Pandeya 之校本，與戶崎宏正所依本子不同。參看《認識論》上卷，頁 344。

94 Idem.

他答，我來他往，最後勉強達成一個共識：在感官認識亦即是現量進行時，認識一個個別的對象，意識也即是比量同時也伴隨著這感官認識而作用，以概念來概括這個對象，雙方的作用可以互不相礙，甚至有互補的作用。後來我想起，世親（Vasubandhu）在他的《唯識三十頌》（*Triṃśikāvijñaptimātratāsiddhi*）中第十六頌說如下：

manovijñānasaṃbhūtiḥ sarvadāsaṃjñikād ṛte,
samāpattidvayān middhān mūrchanād apy acittakāt.[95]

對於這首偈頌，玄奘的翻譯是：

意識常現起，除生無想天，及無心二定，睡眠與悶絕。[96]

即是說，在一般情況下，意識會經常現起。只有在五種情況下，意識才會停止作用。這是所謂「五位」：無想天（āsaṃjñika）、無想定（āsaṃjñi-samāpatti）、滅盡定（nirodha-samāpatti）、睡眠（middha）和悶絕（mūrchana）。無想天是修習無想定而達到的境界，意識不起念想，因而不會現行。無想定是滅除所有念想的禪定，意識也不

---

95 Sylvain Lévi, *Vijñaptimātratāsiddhi*, deux traités de Vasubandhu, Viṃśatikā accompagnée d'une explication en prose et Triṃśikā avec le commentaire de Sthiramati. Paris, 1925, p.34, ll.13-14, k.16. 筆者按：李維（Sylvain Lévi）所校印的這一安慧（Sthiramati）的《唯識三十論釋》（*Triṃśikāvijñaptibhaṣya*）中附有的世親的《唯識三十頌》第十六偈的梵文天城體 mūrchanād 一字中漏了 r 一字母，應加上。

96 《大正藏》31·60 下。

現行。這兩種修行在意味上有重疊。滅盡定是滅除一切貪念，也止息一切煩惱，意識也不現行。至於睡眠和悶絕或昏倒，意識也停止了作用。[97]即是說，在一般以感官機能認識對象時，意識總是在後面產生作用，不會和感官活動分離開來。

總合《量評釋》與《正理一滴》的說法，法稱的意識現量思想可作如下概括：感官認識對象，又作為等無間緣，扮演中介的作用，讓意識認識該對象。由於對象本身具有連貫性，故始終保持同一狀態。另外，感官與意識分別在前後剎那作用，故不是同時，而是異時。只有這最後異時一點，與我和服部正明所得到的共識有落差。

以下看一下印度著名學者穆克己如何看法稱的意識現量概念。他以思維知覺（mano-vijñāna）來說意識現量。他指出，法稱認為思維知覺並不認知感官知覺的自我同一的對象（self-same object），但只認知對象的確切的影像（exact facsimile），這影像在對象的序列中在次一瞬間即時跳現出來。法稱認為，這種思維知覺是由以下兩種力量合同地作用而引生的：一、感官知覺；二、客觀與料。感官知覺是思維知覺（穆氏作 mental perception）的即時的實質的原因（samanantara-pratyaya，等無間緣）。客觀與料則是在次一瞬間跳現出來，成為感官知覺的對象的確切的影像。因此，思維知覺是感官知覺和一個客觀與料的聯合產物。沒有感官知覺為媒介，思維知覺是不能出現的。因此，一個盲人不能有對於顏色的知覺，因為他沒有作為思維知覺的直前的原因：視的知覺或視覺。另外，思維知覺也不是多餘的，因為它的對象可以完全明晰地與感官知覺的對象

97　有關這一偈頌的詳細意思，參看拙著《唯識現象學一：世親與護法》，臺北：臺灣學生書局，2002，頁 141-152。

區別開來。不過，穆克己指出，這種思維知覺只能在感官完全停止作用後才能出現，不然的話，便不可能把這兩種作用區別開來。[98]

就我在上面引述《量評釋》與《正理一滴》的文字和我跟服部正明討論的所得來看，穆克己對意識現量的說法，有幾點值得注意：一、他以思維知覺（mental perception）來說意識現量，提出 mano-vijñāna 一語詞。在唯識佛學，相應於 vijñāna 的是識，相應於 jñāna 的是智。前者有虛妄執著的意味，後者則指智慧，因此有轉依或轉識成智的提法。穆克己把 vijñāna 關連到意識現量方面去，有把這種認知能力視為負面性格的傾向。二、法稱在《正理一滴》中說意識與感官所感得的對象有一貫性，因而是相同的對象。亦即是說，意識現量與感官的對象是相同的。穆氏則強調法稱的思維知覺並不認知感官知覺的自我同一的對象，亦即是認為意識現量的對象不同於感官的對象，前者其實是一影像而已。三、在等無間緣問題方面，穆氏大體上說出了《量評釋》和《正理一滴》的意思，即是：感官知覺是意識現量的等無間緣。四、穆氏指出，思維知覺需以感官知覺為媒介才能生起，這有意識現量不具有獨立性的意味，這可以說是與《量評釋》、《正理一滴》的說法相一致。

由上面的論述可以見到，法稱的意識現量一概念（複合概念）是一個很麻煩的問題。再看徹爾巴特斯基的說法，則意識現量更是一個矛盾的概念了。徹氏提到，就佛教來說，他們並不否定我們以知覺（或現量）知了一個現前的火頭（a present fire），以推理（或比量）知了一個不是現前的火頭。這兩種資源除了具有經驗的分別外，還有一種真實的、終極地真實的或超越的（transcendental）分

98 UF, pp.312-313.

別：這兩個源頭都各有其自身的對象、作用和效果。徹氏又提到，佛教接受這樣的理論，以這樣的知識的源頭各有其界限，互不相犯對方的界限。[99]倘若佛教真如徹爾巴特斯基所說，則知覺或現量與意識或比量各有自家的認識的對象，這對象兩不相涉，則現量與意識便不能結合在一起，而「意識現量」作為一個複合概念也不可能成立。看來我們對這個麻煩的概念還大有進一步研究的空間。

十三、似現量問題

現量是正確的認識或正確的認識手段。以上我們談過法稱對幾種現量的觀點。這裏我們附帶提一下所謂似現量（pratyakṣa-ābhāsa）。這是與現量對說的一種不完整、不正確的認識或認識手段。這即是，我們在直接理解客觀事物時，由於五感官有毛病，而生起錯誤的認識，例如錯誤地認樁子為人，這即是似現量。

關於似現量，陳那在他的《集量論》中提到有以下幾種：錯誤之知（bhrāntijñāna）、以世俗的東西為有之知（saṃvṛtisajjñāna）、基於比量而來之知（按就比量的理解而言則是正確的）、想像和欲望。翳眼（sataimira）之知也包含在裏面。[100]錯誤之知是一種幻覺，如海市蜃樓的印象。以世俗的東西為有，是不必要的在知識上的增益。至於比量之知與基於比量而成立之知，則是由於有分別在內，

---

99 BL, I, p.73.

100 翳即是遮蓋之意。在醫學上有所謂白翳，指眼珠上長有白膜，能遮擋視線。這是一種眼疾。戶崎宏正指出，關於這翳眼之知，陳那曾否作為一種似現量而提出來，仍是存疑。他的《因明正理門論》（*Nyāyamukha*）未有提過。（《認識論》上卷，頁382）

因而不能作為正確的現量看。在這裏，陳那以很嚴格的角度來看知識的問題，這種知識與我們為了求覺悟、得解脫的理想有一定的關聯。他肯定不會滿足於康德的知識論中所涉及的知識的程度，而有以超越之。本來，由比量而得來的知識，是無所謂的，但由於比量是運用概念的，其中必有分別、計量在內，他也要排開，這很明顯地展示出「現量除分別」的根本觀點。

對於這似現量，法稱的《量評釋》說：

> trividhaṃ kalpanājñānam āśrayopaplavodbhavam,
> avikalpakam ekañ ca pratyakṣābhañ caturvidham.
> （PV-P, p.122, ll.3-4, k.288）

在這裏，法稱對於陳那所提出的似現量，進一步分為四種。其中三種是有分別性的，另一種則是由於感官在非正常狀態，因而生起錯亂，但它是無分別的傾向的。[101]

進一步，《量評釋》說：

> anakṣajatvasiddhyartham ukte dve bhrāntidarśanāt,
> siddhānumādivacanaṃ sādhanāyaiva pūrvayoḥ.
> （PV-P, p.122, ll.5-6, k.289）

---

101 我的解讀法稱的這首偈頌，偏向義理方面。這與維特（T. Vetter）偏重在文獻學方面有些微落差，有興趣的讀者可參考 T. Vetter, *Erkenntnisprobleme bei Dharmakīrti*. Wien: Hermann Böhlaus Nachf, 1964, S.39。那是他做的德譯。上面曾表示此書簡作 ED，這裏姑再提一下。

法稱要說明的是，關於三種有分別性的似現量，其中的錯亂之知和以世俗為有之知，都不是由感官生起的。比量亦與這兩種知識一樣，與感官沒有關連。法稱顯然很留意錯亂之知與以世俗為有之知，認為這兩種知識一般都被世人錯誤地視為是由感官方面生起的。這是不對的。法稱認為，這兩種知識是在感官的現量生起後才跟隨著生起的。他提到陳那，表示陳那為了消除這種錯誤的觀點，便以比量為例，說明這兩種知識都與比量一樣，不是由感官生起的知識。這即是，像比量這些不可以視覺接觸的東西為對象而成就的（沒有分別的）認識，是依於一般社會的慣習和人的想像力而成的，它不能指涉現前的對象。（saṃketasaṃśrayānyārthasamāropavikalpane, na pratyakṣānuvṛttitvāt kadācid bhrāntikāraṇam. yathaiveyaṃ parokṣārthakalpanā smaraṇātmikā, samayāpekṣiṇī nārthaṃ pratyakṣam adhyavasyati. PV-P, p.122, ll.7-8, k.290; p.123, ll.1-2, k.291.）按戶崎宏正的《認識論》上卷頁 386 在 pratyakṣānuvṛttitvāt 之前缺寫 na，但附有註明 13，我在這裏依彭迪耶（R. C. Pandeya）校本列出，另外在他處也與彭迪耶校本不符，但這是專門的文獻學問題，這裏不多作標示）以上是說有分別的似現量，這有三種。這很符合陳那的「現量除分別」的基本理解。另外一種是無分別的，這是上面提到的翳眼之知（sataimira，含有翳 timira 眼之知，例如看見有兩個月亮），但它不能被視為現量。翳（timira）表示感官的缺憾，這缺憾也不只限於眼部，也可指涉耳、鼻、舌、身等部。法稱認為，由感官的缺憾而生的知識，都要從現量中排除開來，而為似現量。（apavādaś caturtho 'tra tenoktam upaghātajam, kevalaṃ tatra timiram upaghātopalakṣaṇam. PV-P, p.123, ll.5-6, k.293）[102]

這裏我們可以來一個總結，法稱認為，所謂似現量，不管是有分別性抑是無分別性，都具有欺騙的成分，它的知識性或量性不能成立。《量評釋》說：

> tasmāt tasyāvikalpe 'pi prāmāṇyaṃ pratiṣidhyate,
> visaṃvādāt tadarthañ ca pratyakṣābhaṃ dvidhoditam.
> （PV-P, p.124, ll.7-8, k.300）

十四、共相（sāmānya-lakṣaṇa）

上面討論過法稱的自相論，那是現量的認識對象，是個別相，只有當事人去經驗，不能與他人分享。共相則是自相的對反面，不是主觀性的，而是客觀性的。自相對每一個人都不同，共相則對一切人都是如此。我們也可以說，自相是經驗性格，是感性的；共相則是概念性格，是理性的、知性的。這是對自相、共相的一般理解。

法稱的共相思想，大體上也是如此。《正理一滴》說：

> anyat sāmānya-lakṣaṇam.（NB, p.14, l.3, k.16）

這是說，共相則不是這樣，或共相是不同的（anyat），不同於自相也。法上指出，與個別相不同的、不是個別相的認識對象，是共相。

102　也可參考維特（T. Vetter）的德譯，ED, SS.39-40。

他強調，由分別知而被推理出來的對象，不管是在遠處抑是在近處，其認識表象都沒有差異，也沒有明晰與不明晰的差異。這是與個別相不同的共相。（《法上釋》，頁 235-236）按由於共相不是具體的，也不是時空性的，而是抽象的、超時空的，故不受遠近距離的影響。它不是實在的，沒有形相，故亦無明晰、不明晰的差別。後二者是就形相說的。法上又說，共相表示普遍的性質、相狀，它是由比量所把握、推知的。（Ibid, p.236）其實說「相」也不大適宜，它是意義上的，不是形相上的。例如見煙便知道有火。火並不出現，沒有火相，只是以因果關係推斷，煙是由火生起的，故見到煙，便知道有火。嚴格地說，這樣理解也不夠周延。煙可以由不同的事物、現象生起，不單是由火生起。故見煙不必然表示有火，只能說是能生煙的東西。只是在古印度的年代，人們通常是以火生煙，不以其他東西生煙，因而只以煙推知有火而已。

調伏天則強調，對象不管是在近處抑在遠處，在認識中的形象總是同一的，這便是共相。（《調伏天釋》，頁 128）按在這裏說「形象」（pratibhāsa），不大恰當。共相或普遍相是抽象的、概念性的，形象則是具體的，是個別性，兩者不能拉在一起。

《正理一滴》繼續說：

so ’numānasya viṣayaḥ.（NB, p.14, l.11, k.17）

法上在這裏沒有特別的解釋，只說共相是比量的對象，或所把得的相、形象。（《法上釋》，頁 236）這裏的 sa(so)，是陽性的代名詞，應是指對象的 viṣaya 而言。

調伏天則說，就論題（prastuta）來說，與自相或個別相對反

（viparīta）的，是共相或普遍相。後者是比量的對象。（《調伏天釋》，129）

《正理一滴》說：

artha-sārūpyam asya pramāṇam.（NB, p.15, l.7, k.20）

文獻中提到 sārūpya，即是與對象相似以至相同之意，亦即是量，或認識手段（pramāṇa），木村則作「認識作具」。（《法上釋》，頁237）調伏天指出，這裏的相似即是就共性或普遍性（sāmānya）而言。現量具有對象的行相或形象，這是現量的效能。（《調伏天釋》，頁 130）按這裏的行相或形象可說到有形象知識論或有相唯識方面去。但這裏相關的主題是共相，其認識機能是比量，不是現象，故不必提「現量的效能」。

《正理一滴》最後說：

tad-vaśād artha-pratīti-siddher iti.（NB, p.15, l.13, k.21）

此中的意思是，依於此，對於對象的認識便得以成立。法上的解釋是，「此」即是相同性、相似性（sārūpya）。根據這種相同性，基於這相同性的力量，對於對象的認知便證成。現量的知識以對於對象的認知為主脈，而依於這（經驗的）相同性便能夠成立了。譬如說，我們直覺到青色的相同性，便可成就青色的覺知、知識。決定這種知識的原因，正是相同性，而被決定下來的，是對青色的覺知，這是青色之相。我們也可以透過對非青色的覺知的否定，而確定對於青色的覺知的形相。這種決定的判斷，作為知識看，是知識的力量使然。但現量是沒有分別的，只憑它是不能出現對青色的覺知的形相的。（《法上釋》，頁 238）[103]這便引出能作判斷的比量的力量了。

進一步，法上強調判斷的重要性。倘若沒有判斷，我們便不能決定青色的覺知的認識，不能成就以理解對象為本質或內容的認知成果。倘若能生起判斷，便能夠以相同性這種力量來決定對青色的覺知的認識。由於這相同性是此中的關鍵性的因素，故可說是一種認識作具。（《法上釋》，頁 239）

調伏天的解釋是，依於對象與同類物的相似性或相同性，而加以抉擇，便能成就同類的性格，亦即是認識能量、活動。例如，「這是青色」的了解，可與「不是黃色」相連繫而區別開來，這便是認識的原因。（《調伏天釋》，頁 130）按這裏的相同性，有由抽象而得的普遍性的意涵，故不能不涉及比量。調伏天特別強調，感官或根（indriya）在這裏是不能產生區別作用的。我們對於「青色的行相」的認識，而知道「不是黃色」，是要假定對象的同類性格的。調伏天把這相同性或同類性格稱為能量、能識。（《調伏天釋》，頁 130-131）按這又涉及上面提到的必須指涉比量問題；即是，這同類性格是抽象概念，這則非要涉及比量不可，後者的認識對象不是具體的、立體的個別相或自相，而是具有普遍性的、概念性的共相。

---

103 在這裏，木村俊彥下一註表示所謂相同（sārūpyam）是唯識學的術語，這即是顯現（ābhāsaḥ），表示心識浮現出表象（ākāraḥ），後來便有表象論者（sākāravādī）的稱法。覺知這個表象的，是現量，這是現量的認識結果，是自證知。（《法上釋》，頁 238）

這一節是說明法稱的共相思想。大體上，他是承襲陳那的傳統說法而來。陳那判別對象有兩種，一是自相或個別相，另一是共相或普遍相。而相應這兩種對象，則有兩種認知機能。現量認識自相，比量則認知共相。法稱、法上、調伏天都是沿著這種理解來說知識論。只是法稱相當重視認知或知識的實效性，這裏有些經量部的思想跡象在內。[104]

實際上，法稱也不是完全順著陳那的腳跟起舞。他討論到自相與共相的成立時，便提出我們對這兩方面的對象的把握，有一種次序：先把得自相，然後才把握共相。《量評釋》說：

> …… svarūpādhigateḥ param.
> prāptaṃ sāmānyavijñānam avijñāte svalakṣaṇe,
> yajjñānam ityabhiprāyāt svalakṣaṇavicārataḥ.
> （PV-P, p.4, l.3, k.7 - p.5, ll.1-2, k.8）[105]

這是說，我們先對自相理解，才能得到有關共相的知識。尚未得知的自相的知識是認識的所依，因此我們需要先在這方面著手。即是說，在認知的過程中，我們要先知事物的自相，然後透過抽象作用，

104 印度學者柏來薩特（J. Prasad）也曾很明確地點出法稱的知識論的梗概，在他看來，法稱以直接知覺或現量展示質體的個別性格，亦即是自相，以推理或比量展示對象的普遍性格，亦即是共相。他特別注意到法稱的觀點：在推理中，對象並不呈現，我們所具有有關它的知識，只能是普遍的性格。（HIE, p.128）這普遍性格正是共相，是概念性的，不是直覺性的。

105 在這裏，木村俊彥的標示是 k.5b-6，並不對應；應為 k.7b-8。

抽取其中的共同面相，而成就共相。此中有一次序在。我們不能一下子先了解共相。這表示法稱對認識問題的思考，相當細密。陳那好像未有在這方面作出區分，起碼就筆者有限的所知是如此。

十五、顯現、分別與言說

在這裏，我們要進一步深入地看法稱的知識論思想。這主要是就事物的顯現與量、所量的分別關係說，更及於言說問題。量是能知，所量則是所知。《量評釋》說：

> yathānudarśanaṃ ceyaṃ meyamānaphalasthitiḥ,
> kriyate 'vidyamānāpi grāhyagrāhakasaṃvidām.
> （PV-K, p.135, ll.7-8, k.357）[106]

法稱認為，我們雖然不能在勝義諦的層面確立能知（能量）、所知（所量）和知識（量果）活動，但就「顯現」（anudarśana, rjes-su-snaṅ-ba）本身來說，則能確立能取、所取和認識活動。這認識活動應該是知識的自己認識。進一步說，能取、所取和認識活動可以說是「顯現」（anudarśana）的結果，而「顯現」的依據是無明。在勝義諦的層面，則無所謂「顯現」。這樣，法稱的知識論畢竟難以成立筆者所提出的純粹力動現象學的知識論，在這種知識論中，不必有能、所的對待相，能與所雖然不同，但並無執著意義的相對待的關係。

---

106 戶崎宏正的《認識論》下卷頁 43 作第 356 頌。

戶崎宏正指出，對於「顯現」，智作護（Prajñākaragupta）和日護（Ravigupta）都以「分別」來解讀。[107]要顯現是要生起分別活動，這是主體、客體與雙方所構成的活動。日護更把分別與執著連繫起來。但我們能否有既是分別而又不起執著的呢？這是非常具關鍵性的一點。倘若能夠這樣做的話，則知識現象學便可成立。[108]

現在我們可以提出一個問題：分別有能取、所取和認識活動等多個項目的不同，即是說，「分別」與「多」有一必然的連繫，起碼就世俗層面可以這樣說。《量評釋》〈現量章〉第 354 頌（戶崎《認識論》下卷作第 353 頌，頁 41）中可以看到，分別是虛妄的，無分別是真實的。[109]這亦即是「多」是虛妄的，「一」是真實的（無分別即是「一」）。法稱強調，「多」是不能存在於「一」中，因為這會損害「一」的純一性（ekatva）。[110]按法稱說「多」會損害

---

107 《認識論》下卷，頁 43。

108 關於「顯現」，桂紹隆曾譯為「日常經驗」。（〈ダルマキールティにおける自己認識の理論〉，頁 26。）

109 《量評釋》說：

avibhāgo 'pi buddhyātmaviparyāsitadarśanaiḥ,
grāhyagrāhakasaṃvittibhedavāniva lakṣyate.
(PV-P, p.135, ll.1-2, k.354)

其意是：就勝義諦而言，知識自身是沒有分別的，是一的；有些人依於錯誤的理解，以所取、能取和認識活動的分別性來說。

110 《量評釋》說：

anyathaikasya bhāvasya nānārūpāvabhāsinaḥ,
satyaṃ kathaṃ syur ākārās tadekatvasya hānitaḥ.
(PV-P, p.135, ll.9-10, k.358)

其意是：相互相異的相狀顯現出來，則作為一者的東西如何真實地存在呢？一者是不能含容多者的，這會損害一者性。

「一」的純一性，而多數性也受損一點，很堪玩味。這與中國華嚴宗盛言一、多相即或一即一切的圓融境界並不協調。不過，華嚴宗的一即一切觀是勝義諦義，因而也是現象學義，這是毗盧遮那大佛（Vairocana Buddha）在海印三昧禪定中所證得的境界。而法稱的思路仍是分解性的，不是圓融性的。在他看來，一與多是分離的，不是合一的。「一」是真實的，「多」是虛妄的、世俗諦的。法稱的分解的知識論的境界，自與華嚴宗的理想有很遠的距離。

法稱對於對象的問題，有時抓得很緊。他把對於外在對象的認識，視為知識的本性，視為知識的自己認識，並稱之為「量果」（pramāṇa-phala）。這是他的唯識學立場使然。對象是由識所變現，認識對象自己就是認識自己。由變現講到顯現。法稱很重視對象的顯現一面，不太重視對象的存在一面。在存在與顯現之間，我們通常的思路是先預設存在，然後說它的顯現。法稱不是這樣看問題的。他視顯現是事實，至於顯現的存有論的依據，他是很少說的；他對顯現的背後的所依，持存疑態度。

就對象的顯現一點來說，法稱視之為量，為知識。他肯認作為能知的認識主體，認許它的存在性。他認為能知是以知識自己為對象的，在知識之外存在著的東西，不能作對象看。能知作為知識自己，不能指涉外在的對象。我們不能具有關於外在對象的知識。即是，關於外界的對象，他認為不能作量或知識看，我們不能視外在的東西為認識的對象。這即是《量評釋》的下面一偈頌的意思：

《量評釋》又說：

anyasyānyatvahāneś ca. (PV-P, p.44, l.5, k.359)

其意是：他者的他者性（多數性）也會被損害。

tadarthābhāsataivāsya pramāṇaṃ na tu sann api,
grāhakātmā 'parārthatvād bāhyeṣv artheṣv apekṣate.
（PV-P, p.133, ll.11-12, k.347）

這是說，知識的對象（tadartha）的顯現性才是知識。能取的自身雖是存在，但對於外境的對象並無知識可言。因為外境不能作為對象。故能取以知識自身作為對象，並不以知識以外的存在作為對象。而知識即是對象的顯現性。

以上所探討的，是法稱的顯現和分別的觀點。以下看他對與這兩者有密切關連的言說的看法。《量評釋》說：

…… śābde 'pyabhiprāyanivedanāt.
vaktṛvyāpāraviṣayo yo'rtho buddhau prakāśate,
pramāṇyaṃ tatra śabdasya nārthatattvanibandhanam.
（PV-P, pp.2-3, ll.6, 1-2, kk.3-4）[111]

此中的意思是，言說（śabdaḥ）的認知，表示說者的想法，這些想法作為對象的內容（vaktṛvyāpāraḥ）在心中展現出來。故言說具有明證性，但不是基於對象的真實性。法稱的意思是，我們的言說、辯解有認知意義，與我們內心的思考、認識相應，但不關乎外在的世界或外境實有的問題。法稱作為一個唯識學的宗匠，必須持唯識的立場，以一切都是心識所變現，我們所碰觸到的一切事物，都是

111 在第2的後半頌中，有關「對象的真實性」（arthatattva）一語詞，彭迪耶校本（PV-P）無r一字母，今依該語詞義補上。

如此，即是，都來自心識的作用，與外境實有無關。這外境實有指涉我們的心識所不能到達的境界，唯識學不講這種東西。

由言說可以聯想到命名問題。法稱認為一個物體的名稱，應以其指示器（gamaka）為依據（按這指示器其實是內涵）。例如，我們說「大麥的芽」（yavāṅkura），意思很清楚，沒有人會錯認之為稻米的芽。但若說「泥土的芽」（pṛthivy-aṅkura），則人們可能以為它與大麥有關連，也可能以為它與稻米有關連。[112]《量評釋》說：

> samīkṣya gamakatvaṃ hi vyapadeśo niyujyate,
> tac cākṣavyapadeśe 'sti ……
> （PV-P, p.104, ll.1-2, k.192）

法稱的意思是，一切名稱都是就我們要知道的對象而確定下來的。就現量這一名稱而言，我們用感官來標示。戶崎宏正提到，陳那以感官這一語詞來指謂現量的名稱，這是由於它「不通於其他的知能」的緣故。法稱用感官這一語詞，是要「勉力知悉、確認那現量」的緣故。不管是「不通於其他的知能」抑是「勉力知悉、確認那現量」，在意義上都沒有相違、差錯。因為「不通於其他的知能」正是「勉力知悉、確認那現量」的緣故。舉例來說，我們叫「太鼓之音」，而不叫「棒之音」，是由於棒的音通於其他的音：如以棒來敲打鼓罐的音之類，太鼓的音則不通於其他的音，因此便可把這種音與其他的音區別出來而知悉。[113]

---

112 Cf. M. Hattori, DP, p.87, note 1.32.

113 《認識論》上卷，頁 291-292。

十六、法稱論知識的自己認識

上面我們提及法稱的知識的自己認識問題。這是知識論中的一個頗具獨特性的觀點。一般都是以在認識活動中，認知主體認知對象，而成就知識；在其中，內在的認知主體認識外在的對象，沒有所謂自己認識自己的問題。但在唯識學特別是法稱的思想中，我們以認知主體認識對象，這對象其實是形象，是心識自身所生起的、成立的，認知主體認知自己所生起、成立的形象，說到底，其實是認識自己，或自我認識。至於外界的對象，是不能說的。這是外界實在問題。唯識學並不肯認外界有實在的質體、對象。後者是一切有部與經量部的說法。

關於這個相關問題，法稱一開始便確認，在認識活動中，對象把自己的形象給與知識或認知主體，而成為所取，這便使知識具有所取的性格。《量評釋》說：

hetutvam eva yuktijñā jñānākārārpaṇakṣamam.
（PV-P, p.115, l.2, k.247）

即是說，知識的生成這一結果，由多個原因引生。在這些原因中，假設 A 因生起知識，這表示在知識中有由 A 因給予出來的形象，而這 A 因亦依這認識活動被指涉，但只被指涉、被推想而已，不表示在外面的實質存在性。《量評釋》說：

kāryaṃ hy anekahetutve 'py anukurvad udeti yat,
tat tenāpy atra tadrūpaṃ gṛhītam iti cocyate.

（PV-P, p.115, ll.3-4, k.248）

按自己認識表示知識對自己的認識。即是說，對象把自己的形象交給知識，知識因此具有對象的形象（不是對象自身，而是它的形象、在認知主體面前作為被認取的東西），因而具有有關東西的知識。這有關東西可以被說為是對象，但只是權宜的說法，這對象並不指涉外界的獨立存在物。實際上，這形象是心識自身所變現的。

法稱認為，在認識活動中，我們不單具有能知的形象，同時亦有對象（權說的對象）的形象。有關前者，大體上沒有人會反對。但對後者則很有討論的空間。在這個問題上，法稱的觀點是：倘若我們不承認認識活動或知識中具有對象的形象，我們便不能說對象依知識而顯現出來。此中的重要之點是形象的顯現，它跟實在的對象的關係為何，我們不能討論，因為它缺乏如胡塞爾（E. Husserl）所強調的明證性（Evidenz）。《量評釋》說：

jñānaśabdapradīpānāṃ pratyakṣasyetarasya vā,
janakatvena pūrveṣāṃ kṣaṇikānāṃ vināśataḥ.
vyaktiḥ kuto 'satāṃ ...... （PV-P, p.146, ll.3-5, kk.417-418）

法稱指出，知識（jñāna）、聲音（śabda）和燈火（pradīpa）是現量一類東西的原因，是先在於這些東西的知識的。由於它們（指知識、聲音、燈火等的形象）在知識產生時已滅去，不再存在，則它們如何能依知識而顯現呢？

按這是一提問句，它要表明，法稱認為，若對象的形象可由對象給予知識，則這會容許對象依知識而顯現（通過形象而顯現）。

但這是不通的。這即表示，只有在知識持有對象的形象的情況下，對象的形象才能顯現。法稱的意思是，倘若我們不認為知識中有對象的形象，則我們便要認可在知識中有顯現對象的力量了。但這是不可能的。因此，知識中應有對象的形象，由此可以通到有相唯識說或有形象知識論。為甚麼知識中不可能有顯現對象的力量呢？理由是在某些東西成為知識的對象時，由於這些東西是生起知識的原因（janaka），它們應是在知識成立之先已存在了。但它們都是剎那滅的，在知識生起的時點中，它們已滅去了，已不存在了。這樣，知識如何能顯現那些在自己存在的時點中已不存在的東西呢？法稱的總的意思是，倘若知識中沒有對象的形象，對象便不能依於知識而被顯現出來。故知識中的形象，是由對象給予的。但這對象若指涉到外界實有的話，則法稱只能說到這裏，不能再對對象有更進一步的闡釋了。[114]

按此中的問題關鍵在，若要證成對象的形象不在知識中，而是由外面的對象所給予，則會有這樣的困難：倘若有對象，而這對象是在知識中所生起的形象的原因，則由於這些對象是剎那滅性格，沒有持續性、同一性，則不能把它們的形象給予知識。知識自身倘若沒有對象的形象，還是不能生起。這些對象的常住性不能維持下去，以至於把自己的形象給予知識，即是，不能把現前的形象給予知識，在把形象給予知識的瞬間，對象已不是原來的對象了，它已轉為下一瞬間的對象了。在知識要成立時，它們已滅去了，變為下一瞬間的對象了。故知識還是不能成立。

114　這裏的意思不是很好解，讀者可以參考戶崎宏正的《認識論》下卷，頁 95-96。

現在我們直接就知識的成素說。知識有作為能知的知識自己，或認知主體，與作為所知的在知識中的對象的形象，這便是知識的雙形象性（即戶崎所說的「二相性」）。由知識的雙形象性（能知的形象與對象的形象）可以證成知識的自己認識。知識所內具的對象的形象為作為能知的形象的知識所認知。從這裏我們可以直接講知識的自己認識，但這要設定在知識中的形象是心識自己變現出來的，與外界的對象不相涉，或根本不設定外界的對象。《量評釋》說：

> dvairūpyasādhanenāpi prāyaḥ siddhaṃ svavedanam,
> svarūpabhūtābhāsasya tadā saṃvedanekṣaṇāt.
> （PV-P, p.147, ll.9-10, k.426）

這正是上面筆者所陳的意思。

以下我們把焦點放在對象的形象方面。《量評釋》說：

> viṣayasya kathaṃ vyaktiḥ prakāśe rūpasaṃkramāt,
> sa ca prakāśas tadrūpaḥ svayam eva prakāśate.
> （PV-P, p.157, ll.1-2, k.479）

依法稱，知識可以自己呈顯，但對象不能。在正在呈顯的知識中，對象的形象可以移動。即是，知識自身具有對象的形象。知識在自己呈顯。我們所謂「對象在顯露」，其實是指在正在呈顯的知識內裏有對象的形象在移動。更具體地、周延地說，知識自身含有由對象所給與的形象（arthākāra, artha-ākāra）而呈顯。但這並不表示在知識之外有獨立的對象，知識的形象即由這獨立的對象而來。不是這樣。知識其實是自己呈顯，對象的形象正是在知識的自己呈顯中被確認出來。最需要注意的是，知識不必依靠其他東西，便能呈顯。所謂知識顯現對象，亦應在「知識具有對象的形象而顯現」這一義理脈絡中被理解。

關於知識的自己呈顯一點，法稱持之甚堅。他強調，知識與對象的不同，主要亦在於這點上。即是：對象不能自己呈顯，知識則可以。他甚至強調，知識是以呈顯為本性，而使自己呈顯。對象則只能透過把自己的形象移送到知識中而呈顯自己。《量評釋》說：

> iti prakāśarūpā naḥ svayaṃ dhīḥ samprakāśate,
> anyo 'syāṃ rūpasaṃkrāntyā prakāśaḥ san prakāśate.
> （PV-P, p.157, ll.5-6, k.481）

這樣說，法稱仍假定對象把自身的形象移交與知識，通過這種移交的動作而呈顯自己的主動性。這又似有以知識的對象是外界實在之嫌了。

在這裏，我們還是要由淺近之處開始，進深地探討法稱的自己認識的知識論思想。關於知識，有能知或能取和所知或所取。能知是沒有問題的，因它是認識主體。在所知方面，它作為認識對象，是否能成立呢？這真是法稱的知識論的一個重要論題。法稱提到，知識表示我們對眼前的對象的認識，對於這對象，我們只能說形象，不能說對象，因為我們的知識只能接觸到這對象的形象。這對象的形象是知識自身所具有的，抑是外界的對象所具有的呢？這是一個重要的問題，我們分兩點說。第一，就我們認識過去的對象來說，在知識中顯現的形象，應該不是屬於外在對象的，因為它在那瞬間已不存在了。即是說，它不能屬於所知方面。法稱認為，這過去了的對象的形象，應該是屬於知識的，亦即是屬於心識的。故知識可以說是擁有過去的形象的。因此，他初步認定，知識自身容受著它自身所擁有的對象的形象。這可以說是知識的自己認識。同時，我們也可以說知識的雙重形象這樣的性格：對象的形象與能知的形象。下面《量評釋》的偈頌，可以說概括了上面的意思：

anarthākāraśaṅkā syād apy arthavati cetasi,
atītārthagrahe siddhe dvirūpatvātmavedane.
（PV-P, p.137, ll.11-12, k.371）

另外，法稱通過反證的方式，說明對象不屬於外界的對象，只能屬於知識自身。這即表明，我們在知識中所把握到的對象的形象，不是外界對象所有，而應屬於知識自身。《量評釋》說：

...... nāyam arthavatāṃ kramaḥ,
icchāmātrānurodhitvād arthaśaktir na sidhyati.
（PV-P, p.138, ll.3-4, k.373）

這裏提出一種論證方式，可以符號表明如下：

設 A＝能力；B＝知識

法稱的論證方式為：$\sim A \supset \sim B$

$B \supset A$

即是，倘若沒有能力，便不能生起知識；現在有知識生起，因此應有能力。但依法稱，知識的生起表示能力的存在，但這能力不能直接與於外在的對象，因為外在的對象在那個時點中已不存在，這能力只能歸於知識自身。這樣便可說知識以自身中的形象為動力而生起自己，這即是知識的自己認識。不過，生起知識的能力雖然不能直接關連到外界的對象，但亦不能一刀切斷了其中的關係，因為即使外界的對象過去了，消失了，我們憑記憶仍可保留知識。這只意味著知識可與過去了的外界對象暫時脫鈎。我們仍可以說，我們現在所具有的知識，可以是由過去的外界對象的能力引發的，我們不必把現有的知識歸根於在它裏面的對象的形象，因而不必推出知識是「認知」本身所具有的對象，或更確切地說：對象的形象，不必推出知識的自己認識的結論。若是這樣理解的話，法稱的知識的自己認識的觀點便不必是真確的了。不過，這個問題非常深微，我在這裏無法作進一步的討論，希望以後有機會深刻地探討。

第二，就我們認識現前的對象來說，法稱認為，對象的形象也是在知識之中，不是在現前的對象之中（他根本不談現前的對象的遠離認知機制的獨立存在性）。法稱認為，我們的對事物的想像是要依於對對象的知覺作用（pratyakṣa）或受納作用（anubhava）。倘若受納作用自身不具有對象的形象，則我們的想像亦不會具有對象的形象。我們的想像是具有對象的形象的。因此，受納作用或認識作用亦即是知識中應具有對象的形象。《量評釋》這樣說：

smṛtiś cedṛgvidhaṃ jñānaṃ tasyāś cānubhavād bhavaḥ,
sa cārthākārarahitaḥ sedānīṃ tadvatī katham.
（PV-P, p.138, ll.5-6, k.374）

這種論證方式在受納作用與想像作用的脈絡下，可以用符號表示如下：

設 A＝受納作用具有對象的形象

B＝想像作用具有對象的形象

法稱的論證形式為：$\sim A \supset \sim B$

$B \supset A$

即是，倘若受納作用不具有對象的形象，則想像作用亦不具有對象的形象，現在想像作用具有對象的形象，故受納作用具有對象的形象。受納作用具有對象的形象，亦即知識中有對象的形象。知識認識自身中的對象的形象，正是知識的自己認識。

對於知識要依靠直覺、現量，不能由其他東西代替，法稱有很鮮明的自覺。由於知識是剎那滅的性格，前後兩種知識不可能同時存在，因而亦無甚麼依靠甚麼的關連。具體地說，前一知識生起，旋即滅去，後一知識無法領受與前一知識相似的知識相。《量評釋》說：

dhiyā ’tadrūpayā jñāne niruddhe ’nubhavaḥ katham,

svaṃ ca rūpaṃ na sā vettīty utsanno ’nubhavo ’rkhilaḥ.

（PV-P, p.147, ll.11-12, k.427）

此中的要點是，當後一知識（jñāna）生起時，前一知識已滅去。依於此，兩種知識之間不會有碰頭的機會，此中沒有連續性，故前一知識不能為後一知識所承受。

當然也有不同意知識的自己認識的觀點的說法。對於這種說法，法稱也作了回應或補充。他認為這點是與我們的直接知覺經驗或活動相衝突的。他指出，知識挾帶著對象的形象，是向外作用；而知識認識自己，則是知識的向內作用。不管是向外作用抑是向內作用，知識都不可能接觸在自己本身以外的東西。《量評釋》的以下一段偈頌，便主要表達這個意思。

bahirmukhaṃ ca tajjñānaṃ bhāty arthapratibhāsavat,
buddheś ca grāhikā vittir nityam antarmukhātmani.
（PV-P, p.148, ll.1-2, k.428）

關於對象的形象內在於知識中因而成就知識的自己認識一點，法稱為穩固這種觀點，因而再加論證。他認為，對象的形象的被認知和知識的成立，是同時發生的。即是，我們不可能先認識到對象的形象，隔了一段時間才成立對於對象的知識。實際上，對象的形象與對於它的知識，是同體的，不是異體的。對象的形象亦即是知識自己的形象。故在知識中認識對象的形象，是知識的自己認識。[115]我們試看《量評釋》的下面一首偈頌：

sakṛt saṃvedyamānasya niyamena dhiyā saha,
viṣayasya tato ’nyatvaṃ kenākāreṇa sidhyati.
（PV-P, p.141, ll.1-2, k.388）

按法稱在這裏有一個前提：對象的形象的被認識與知識若是異體，

115　參看 T. Vetter, ED, S.74。

則不可能同時發生。或者說，兩個現象同時發生，它們必須是同體。同體與同時之間有一必然的連繫：同時需依於同體才可能。這是否一宇宙論意義的必然的連繫呢？我想很難說。在這一點上，法稱未有進一步的發揮。他只說，本來是同體的對象的形象的認識與知識，由於人自身的迷惑錯亂（bhrānti），因而被視為是異體。以下的半首偈頌便是透露這個意思的：

> bhedaś ca bhrāntavijñānair dṛśyetendāv ivādvaye.
> （PV-P, p.141, l.3, k.389）

讀者同時也可參考維特（T. Vetter）的詮釋。[116]

以下我們把探討的焦點，放在對象的形象方面。關於知識的自己認識，或自身具有對象的形象，法稱以對象的形象所展示的明晰度與對象與我們當事人的距離的關係為切入點來說。一般的理解是，對象給我們的印象或形象是，與我們的距離遠，則形象不明晰；與我們距離近，則形象明晰。法稱認為，不管對象距離我們是遠是近，它都是存在的，它自身無所謂明晰、不明晰。對象在位置（距離）上有遠有近，並不會導致明晰、不明晰的結果。法稱強調，這種結果與知識自身有密切的關連。即是，知識之內有明晰和不明晰的對象的形象顯現出來。知識認識這些自身具有明晰、不明晰的形象，正是知識的自己認識。試看《量評釋》的這半首偈頌：

---

116 T. Vetter, *Dharmakīrti's Pramāṇaviniścayaḥ*. 1. Kapitel: Pratyakṣam. Wien: Hermann Böhlaus Nachf., 1966, S.95.

dūrāsannādibhedena vyaktāvyaktaṃ na yujyate.

（PV-P, p.144, l.6, k.408）

在這裏，法稱避開對象與我們在距離上的不同，因而有明晰、不明晰的印象這點。這是空間因素問題，對象自身為如何，是無所謂的，我們的視覺並不指涉它的變化問題。但它與我們的視覺的空間關係，決定它對我們是明晰或不明晰的印象。法稱捨棄這空間關係而不談，他的論證並不見得有效。

法稱總是堅持決定對象的形象的明晰度的因素是在知識或認識者自身；這些因素可以是認識者在習氣上的覺醒程度不同，這是重要的。認識者與對象在距離方面的或遠或近反而不重要。即是，知識在依於外在對象而生起時，由外在對象給予知識的形象的顯現狀況，受到作為內在原因的習氣的覺醒程度的影響，而成或明晰或不明晰的印象。因此，法稱認為，知識自身是具有對象的形象的。在這一點上，他非常堅持自己的觀點。如《量評釋》所說：

tasmāt saṃvid yathāhetu jāyamānārthasaṃśrayāt,

pratibhāsabhidāṃ dhatte śeṣāḥ kumatidurnayāḥ.

（PV-P, p.146, ll.1-2, k.416）

這裏看到，法稱仍然認為對象的形象的或明晰或不明晰，無關乎距離的問題，而是受到對我們的習氣作為內因的覺醒程度所影響。但具體地影響到哪種界限，法稱自己也說不出來。

對於這個相關的問題，有些人，例如外道，會這樣想：在一個知識的系列中，後起的知識對先前的知識可以有覺知、現證。法稱不同意這種想法。他提到，前後兩種知識雖然有相似之處，但不表示先前的知識可為後來的知識所察覺、吸收與顯現。因為先前的知識自身可以呈顯，不必借助後來的知識來顯現。即是說，知識總是能夠自己呈顯的，不必依靠另外一種知識而呈顯。

> sādṛśye ’pi hi dhīr anyā prakāśyā na tayā matā,
> svayaṃ prakāśamānā ’rthastad rūpeṇa prakāśate.
> （PV-P, p.157, ll.7-8, k.482）

關於這相關之點，法稱的觀察與反省非常細微。他舉一個具體的例子，這包含兩種情況，一是兩個燈光，一是燈光與瓶。在前者，兩個燈光各自顯現自已，不可能有一個燈光顯現另外一個燈光的情況，或一個燈光為另一個燈光所顯現。在後者，燈光能夠顯現自已，但瓶不能顯現自己，要藉燈光來顯現。《量評釋》說：

> yathā pradīpayor dīpaghaṭayoś ca tadāśrayaḥ,
> vyaṅgyavyañjakabhedena vyavahāraḥ pratanyate.
> （PV-P, p.157, ll.9-10, k.483）

按這是以燈比喻知識。燈光能自己呈顯，讓周圍的事物都能被看到。知識也能自己呈顯，使周圍的事物被覺知。

法稱的立場很清楚：知識可依自身而被現證、被證知。但有些外道認為，當先前的知識產生後來的知識時，由於後者持有前者自身的相狀，因此我們可以根據兩者的相似性，確定先前的知識為後來的知識所呈顯。外道顯然有如下看法：由對象生起的知識與對象相似，因此知識可以把得對象，對對象構成知識。不過，法稱認為，我們不應單單以由對象生起的知識與對象相似這一點來說有對象的知識。法稱強調，我們還需注意知識可以像光那樣自己呈顯的。但外道不認同知識可以自己呈顯。他們認為，某一知識可藉著其他知識而呈顯。因此，先前的知識與後來的知識都不能自己呈顯（aprakāśātmanoḥ）。法稱很明顯地不同意這種觀點。《量評釋》說：

> prakāśitā kathaṃ vā syāt buddhir buddhyantareṇa vaḥ,
> aprakāśātmanoḥ sāmyād vyaṅgyavyañjakatā kutaḥ.
> （PV-P, p.156, ll.12-13, k.478）

在這裏，法稱說的「由對象生起的知識與對象相似」，有點難明。知識是抽象的，對象則是具體的，雙方如何相似呢？倘若不說知識與對象相似，而說知識中的印象與對象相似，便會好懂得多。

最後，法稱的知識的自己認識說，是符合有形象唯識學（Sākāravijñāna-vāda）的立場的。他重申，就有形象唯識學來說，在知識中生起了知作用（pariccheda）的，是能取形象（grāhakākāra）。這能取形象認同了知作用，或以了知作用為自體，這有了知自身的意味，這便是自己認識。這種自己認識即依在知識中的能取形象的了知作用而可能的，故能取形象即是知識的成就者（sādhana），亦即是量（pramāṇa）。《量評釋》說：

> tatra buddheḥ paricchedo grāhakākārasammataḥ,
> tādātmyād ātmavit tasya sa tasya sādhanaṃ tataḥ.
> （PV-P, p.136, ll.9-10, k364）

法稱這樣解讀自己認識，頗不尋常。說到認識，一般來說，總需牽涉到對象或所量（prameya）方面去。法稱在這裏捨所量而不談，卻透過能取的形象或能知以了知作用為自體而說自己認識，很明顯是遷就唯識學的重主體而輕客體的哲學立場。關於這點，日護（Ravigupta）的說法很堪注意：「在外界對象的立場來說，了知識的形象是量，外界對象是所量。……就唯識學來說，在知識中，對象是空的（śūnya），我們並沒有外界的對象作為所對。」[117]

以上我們花了很多篇幅論述了法稱的知識的自己認識思想，那主要是依於他的《量評釋》一書而來的。在他的《量抉擇》（*Pramāṇaviniścayaḥ*）中，法稱本著經量部的立場而作出結論謂，即使我們假設外界事物是存在的，在知識中所顯示的對象（按應為形象）與有關這對象的知識二者也不是各各不同的。知識是有兩個形象的：對象的形象與知識本身的形象。對於外界的實在，我們可以用否定的推論（vyatireka）來預設。（de phyir snaṅ don blo de dag, phyi don yod kyaṅ tha dad min, des na blo ni tshul gñis pa, phyi rol ldog pa las grub 'gyur.）[118]按我們的知識可以有兩種顯現方式：作為對象而顯現與作為知識自身而顯現。這兩者只是從分際說，在實質內容上，並不指相互獨立的兩種東西。而對於外界實在，我們可以從否定的方式推論、假設其存在性。即是，倘若否定其存在性，則會在理論上難以解釋對象的形象的客觀性。為了避開這種困境，便不得

---

[117] 轉引自戶崎宏正著《認識論》下卷，頁 49，註 46。

[118] 參看桂紹隆著〈ダルマキールティにおける「自己認識」の理論〉，頁 27-28、42, note 113。Cf. also T. Vetter, *Dharmakīrti's Pramāṇaviniścayaḥ*, SS.98-100.

不確認外界的實在的東西的存在性。這是龍樹（Nāgārjuna）在他的《中論》（*Madhyamakakārikā*）所慣用的論證方式。在這一點上，法稱又不免涉及外界實在的觀點。他的知識的自己認識理論還未夠成熟。

十七、其他學者論知識的自己認識

其他學者對知識的自己認識問題如何看呢？由遠而近說起，帝釋覺（Devendrabuddhi）與意車善（Manorathanandin）都支持法稱的這種思想。帝釋覺認為在知識的自己認識的活動中，我們所得到的形象是所量，知識自身的受納的形象是量果，這即是所謂「自證」，而能得到所量的，則是量自身。帝釋覺認為，這樣的處理可以不談外境的對象的實在性問題。[119]在這裏我們可以注意到：所謂「形象」可以指涉客體與主體兩方面。客體方面是對象的形象，主體方面則是知識自身的受納形象，這也可乾脆說是知識作為一種活動的形象。但我們一般說到形象，通常總是指客體方面。

印度當代學者穆克己（S. Mookerjee）在說到法稱的知識的自己認知時表示：一切意識（manas）、認識（citta）和感受（caitta）都是自我知了的，它們是自我穿透和自我照耀的。意識正好和物質相對反，它們像蒼天的發光體那樣，而物質則如同披上面紗，被一種虛弱的幽暗性所遮蔽。他強調，意識的非物質性自身便具有自我顯現的特殊能力，不涉及任何主客關係。只有物質是可分割的，意識則可以避過分解成部分，而產生主客關係。

119　這樣的說法在後期印度佛教界相當流行。

對於法稱的自己認識（svasaṃvedanam, sarvaṃ cittacaittānām ātmasaṃvedanam，按這裏有 citta 與 caitta 兩個名相，citta 是唯識學所說的心王，caitta 則是唯識學所說的心所），穆克己指出，citta 即是意識，包含一切認識活動、思想和觀念。caitta 則指感受，它不像認識活動那樣，指涉一些外在的、客觀的東西，卻是純然地內在的，關連著內在的心理狀態。穆氏表示，citta 與 caitta 除了有這種分別外，都是意識的狀態，具有自覺（自己覺察自己）的性格。在這一點，穆氏認為佛教與現代心理學有相同的看法。他特別強調，我們的意識不可能出現「不覺察到自己」（not cognized of itself）的情況。正是在這一點上，意識與物質不同。意識是以自己的光輝照耀自己，物質則是為意識所顯露的。[120]按這是說，物質是沒有生命的，因而是沒有靈性的，它既不能察覺自己，也不能察覺自己以外的東西。

在穆克己的眼中，認識（心）必須先能認識自己，才能認識一個對象、外在的對象。他引述法稱的說法：「倘若知覺（perception）自身不被知覺，則對於對象的知覺便不可能。」（apratyakṣop-alambhasya nā 'thadṛṣṭiḥ prasiddhyati）他特別指出，認識活動不能以其他認識活動來認識自己。倘若我們可以其他認識活動來認識自己的話，則這其他認識活動又需以另外的認識活動來認識自己，這樣便會陷於無窮追溯（regressus ad infinitum）。一個認識活動只能在它像光那樣是自我呈現（self-revealing）的情況下，才能展現、呈顯在它以外的對象。穆氏又說，說「我在覺知一個對象時沒有覺知自

---

[120] UF, pp.320-321.

己的意識」，不啻是說「我不知道自己是否具有一個舌頭」。[121]穆氏這種取譬很有幽默感，我既然能夠說話，是由於具有一個舌頭；如果沒有舌頭，又如何能夠說話呢？就法稱的自己認識來說，自己認識必須預先被設定，才能說認識其他東西。

十八、勝義諦與自己認識

關於知識論上的能、所的二元對立的問題，涉及勝義諦與世俗諦兩個層次，我們要在這裏討論一下。人總要對外物有所知，俾能生活得更好。對於這樣的知，大有學問在。在陳那看來，一般人總是為無明（avidyā）所遮蔽，導致在認識上有能知、所知的區分問題。實際上，這是不真確的。即是說，從勝義的層面說，不應該有能、所這樣的區分。

法稱承接陳那的這種思想，認為在知識中出現的能、所的對分關係，並不是真實、真理。這是由無明引生的，如陳那所說那樣。法稱認為，知識自身是沒有區分的，它是一個整一體。勝義的真理便是這樣。愚者則把知識解剖，三分為能取、所取和認識活動。若從勝義的層面看，這種區分是虛妄的。法稱表示這好像人的感覺器官被咒文等東西所騷擾，把一塊一塊的泥等視為另外的東西那樣。這些泥塊是不具有形相的。感覺器官沒有被擾亂的人是不會這樣看的，不會誤認泥塊是別種東西。對於這一段的意思，法稱寫了兩首偈頌來表示。《量評釋》說：

121 UF, pp.325-327.

avibhāgo 'pi buddhyātma viparyāsitadarśanaiḥ,
grāhyagrāhakasaṃvittibhedavān iva lakṣyate.
（PV-P, p.135, ll.1-2, k.354）

mantrādyupaplutākṣāṇāṃ yathā mṛcchakalādayaḥ,
anyathaivāvabhā sante tadrūparahitā api.
（PV-P, p.135, ll.3-4, k.355）

按倘若在勝義層面沒有知識的二元對立或三分鼎立的關係，則我們應採取甚麼方式去理解世間的事物呢？是否以睿智的直覺去理解它們呢？倘若是以睿智的直覺（intellektuelle Anschauung）來理解，則所理解的是物自身，它們在我們的感官面前呈現的形相方面的理解情況是如何呢？這些都是有需要進一步深入研究的問題。

關於知識的自己認識，法稱有視之為勝義層次的傾向。他又引陳那的說法，以自己認識即是認識的結果（pramāṇa-phala）；而關於對象的認識，亦是以自己認識為本質。法稱似有這樣的意涵：就勝義層面來說，知識即是自己認識；就世俗層面來說，則知識是有關對象的認識。以某人認識某物為例，在勝義方面，是某人的自己認識。但一般人總是以世俗的眼光來看，而執取這認識，以之為對於外在對象的認識。《量評釋》說：

arthasthites tadātmatvāt svavid apy arthavin matā.
（PV-P, p.134, l.4, k.350）

tasmād viṣayabhedo 'pi na svasaṃvedanaṃ phalam,

uktaṃ svabhāvacintāyāṃ tādātmyād arthasaṃvidaḥ.
（PV-P, p.134, ll.5-6, k.351）

按這是兩層知識的看法：世俗層與勝義層。對於這點，我們可作進一步的探討。有關構成所緣或對象（被識的對象），經量部提出兩個條件：一、它必須是知識生起的原因；二、它把形象給予知識。[122] 這是從世俗的或日常生活的層面來說。但從勝義的或終極的角度來看，亦即是從唯識學的角度來看，法稱認為，我們可不必談有爭論性的對於外界對象的認識的問題。即是，倘若在沒有任何對象的情況下，在知識中都有形象顯現，則何必一定要說對於外界對象的理解呢？即是，沒有了對象的形象，便不必說對於外界對象的理解。外界對象是不可知的。這便是下面《量評釋》的偈頌的意涵：

yathākathañcit tasyārtharūpaṃ muktvā vabhāsinaḥ,
arthagrahaḥ kathaṃ satyaṃ na jāne 'ham apīdṛśam.

---

122 按這與陳那的說法有點相似。他強調認識的對象要能生起具有自身的形象的表象。這表示，認識的對象必須滿足兩個條件：一、使表象生起；二、具有與表象相同的形象。要滿足第一條件，對象必須是實在；不是實在的東西，不能觸發感官而生起表象。第二個條件是對象，它是個別地限定知識內容的重要因素，這亦是必須滿足的。個別的知識，並不作為一般的知識而成立，而是以各各特有的表象為其內容的。表象是在知識中顯現出來的對象的形象；對象則把自身的形象，給予知識，通過這種過程，對象在內容方面，限定知識。這樣的對象，必須具有與表象相同的形象。（服部正明著、吳汝鈞譯〈陳那之認識論〉，吳汝鈞著《佛學研究方法論》下冊，臺北：臺灣學生書局，2006，頁430-431）

（PV-P, p.134, ll.9-10, k.353）

偈頌中的 arthagraha 是「對於對象的理解」的意思。有人或許以這對象（artha）為對象的形象，其實非是。這對象應是指外界的對象，戶崎宏正在他的詮釋中，加上「外境」字眼，他的研究委實精確。[123]

十九、無形象知識論與有形象知識論

印度的哲學發展到後期，在知識論的問題，產生了無形象知識論（nirākāra-vāda）或無相論與有形象知識論（sākāra-vāda）或有相論。此中的分別在，前者認為，知識如同透明的水晶般清淨無瑕，自身不具有任何形象。我們所認識的一般的外界事物，是五光十色，但有些東西（按指知識）卻能保持這種透明的清淨性，而不變化。持這種學說或理論的有正理勝論派（Nyāya-Vaiśeṣika）、彌曼差派（Bhāṭṭamīmāṃsaka）和毗婆沙師（Vaibhāṣika）。後者則認為，我們認識外界的事物，是這些事物把自己的形象投向知識方面去，把印象移轉、交給知識自身，因而認為知識是具有對象的形象的。這種說法或理論的支持者、提倡者有數論學派（Sāṃkhya）、吠檀多派（Vedānta）、經量部（Sautrāntika）和唯識派（Vijñānavāda）。經量部和唯識派是佛教派系。一般是這樣看。不過，要更精確地就這個相關問題來看佛教學派，還需再作細分。佛教中觀學的晚期論師寂護（Śāntirakṣita 或 Śāntarakṣita）在他的《攝真實論》（*Tattva-saṃgraha*，或作《真理綱要》）的〈外境審視章〉（Bahirarthaparīkṣa）

---

123 戶崎宏正著《認識論》下卷，頁 37-38。

的後半部，提出三種知識論：無形象知識論（nirākāra-vāda 或 anirbhāsajñāna-vāda）、有形象知識論（sākāra-vāda）和不同形象知識論（anyanirākāra-vāda, 或 sanirbhāsajñāna-vāda）。而在唯識學派內部，則分無形象唯識論與有形象唯識論。前者有無著（Asaṅga）、世親（Vasubandhu）、安慧（Sthiramati）和調伏天（Vinītadeva）。後者則有陳那（Dignāga）、護法（Dharmapāla）和法稱（Dharmakīrti）。

由於法稱是有形象知識論論者，我們在這裏也會偏重在有形象知識論的探討。他在《量評釋》中，便表示我們對對象的形象（viṣaya-ākāra）的不同，而有不同的理解（adhigamaḥ）。有形象，便有理解的問題。我們的覺知是對對象的自身形狀的理解。這便是《量評釋》的以下一偈頌的所說：

> viṣayākārabhedācca dhiyo 'dhigamabhedataḥ,
> bhāvād evāsya tadbhāve svarūpasya svato gatiḥ.
> （PV-P, pp.3-4, ll.5-6, k.6）

按這是指在覺知中有對象的形象，這是有形象知識論。而對對象的形象的理解，是由「直接知覺」（sākṣātkaraṇam）進行的。

經量部有外界實在意識或觀點，我們這裏順著這點發揮下去。經量部在知識論方面有實在論的傾向。他們認為，外界事物由個別的原子或極微（aṇu）構成，這些極微不能為感官所覺知，但它們可以聚合起來，把表象或形象擲投進我們的知識中。我們可以直接覺知這些事物的形象。特別是，我們在概念上、邏輯上設定我們所認識到的形象背後的支撐者，這即是外界事物。他們傾向於外界實在說。雖然我們無法經驗這些實在，但必須設定它們的存在性、實在性。唯識學派則有不同的看法，他們不認同這些被設定的外界事物的實在性，他們傾向外界非實在說。不過，他們不否定我們所直接接觸的東西是知識自身的形象，但這些形象不是來自外界的事物。這是有形象唯識派與無形象唯識派所共許的。細言之，對於這些形象（ākāra）的看法，無形象唯識派認為，它們都是虛妄的，只有我們的光耀的心（prabhāsvara-citta）是實在的。他們提出要遠離一切虛妄的形象，以獲致那種沒有分別作用的出世間的智慧（nirvikalpa-lokottarajñāna），這是如水晶般清淨明晰的智慧。無形象知識論便是這樣成立的。有形象唯識派則認為，知識不可能沒有形象作為其對象，知識必須成立於主客關係中。我們通常所認識的東西，如花草樹木，正是知識的形象，它們具有實在性。正是由於這種實在性，我們才能在某時某地認識某一事物。就這一點來說，有形象唯識派與經量部有相通之處。但雙方在是否認許外界實在這一點方面，則有差距：有形象唯識派是不認許的，經量部則是認許的。

這裏有一個問題：知識應是純一無雜的，何以會有多樣性的形象呢？這對無形象唯識派來說，不成問題，因為他們認為多樣性的形象是虛妄的，純一的知識是真實的，它便是我們自己的光耀的、明淨的心靈。形象既是虛妄，則其多樣性亦是虛妄，故不必以理性來說明。但這對有形象唯識派則是一個難題：這即是，作為具有實在性的多樣的形象是如何可能的呢？

就有形象知識論來說，我們對外界對象碰面所得到的，其實是被投進知識中去的對象的形象而已，這亦是知識自身。因此，一切認識作用都是自己認識。所謂外界事物，只是我們根據知識中的形象而推論它們在外邊應有其實在性來支撐而已。不過，無形象知識論並不認許有知識的自己認識，它認為知識是依於第二知識而被把握，這種把握好像外界事物依於與它們有別的知識而被把握那樣。或者說，外界的事物依於與它們有別的知識而被把握，知識亦類似地依於另外的知識而被把握。

在這裏，又牽涉及自己認識的問題，特別是雙重形象性問題。我們在上面花了很多篇幅探討法稱的知識的自己認識問題，那主要是就《量評釋》而說的。這裏我們就他的另一重要著作《量決定論》（*Pramāṇaviniścayaḥ*）來重溫一下相關的問題。

sahopalambhaniyamād abhedo nīlataddhiyoḥ /
/ lhan cig dmigs pa ṅes pa'i phyir /
/ sṅon daṅ de blo gźan ma yin /（T. Vetter, ED, S.94）

apratyakṣopalambhasya nārthadṛṣṭiḥ prasidhyati /
/ dmigs pa mṅon sum ma yin na /
/ don mthoṅ rab tu 'grub mi 'gyur /（ED, S.96）

其意是：藍色與關於它的知識，是同時被知覺而被確認的。倘若知覺不是被直接地知取，則我們對藍色等對象的知識便不能成立。這其實是說「知識的自己認識」（jñānasya svasaṃvedana）：藍色一類對象和關於它們的知識，分別是知識對象的機緣和主觀的機緣。即是，我們確認這種認識是對於藍色等對象的知識。而這些對象不是外在的，卻是心識或知識自己分化出來的。知識一方面是把握對象的主體，同時也是被作為對象而被認識的客體，這便是知識的雙重形象性（jñānasya dvirūpatā）。對象作為形象而被了知，這了知又作為形象而被覺知。智勝友（Jñānaśrīmitra）在他的《剎那滅論》

（*Kṣaṇabhaṅgādhyāya*）提到，若不能直接地覺察到知覺本身，則不能理解對象。這表示，要了解對象，先要覺察對於對象的知覺。[124]

二十、量果問題（兼及法上的詮釋）

以下我們看法稱知識論中的量果（pramāṇa-phala）問題。顧名思義，量果指認識的結果，那自然是知識，但也包括認識活動和知識的成立等多項問題。此中的問題有點複雜，在很多點上，法稱的看法與陳那的有關連。因此我們這裏先看一下陳那的知識理論的重要觀點。日本學者服部正明指出，陳那的知識論有四特殊之點：

一、他只以現量（pratyakṣa）和比量（anumāna）作為認識的手段，而不視聲教（śabda）與齊同（upamāna）等為獨立的認識手段。齊同即是等同（identification）。

二、他為現量作如下的定位：遠離分別或概念建構（kalpanāpoḍha）。他不視有決定的現量（savikalpaka-pratyakṣa）為一種現量。

三、他敏銳地區別自相（sva-lakṣaṇa）與共相（sāmānya-lakṣaṇa），以它們分別是現量與比量的對象。他不承認共相作為獨立的質體具有實在性，也不承認被特殊者所指謂的自相具有實在性。

四、實在論者嚴分認識手段和認識結果，陳那則認為兩者沒有

---

[124] 對於以上諸點，可參考桂紹隆著〈ダルマキールティにおける「自己認識」の理論〉一文，其中的闡釋相當詳細。

分別。[125]

法稱的知識論上承陳那，但也有自己堅持的觀點。另一日本學者桂紹隆總結法稱認為知識應具有下列諸項要素：

一、作為認識對象的外界的事物。

二、健全的感覺器官。

三、充足的光線。

四、心對於對象的集中。

桂紹隆特別強調，這裏所謂的認識對象，指把自己的形象投入知識之中的外界的事物。[126]就上面所述陳那與法稱的知識論看，雙方最大的差異，是法稱對外界對象的重視，陳那則未有強調外界對象的問題。法稱的這種看法，自然是受到經量部的影響。不過，這種看法，仍不礙於法稱的知識的自己認識的理論。外界對象的實在性的程度，仍是有限制的，它不足以構成實在論。

說到對象，在法稱的知識論中，不管是外界能給形象與知識的，抑是在知識中被呈顯出來的，在法稱看來，與其說對象的外界性是重要的，不如說動感、效能是重要的。這動感、效能是區分勝義有（paramārthasat）與世俗有（saṃvṛtisat）的決定因素。法稱認為，對象的自相可以講動感、效能；對象的共相則不能與於動感、效能。這個意思，法稱在其《量評釋》的開首部分已提過。[127]這與我們一般的了解頗為不同。我們通常傾向於把動感、效能歸到世俗的立場

---

125 M. Hattori, DP, p.76, note 1.9.

126 桂紹隆著〈ダルマキールティにおける「自己認識」の理論〉，頁 20。

127 R. Sāṅkṛtyāna, ed., *Pramāṇavārttika of Dharmakīrti*, Appendix to J.B.O.R.S., Vol. XXIV, Parts 1-11, 1938, k.4.

方面去，而以為勝義的立場或勝義有是靜多於動的。不過，有時法稱談到勝義問題，又會回歸到空的義理方面去。他認為從勝義的立場看，一切法都無自性，都是空，因而在知識中的形象，畢竟也是空的。不過，就知識論的構成言，他總是看重世俗知識，認為世俗認知是知識的構架要素。[128]

在世俗知識方面，通常被視為包含感性知識或現量知識與分別的知識或比量知識，陳那與法稱都認許這兩種知識。現在有一問題是：這兩種知識是否可以同時生起呢？法稱的回應是肯定的。即是，我們可以在同一時間現見一個對象和分別另一個對象。在他看來，有分別的認識與無分別的認識可以同時進行。即是，在以分別的方式認識某一對象之餘，我們可以建立現量的無分別的知識。《量評釋》說：

> nānārthaikā bhavet tasmāt siddhā 'to 'py avikalpikā,
> vikalpayann ekam arthaṃ yato 'nyad api paśyati.
> （PV-P, p.106, ll.10-11, k.207）

這點很重要，與意識現量一複合概念也相通。在這個複合概念中，有分別的意識與無分別的現量可以同時進行。

對於相關的問題，法稱作進一步的探討。他認為，我們通常所謂實在的東西，是一種個體物，是從與它不同的東西區分開來的。它自然是現量的認識對象，但如要將它從不同的其他的東西區別開來，而展示其獨特的性質，則需要倚賴分別的作用。這種獨特的性

---

128 Ibid., kk.217-219.

質並不存在於實在的東西中，卻是由分別而來的概念；這概念是恆久地有效的，與個別的對象的存在或不存在並無關連。但現量則不是這樣，它只能在對象現前時發揮其作用，同時把對象看成是一個整一體來把握。因此，現量不是一下子便認識對象的，不能得到它的不同的性質。這不同的性質並不是現量的對象。以下《量評釋》的文字，便是表達這個意思：

sarvato vinivṛttasya vinivṛttir yato yataḥ,
tadbhedonnotabhedā sā dharmiṇo 'nekarūpatā.
te kalpitā rūpabhedā nirvikalpasya cetasaḥ,
na vicitrasya citrābhāḥ kādācitkasya gocaraḥ.
（PV-P, p.112, ll.1-4, kk.231-232）

這裏又涉及建立機制（sādhana）的問題。法稱對這個概念有確定的看法。在他看來，某一事物 A 或活動（krīya）倘若藉著另一事物 B 作為所依，在沒有障礙的情況下被建立起來，則這另一事物 B 便是這某一事物 A 的建立機制。《量評釋》說：

kriyāsādhanam ity eva sarvaṃ sarvasya karmaṇaḥ,
sādhanaṃ na hi tat tasya sādhanaṃ yā kriyā yataḥ.
（PV-P, p.124, ll.9-10, k.301）

關於建立知識的機制問題，釋迦慧（Śākyamati）提出，建立知識的機制是指知識的確認準繩（vyavasthāpaka）。即是說，這機制透過確認（vyavasthā）的活動，使知識得以成立。這裏我們要分清楚，說知識的建立機制或確認者，不同於知識的產生者。前者有對其他事物的排除（apoha）程序，後者則無此意。但這個問題太複雜，我不想在這裏鑽牛角尖。

我們返回較一般性的問題。說到建立知識，到底要建立甚麼知識呢？怎樣去建立呢？法稱強調，對於種種對象的知識，我們都可以同樣的方式，亦即是受納（anubhava）來處理。例如「青色的知識」和「黃色的知識」是不同的，但這種不同，只是就內在於「青色的知識」、「黃色的知識」中來說而已。《量評釋》說：

> tatrānubhavamātreṇa jñānasya sadṛśātmanaḥ,
> bhāvyaṃ tenātmanā yena pratikarma vibhajyate.
> （PV-P, p.125, ll.1-2, k.302）

即是說，在「青色的知識」中，有與其他不同顏色的知識相差別的因素在內，這因素是決定青色之為青色者。

現在有一個重要的問題：在不同的「青色的知識」、「黃色的知識」等之中，要確定各自的差別的知識，這需聚焦於哪一點來做呢？法稱提出「所量的形象性」或「對象的形象性」（artharūpatā, prameyarūpatā）一概念來解決。即是，我們回應各種對象而確定它們在知識上的差別，這即涉及挾帶著對象的形象而產生知識的問題。沿用上面的具體的例子，我們確定「青色的知識」和「黃色的知識」之間的差別，是依於「青色的知識」挾帶著「青色」這種對象的形象而生起，而不是挾帶著「黃色」這種對象的形象而生起，這種差別而成立的。即是說，被挾帶而生起的對象的形象是決定知識的因素。而這對象的形象是存在於相應的知識中的，在不相應的知識中是找不到的。下面《量評釋》的文字正是說明這些點的：

arthena ghaṭayaty enāṃ na hi muktvā 'rtharūpatām,
anyaḥ svabhedāj jñānasya bhedako 'pi kathañcana.
tasmāt prameyādhigateḥ sādhanaṃ meyarūpatā,
sādhane 'nyatra tatkarmasambandho na prasiddhyati.
（PV-P, p.125, ll.7-9, kk.305-306; p.126, l.1, k.306）

因此，我們可以看到，對象的形象性或量性存在於知識或量果之中。兩者是同體的，知識並不外在於對象的形象性。正如《量評釋》所說：

sā ca tasyātmabhūtaiva tena nārthāntaraṃ phalam.
（PV-P, p.126, l.2, k.307）

但對象的形象在知識之中，這形象背後的對象自身又在何處呢？這又是外界是否有實在的問題。這是佛教的知識論與存有論的一個極難解決的問題。法稱雖有外界實在的傾向，但傾向到何種程度，則很不易說，他總不能違背知識的自己認識的原則。

以上我們從法稱的《量評釋》看他的量果觀點和有關問題。以下我們看他的另一作品《正理一滴》和法上兼及現代印度學者如何看這些相關問題。《正理一滴》說：

tad eva ca pratyakṣaṃ jñānaṃ pramāṇa-phalam.
（NB, p.14, l.16, k.18）

其意是，這現量的認識即是量果（pramāṇa-phala）。跟著，《正理一滴》又說：

artha pratīti rūpatvāt.（NB, p.14, l.19, k.19）

這是說，量果是以對對象的認識作為其特性的。法上表示，對於對象的認知，即是理解。若在現量的知識中有這種認知，正是以對對象的認知作為其性質的。（《法上釋》，頁 237）法上又強調，正確的認識，是一種到達對象的認知。而到達對象的動力，並不存在於與對象的邏輯關係中。例如第一類東西與種子等具有邏輯的關係，但不見得便能到達芽的階段。[129]實際上，要認識能夠從到達了的對象生起，需要一種動力，才有到達作用。這是到達對象時的手段。法上以為這是認識結果，亦即是量果。[130]只有受到這種作用的對象的知覺，才能生起作用而產生知識。法上以為，以這種對象認知作為依據，才能有這以對象知覺為性格的現量產生。他稱這種結果為認識結果，或量果（pramāṇa-phala）。（《法上釋》，頁 236-237）在這裏，我們看到對象對於認知作用的產生，具有決定性的影響。但這對象不必是外界實在，不過一定要有動力。認識作用不是靜態的，而是動態的，這與法稱強調實效觀念有關連，同時也與唯識學中的有形象或有相這種特性相協調。

《正理一滴》繼續說：

---

129 這裏為甚麼說邏輯的關係呢？渡邊解為「不可分離」。（《調伏天釋》，頁 280）

130 這似乎應是所到達的具體對象的實在性、實有性，而不宜說為是量果。

artha-sārūpyam asya pramāṇam.（NB, p.15, l.7, k.20）

法稱的意思是，知識中的形象需與對象（artha）具有相似（sārūpya）的關係，這樣便是認識的作具（pramāṇa，或者是認識手段）。法上強調，認識必須能與對象相似，這即是形象與對象相似。詳言之：認識本身要與作為使認識生起的原因的對象相似。譬如說，由青色的東西所生起的認識，亦即是形象，與青色的東西相似。（《法上釋》，頁 237）按這認識本身是指在認識活動中得到的形象（ākāra）。這種相似性符合陳那所提出的認識的對象需要滿足具有與表象相同的形象這一條件。即是說，要直覺到青色的相似性，才能成立青色的知覺。這要假定在知覺之外有青色的東西，這便不免有承認外界實在之嫌。佛教知識論總是會碰到外界實在的難題。另外，對於 pramāṇa 一語詞，木村提出幾種譯法：正確的認識、認識過程、認識作具、認識所依。（《法上釋》，頁 237）在日本學界，最常用的翻譯是「認識手段」。

《正理一滴》繼續說：

tad-vaśād artha-pratīti-siddher iti.（NB, p.15, l.13, k.21）

此中的意思是，依於上面所說的相似性，對對象的認識便得以成立。對於法稱的這個觀點，法上有五點解釋或補充。第一，決定知識的原因，是相似性，是對象與認識中的形象相似。[131]此中被決定的，舉例說，是青色的知覺的相狀。這即是在知識或認識中的形象。第

131　很自然地，這牽涉及外界實在的難題。

二，由於現量是無分別的，它不能自己決定作為形象的青色的知覺，這便得依賴推理（anumāna）了。第三，透過對非青色的知覺的否定（apoha），以青色的知覺為形象，便被決定下來。而作為決定者的推理的知識，需要藉著現量的力量而生起。第四，現量成為推理（筆者按：應該是現量加上推理），便是正確的認識。倘若沒有推理的作用，我們的認識是不能決定青色的覺知的；這樣，以對對象的理解為本的認識結果亦即是量果便無從說起。推理的生起，正是能夠決定依相似性的作用而以青色的知覺為本質的認識。由於相似性是這種知識的決定的原因，故可被視為認識工具或認識手段。[132] 第五，藉著無分別的現量而生推理，後者的作用是對於對對象的直覺而加以判斷。對象不是被構想的東西。我們的知覺涉及對對象的現證，這知覺正是現量的機能。[133]（《法上釋》，頁 238-239）法上在上面五點中說來說去，要點則只有一：要成就認知活動，必須藉著現量和比量或推理同時作用，缺一不可。推理透過相似性而以概念來決定某一物體的知識。但這相似性又不能不涉及外界實在問題。這個問題若不能妥善解決，完整的知識論還是未能建立起來。這所謂完整的知識論，其焦點見於對象的客觀化問題。任何從心識展現、變現出來的對象，由於心識的主觀性格，也不能避免具有某種程度的主觀性，其對象便不能具有完整的客觀性格，除非承認外

---

132 按相似性自始至終都涉及對對象的相似性，這對象又總不能離開外界實在的問題。法稱對於外界實在的問題很有一個完整交代的必要，這會在本文的最後部分有詳盡的探討。

133 推理是知性的獨立的認知機能，如何依現量而生起推理，法上未有交代。現量是直覺，推理則是思想上的推演，雙方扮演不同的認知角色，一時間很難說哪方影響哪方。

界實在。但這外界實在是大乘佛教特別是唯識學所不能允許的。如何善巧地處理這個對象的問題，的確令人傷透腦筋。印度學者穆克己便指出，法上認為真正的知識是可驗證的知識，或與它所呈顯的客觀實在性沒有不協調之處的知識。[134]即是說，對象的客觀實在性是客觀知識的首要條件，我們對一切以心識變現為基礎的對象實在很難建立客觀的知識。

二十一、量果問題（兼及調伏天等的詮釋）

上面我們依據法稱的《量評釋》和《正理一滴》探討了法稱的量果思想。以下要就法稱的另一著作《量決定論》（*Pramāṇaviniścaya*）探討相同論題，並審視一下調伏天對《量評釋》與《正理一滴》的詮釋。由於篇幅所限，我們在這裏只能處理一些扼要的問題或觀點。此中所謂「扼要」，矛頭直接指向在世俗世界或現象世界中所進行的認識活動。總的來說，法稱相當重視世俗世界或現象世界的種種存在，這由他喜歡把實效的作用關連到現象世界一點可以確定下來，這點我們在上面諸節中有透露出來。他在其《量決定論》中更表示，這部論典完全是以平常的活動（vyavahāra）中的知識問題作為主要的內涵而說的。此中的 vyavahāra 的本意是言說，特別是世間的言說（lokavyavahāra），由於它強調平常的、世間方面的言說，因而引申出常識的世界或所謂「世俗」（saṃvṛti）的意思，因而也具有概括性的世間事物、經驗事物的意涵。法稱指出，關於這平常活動的知識，愚昧的人與俗世的看法是不同的。我們透

[134] UF, p.85.

過對般若智慧（cintāmayī prajñā）的注意與修習、實踐，便能遠離一般人所不能免的種種知解上的惑亂、迷惘，和道德上的污垢，而產生不會退轉的勝義的知識（paramārtha-pramāṇa），這種知識可以引導我們進向無執無垢的終極目標，亦即是成覺悟、得解脫。《量決定論》正是以這點為其主要的內容的。[135]這樣的量或認識手段，與其說是感性直覺（sinnliche Anschauung），不如說是睿智的直覺（intellektuelle Anschauung），來得恰當。我們自然是在現象世界、世俗世界中作用的，但不能囿限於感性的現象層面，而是要上提到睿智層面，覺悟、解脫才能說。這個層面正是我們要決定、抉擇的。《量決定論》的這種觀點，與《量評釋》、《正理一滴》的所說，若合符節。這部論典是《量評釋》的撮要的文獻。

至於調伏天的解釋，他指出，就現量是量或認識來說，色等是所量，或所認識，最後得出來的成績、效應，便是量果，或認識結果。例如，我們以鉞斧（kuṭhārikā）把樹木砍開為兩片，這便是結果、收穫。因此，我們說「現量認識」（pratyakṣaṃ jñānam）即是量果（pramāṇa-phala）。這現量認識便是果，離開了現量的作用，在別的處所，不能有果可得。[136]

就現量是以對對象的認識作為其特性而言，調伏天指出現量是以認識或照了（pratīti）對象作為其特質的，按這也是現量的機能所在。我們在日常生活中，假立（upacāra）能量、所量這樣的標示（vyavahāra），對於對象（artha）有所抉擇，而得到對象的形象，便是果。即是，現量是以抉擇對象為其性向，故現量即是果的性

135　*Pramāṇaviniścaya*，影印北京版《西藏大藏經》，No.5710, p.256a~1-3。
136　《調伏天釋》，頁 129。

向。[137]這性向其實即是作用，有甚麼作用，便能得甚麼果。因果是不爽的。

對於以上的問題，印度學者穆克己又就法稱與經量部的剎那滅思想提出一些要點。即是，一切存在的東西都是剎那剎那存在的，在某一剎那與感覺器官接觸的事物，與我們在心中形成的觀念不是同時的。感覺對象有一種力量，透過感覺通道，在意識中留下其形象，這是對象的效能，它因此能成為知覺的對象。[138]因此，在意識中真正被覺知而留下印象的，不是外在的對象，而是它的形象。這心靈的形象（按即在意識中所得到的形象）可視為一個忠實的呈現，它是那只就其自身的權能而能存在的外在於心靈的實在性（extra-mental reality）的確切的影像。[139]穆氏在這裏替法稱的觀點作概括性的評論：外界的實在性永遠不可能是知覺的直接對象，但能透過中介而被知解。即是，它只能靠在觀念中呈現的被假定的相似性而被推導出來。[140]最後是，對於一個外在對象的知覺，只是對於一個觀念（idea）的知覺，這觀念被視為是外在對象的影像或圖像。[141]穆克己跟著提出一個關鍵性但又極為困難的問題：知覺知識的直接原因是甚麼呢？這亦即是，我們意識中的不停流變的知識內

137 Ibid., p.130.

138 法稱在這方面突出了具有效果、效能是對象的一種條件的意涵。

139 穆克己在這裏的說法有問題。存在於心靈之外的實在性的東西（倘若真是存在的話）需要通過感官而至意識、心靈，與這東西有直接接觸的是感官，不是心靈，感官能否真實無誤地把實在性的東西傳達給心靈，是一個頗有爭議性的問題。

140 這相似性指形象與外界對象的相似性，這形象可通到有形象知識論或有相唯識方面去。

141 這裏仍有預設外在對象的意味，只是我們對它沒有知覺而已。

容的原因是甚麼呢？經量部的答覆自然是在心靈以外但能與心靈接觸的客觀實在性（objective reality）。[142]但由於這客觀實在性具有剎那滅的性格，它不可能直接地為心靈所認知。只有它的意像或影像能直接地被認知，而心靈的觀念又被視為與那外在於心靈的實在相似。因此，我們只能視這意像或影像為心靈的實在的有效性的原因（arthasārupyam asya pramāṇam, tadvaśād arthapratītisiddheḥ）。即是，某一特殊的認識（pramāṇam）的直接原因是被印到知識上的形象或相似性，而不是感覺器官。正理學派（Naiyāyikas）正是以感覺器官為認識的原因的。穆克己特別強調，決定一個認識的性格的，是那特殊的形象或相似性，而不是感覺器官。[143]按穆氏的這種看法，清晰地而又正確地點出形象或它與對象的相似性是決定我們的認知活動的性格或內容的原因。但外界實在的問題仍然懸而未決。我們不能認知它們，因為我們跟它們沒有溝通的渠道。因此，形象或相似性云云，只能依賴推理的作用了。但推理不是感覺或直覺，只有後者能直接接觸外界的對象、外界的實在的東西。

---

142 按這即是指外界實在的東西。

143 UF, pp.337-339.

第三章　從外界實在問題看法稱的知識論

一、自己認識的概括性的說明

自己認識是法稱知識論中一個重要的觀點，這觀點在第二章中已有交代。在這裏，我要就這個觀點與外界實在的問題的關係，進一步看法稱的知識論。表面看，自己認識與外界實在是相對反的、矛盾的。自己認識指我們所認識的對象是由自己的心識變現而來，不是外界的實在物，因而不需牽涉及外界的實在的世界。實際上，我們也沒有能認識外界的實在物的機能，如果真的有外界的實在物存在的話。

法稱在談到認識活動中，認識者或認識主體認識它的對象的形象一點上，是沿著受取原因的形象的路數來說，而關於原因或對象的來源方面，他是就認識者或認識活動自身來說的。即是，認識活動本著與原因或認識對象相似的自體而生起被認識的形象。他在其《量評釋》中說：

yathā phalasya hetūnāṃ sadṛśātmatayodbhavād,

heturūpagraho loke 'kriyāvattve 'pi kathyate.（PV-k(I), 309）

這是通過挾持對象的形象而生起所知，以能知來知它，便構成知識。這對象即是上面所說的原因。但它是內在於心識中抑是在外界的實在物，法稱未有完滿交代。就唯識學（法稱屬於唯識學的譜系）而言，應是內在於心識中。

法稱在下面說明：我們的知覺不能接觸在它的範圍外的東西，亦即是現象界外的東西，因此不存在對外在對象的認識的問題。不過，我們仍然可以說知識，可以具有有關事物的知識。到底我們如何可以擁有知識呢？他指出，知識自身受納藍色等形象（nīlādirūpa），但不是外在世界的事物的形象。這些藍色等形象為我們所知覺，而且是直前地、直接地被知覺。他說：

ātma sa tasyānubhavaḥ sa ca nānyasya kasyacit,

pratyakṣaprativedyatvam api tasya tadātmatā.（PV-k(I), 326）

對於這種直前的、直接的知覺，或對事物的受納，法稱以自己認識的活動來看。這是知識主體或認識主體的自我呈現、自己認識的活動，沒有能所之間的分別。他說：

ñams-su-myoṅ-baḥi bdag ñid du skyes-pa yin gyi gzuṅ-ba daṅ ḥdsin-paḥi dṅos-po ni ma yin so.（PVP, 259a）

跟著，法稱即闡明，知識本身便具有藍色等形象，這是對於自己的形象的受納，我們可稱之為「對於藍色等的受納」。他說：

nīlādirūpas tasyāsau svabhāvo ’nubhavaś ca saḥ,
nīlādyanubhavaḥ khyātaḥ svarūpānubhavo ’pi san.
（PV-k(I), 328）

在這裏法稱頗有把知識、知識的機能、知性、認知主體等拉在一起，視之為表示同一東西的傾向。這是知識的自己受納自己，自己呈現自己。所呈現、所受納的，正是自身所擁有的形象，不是在知性作用範圍外的外境或對象。這些外境或對象，在康德（I. Kant）來說，是物自身（Ding an sich）。康德視物自身為一限制概念（Grenz-begriff），限制知性的作用範圍在現象或形象之中也。即是說，知識或知性絕不能受納現象之外的外境或對象。在這裏，我們可以提一問題：知識不能及於物自身或外境、對象，但我們能否說外境、對象具有存在性呢？在康德來說，答案是否定的。胡塞爾（E. Husserl）則把外境、對象具有存在性這些問題擱置不談，因為這些東西都沒有明證性（Evidenz）。

有人可能提出，自己對自己作用是不可能的，自己只能對自己以外的東西產生作用。因此，知識自己受納自己，自己呈現自己，是不可能的。法稱以「光」的譬喻來回應，說光能照外物，也能反照自己。知識也是一樣，能自己認識自己。《量評釋》說：

prakāśamānas tādātmyāt svarūpasya prakāśakaḥ,
yathā prakāśo ’bhimatas tathā dhīr ātmavedinī.（PV-k(I), 329）

關於這點，帝釋覺（Devendrabuddhi）特別就能、所關係的排除（apoha）支持法稱的說法，他認為，光在發揮作用時，它照明自己，並不是把自己作為對象來處理，它只是本著照明的性格，作出自我觀照的作用。知識也是一樣，它並不是把自己當作一對象來認識，但它也有照明的性格，這照明性格可以遍及一切，包括它自己在內。（PVP, 2596. 這裏我不引述藏文翻譯了）

知識的自己認識或知性主體（Verstand）的自己認識，是法稱知識論中絕對不可忽視的課題，雖然在這方面他也受到陳那的影響。[1]他強調，在知識的自己認識中，除了知識自身外，沒有其他東西存在。而受納這知識的，也不是知識之外的另一東西。這正是知識或知性主體的自己呈現。關於這點，《量評釋》說：

> nānyo ’nubhāvyas tenāsti tasyā nānubhavo ’paraḥ,
> tasyāpi tulyacodyatvāt svayaṃ saiva prahāśate.
> （PV-k(I), 327）

二、自己認識與在知識中的形象難與外界的對象相連繫

關於自己認識，是陳那開其端而提出，將它說為是知識活動的結果。這個問題牽涉到唯識學派所說的外境由心識變現和經量部的

---

1 關於陳那的知識論的周延的理解，參看服部正明著〈ディグナーガの知識論〉，《哲學研究》，第 462 號，頁 34-69；同氏著〈ディグナーガの知識論（完）〉，《哲學研究》，第 463 號，頁 28-55。亦可參考 PSV, 95b-96a。

外界實在說之間的矛盾問題。法稱承續著陳那說下來，也受到經量部學說的影響，但也不是完全依從後者的說法。這主要是知識活動的成果或量果與知識能力或量之間的關係問題，同時也牽涉及知識的對象或所量的問題；所量是指存在於感官範圍之外因而也是現象範圍之外的外界的東西。對於法稱來說，知識正是在對象的形象被挾帶而生起的情況下成立的。關於這點，筆者在拙著《佛教的當代判釋》中有詳細的說明與評論。[2]陳那、法稱認為，對象的形象擬似對象而生起，它本身便是知識能力或量。而對這對象的形象的認識便是量果。量與量果是同體，不是異體。

說實在的，我們能否認識外界對象呢？法稱持懷疑態度。他認為，我們所具有的知識，是由種種形象決定的。這樣決定的知識（prativedana），正是我們所直覺到的，不能被視為對於外界的對象的知識。《量評釋》說：

yad evedaṃ pratyakṣaṃ prativedanam,
tad arthavedanaṃ kena tādrūpyād vyabhicāri tat.（PV-k(I), 320）

外境對象論或外境實在論者認為，作為知識的對象，需要具備兩個條件：

1. 知識（的形象）與對象相似，這是對象類似性（arthasārūpya）。

2. 知識（的形象）由對象生起，這是對象生起性（arthotpatti）。

法稱提出他的回應：第一個條件是無法成立的。因為對象由極微（aṇu）所構成，極微是最小的粒子，它與粗大的知識形象是不可能

2　《佛教的當代判釋》，臺北：臺灣學生書局，2011，頁 315-375。

相類的。（sarūpayanti tat kena sthulābhāsāś ca te'ṇavaḥ. PV-k(I), 321）實在論者認為，極微在外界有其存在性，可視為知識的對象。極微細小不可見，是真的。但眾多極微聚合起來，便可成為視覺對象了。法稱則持異議，他認為極微與知識的形象不可能有相類似性。知識的形象是一大塊的，個別的極微沒有這種大塊性，即使多個或無數個極微合起來也不行。因此，他總結地說，在知識中，不可能有來自對象（外界的對象）的形象，我們所得到的，只是一堆雜亂無章的東西而已，這或許可以康德的雜多（Mannifaltige）名之。我們對外界的對象不能構成知識。法稱在《量評釋》中說：

> tan nārtharūpatā tasya satyārthāryabhicāriṇī,
> tatsaṃvedanabhāvasya na samarthā prasādhane.（PV-k(I), 322）

法稱的實際意思是，上面提到的對象的類似性（arthasārūpya）不能成立。他強調我們無法確認在外界方面有實在性的對象與知識或知識的形象之間的關係，我們不能具有對於外界對象的知識，我們不具有認識在知覺經驗或現象的範圍以外的事物的認知機能。我們在這一點上，可以把這在知覺經驗或現象的範圍以外的事物與康德的物自身作些比較，雙方有寬廣的對話空間。在康德來說，物自身是不可知的。

法稱的結論是，在有關自己認識（sva-saṃvedana）的問題上，只有在認識活動中有對象的形象出現，我們才會覺察到外界對象，但這是不可能的。實際上，我們只具有對認識活動本身的自己認識。除此之外，我們無法把握到任何外界的對象。這些對象即便是有其存在性，我們也無法確認。對於這種東西，我們無正面的話可說。

三、外界實在只能被推論

下來的問題是：我們應該如何處理外境方面的對象或外界實在的問題呢？在法稱來說，我們只能以推論的方式來交代這個問題。即是，我們的感官可以受納作為現象的形象，我們的意識可以推知這些形象在外界應有其根源，這即是外界實在。進一步說，我們的心識中有這些外界實在的形象，因為外界實在或外界對象在我們的感官面前以其形象出現，這形象被我們所吸收，它背後應有實物作為其所依，這便是這裏所說的推論，即由形象推論其背後的外界實在，我們不能直接接觸這外界實在，只能透過形象來推論其存在性。實際上，到底有無這外界實在，是一個懸而未決的問題。[3]法稱在《量評釋》中說：

> vidyamāne ’pi bāhye ’rthe yathānubhavam eva saḥ,
> niścitātmā svarūpeṇa nānekātmatmatvadoṣataḥ.（PV-k(I), 341）

法稱的意思是，有關對象存在於外界的問題，這對象只能就它被受納而被推知，它自身的相狀到底是怎麼樣，是沒法知悉的。按我們既然不能直接接觸外界對象，只憑形象去推論，而這形象又被視為屬於知識自身，則根本不能被視為客觀的存在。另外，關於形象的來源，一時說為來自外界對象，一時又說是知識自身的產物，這如何可能呢？這裏我們看到法稱的知識論的弱點。

3　如上面提及，這種外界實在在胡塞爾的現象學來說，是要被懸擱的，打括號的，理由是缺乏明證性。

最後，法稱還是強調形象是知識自身的產物，維持唯識學的識轉變的基本觀點。他提出，即使在以外界對象為所量的情況下，在以外界境域中有對象存在的情況下，我們與對象仍有所隔，不能就這對象本身的形象來認識對象。即是說，我們不能說對於對象有知識，不能以之為量果。我們只能強調知識的自己認識，並視之為量果。關於這個意思，《量評釋》有如下說法：

> tasmāt prameye bāhye ’pi yuktaṃ svānubhavaḥ phalam,
> yataḥ svabhāvo ’sya yathā tathaivārthaviniścayaḥ.
> （PV-k(I), 345）

關於此說法的意思，維特（T. Vetter）在其《法稱論知識問題》（*Erkenntnisprobleme bei Dharmakīrti*）一書中有德文翻譯。[4]

進一步，我們要往深層看對外界實在的推論問題。法稱很強調知識即是自己認識的觀點，並且加以論證。擺在眼前的是一個非常明顯的問題：外界實在或對象是不是根本不存在呢？在經量部（Sautrāntika）來說，外界對象是存在的；不過，他們認為，我們不能透過現量（pratyakṣa）或知覺（perception）來接觸外界對象，因為知覺的作用範圍有限，只限於具有時空性的現象，過了這個限度，知覺便無能為力了。這種說法，有點像康德，後者認為，我們的感性與知性的作用的有限性，是在現象範圍中。但經量部認為，我們可以透過比量（anumāna）或推理（inference）來推證有外界對

---

[4] ED, S.81.

象、實在的對象。[5]法稱對於這種說法，並不否定，但有所修正。他認為，我們可合法地以比量推知我們的感官知識應有它的生起的原因，這便是外界的存在，或外界實在。倘若沒有外界實在，我們所可憑藉的種種條件，包括感官在內，還是不能生起感性的知識。為甚麼會是這樣呢？到底欠缺了甚麼東西呢？所欠缺的正是比量中沒有或不能接觸的外界存在、外界實在。關於這個意思，《量評釋》說：

> hetubhedānumā bhavet. abhāvād akṣabuddhīnāṃ satsv apy anyeṣu hetuṣu.（PV-k(I), 390-391）

不過，法稱強調，比量的這種推論，要在我們不理解感性知識的來源的情況下才是有效的（valid）。倘若我們已知道這來源，例如等無間緣（samanantara-pratyaya），則比量便變得無效了。這即是《量評釋》在下一段文字所傳達的訊息：

> niyamaṃ yadi na brūyāt pratyayāt samanantarāt.（PV-k(I), 391）

四、法稱與外界實在論者在知識問題上的分野

在這裏，我們要細看法稱的知識論與外界實在論的知識論之間的不同之處。在法稱看來，外界實在論者強調外界的存在可以被攝

5　關於這點，很多日本學者已指出過，例如金倉圓照、梶山雄一、御牧克己等。

取入於知識之中，以對象的形象（arthākāra）而被知。這外界存在能在知識中以對象顯現的模式出現。其典籍式的說法是，知識挾帶著外界對象的形象而生起。《量評釋》這樣說：

> yasmād yathā niviṣṭo ’sāv arthātmā pratyaye tathā, niścīyate.（PV-k(I), 347）

對於這一點，法稱以知識的自己認識來看。他指出，知識的成立，不在於由外界對象給出其形象之中，卻是描繪知識自身的對象的形象而成就的。法稱把這種活動稱為自己認識。對於這種自己認識，有些人會有不正確的理解，以為這是對外在對象的精確的認識（niścaya）。法稱特別強調，外界的對象或存在當體（arthātman）是不能被認知的（na dṛśyate）。這個意思，可在《量評釋》的如下的文字中看到：

> niviṣṭo ’sāv evam ity ātmasaṃvidaḥ. ity arthasaṃvit saiveṣṭā yato ’rthātmā na dṛśyate.（PV-k(I), 347-348）

法稱的意思很清楚，我們不能即就外界對象如其本來（其實有沒有其本來便很難說）的相狀直接地認識它；在知識論中出現的對象（有沒有這對象也很難說）的形象，不是外界對象的形象，而是知識自身提供的形象。但如何提供，即是，知識自身是抽象的，而對象的形象是立體的、具體的，抽象的知識如何轉變出立體的、具體的形象呢？這裏需要有一種宇宙論的推演。法稱未有這樣做。

在這點上，法稱最後作出結論：在知識中被描劃、被展示的對象的形象，正是知識的主要內涵，是自己認識的另一方，是客體一面，這自己認識即是知識，即是量。這對象的形象如如地潛入知識之中，以成就自己認識。[6]關於這個意思，《量評釋》說：

> tasya buddhiniveśyarthaḥ sādhanaṃ tasya sā kriyā.
> yathā niviśate so 'rtho jñāne tadvat prakāśate,
> （PV-k(I), 348-349）

按法稱的本意其實是說明對於外界對象的認識是不可能的，但人們總是執取外界對象，以為我們的知識可以認識它們，或更精確地說，以為我們可以對它們建立知識，在知識中認知它們。在法稱看來，所謂對外界對象的認識，是以在知識中被描劃的對象的形象為主的，形象既是在知識中被描劃，則所謂知識其實是自己認識，這便是量（pramāṇa）。離開了這自己認識而說知識，是一無是處的。法稱這樣地以在知識中被描劃的形象來說對象，其本意是要避開作為知識的形象的來源的外界實在的難題。按以外界實在的對象作為知識活動或認知活動的客體，的確很難說得通，因我們沒有接觸這種對象的渠道。在我們的認知活動中，我們所接觸的只是形象，這形象如何能與外在的客觀世界關連起來，有實在論與觀念論兩條途徑。依實在論的做法，是以形象等同於在外界的實在的對象，但這「等同」關係如何成立，是一大難題。餘下的就只有依觀念論的說

---

6 說對象的形象進入知識之中，成就自己認識，是有語病的，法稱本來的觀點是形象只存在於知識之中，說形象進入知識中，表示形象由知識之外進入知識之中，是不通的。故這句話只能分析地說，方便地說，不能抓得太緊。

法，以形象只能在認知活動中成立，不能有外界實在的指涉。

印度中觀學（Mādhyamika）的後勁寂護（Śāntarakṣita）在他的鉅著《攝真實論》（*Tattvasaṃgraha*）的〈外境審視章〉（Bahirarthaparīkṣā）的前半部提到自世親（Vasubandhu）的《唯識二十論》（*Viṃśatikāvijñaptimātratāsiddhi*）與陳那（Dignāga）的《觀所緣緣論》（*Ālambanaparīkṣā*）發表後，印度哲學與佛學有三種肯定外界（在心識之外）事物的實在論（realism）。一是勝論派（Vaiśeṣika）；認為知識的對象在外界，由種種極微或原子組成。二是毗婆沙師（Vaibhāṣika）；他們承襲了勝論派的前部說法，但補充說極微集合起來，在有空隙的情況下成為對象。三是經量部；認為極微在沒有空隙的情況下集結起來，把自身的形象移交與知識。

五、實在論者對自己認識說的反駁

法稱雖略有實在論的傾向，但在理解知識或知識論方面，堅守唯識派的觀念論的立場，強調知識的自己認識。印度哲學的一些學派，如數論派（Sāṃkhya）、正理派（Nyāya）、彌曼差派（Mīmāṃsā）等都講外界實在論，它們對自己認識的知識論進行批駁。例如在數論派方面，瓦查斯帕蒂密輸羅（Vācaspati Miśra）寫有《數論真理之月》（*Sāṃkhya-tattva-kaumudī*），它比著名的自在黑（Īśvara-kṛṣṇa）的《數論頌》（*Sāṃkhya-kārikā*）還重要。瓦氏認為知識手段（pramāṇa）有量度的作用或用途，[7]因此是正確的認識的原因。它具有智思的作用，能超越疑惑、矛盾。

7　實際上，梵文 pramāṇa 的語根 pra-mā 正是量度之意。

關於物質世界的客觀性，瓦氏有他一套的說法，以反駁觀念論者所提出的唯知識論者或唯心識論者。[8]他強調，在我們面前呈現的世界（vyaktam）是客觀的（viṣayaḥ）。即是說，它是可被知覺的，是知識之外的東西。[9]同樣，它是普遍性格的（sāmānyam），可以為所有的人所知覺。瓦氏特別指出，倘若一切都是知識或心識，如唯識學所言，則知識不能為不同的個體所分有，同樣，物質的事物亦不會成為普遍經驗的對象。[10]按這是認為知識或物質事物不能是主觀的心識；若是主觀的心識，則只能由一個主觀的人所具有。這是違背常識的。但知識作為主觀的心識的內容，不必不能與他人的心識相通，只是不能是完全相同而已。而在心識中的物質，亦可作為他人的對象，只是他人所得到的形象不完全相同而已。這是由於各人的認識機能、認識條件不同的原故。故瓦氏的反駁不是很有理論效力。

另外，彌曼差派（Mīmāṃsā）的鳩摩里羅（Kumārila）是外界實在論者，他拒斥認識活動中沒有外界對象（nirālambana-vāda）的說法，亦即是心識活動中不涉及外界對象的觀點，這是佛教特別是唯識學派所堅持的。以下是他提出的四點論據，並附上筆者的回應或按語。

8　這唯知識論者或唯心識論者顯然是指唯識學派，特別是知識的自己認識的倡議者。

9　這與有形象知識論（sākārajñāna-vāda）或有形象唯識學有明顯的不同。有形象知識論強調知識的自己認識，形象只能在知識中、在心識中說，不能通到外界實在，抑是否能說外界實在，或是否有外界實在，亦不能說。實在論則強調離心識之外的客觀世界，這世界是有實在性的。

10　關於以上的說法，我部分參考了印度學者柏來薩特（J. Prasad）在他的書《印度知識論史》（*History of Indian Epistemology*）的說法，此書省作 HIE。

1. 在一切認識活動中，都必須有認識者、被認識的對象和認識活動的分別。同一東西不能分化為這三者。按這是反對唯識學的自己認識的說法。
2. 認識活動不能被自己所認識，不能有自己認識的可能性。[11]它的存在性可由被認識的對象而推知。按這種說法不夠周延，應該說認識活動的存在性可由被認識的形象（不是對象）而推知。這是承接經量部的說法。
3. 倘若對象的觀念與對象等同，則在我們對觀念的回憶中，對象亦應能出現。按我們能回憶過去了的對象，那是通過思考及對象的觀念而成；倘若對象的觀念與對象等同，則對象的觀念若能在記憶中出現，對象自身亦應能出現。按這是加強了對象的在經驗中的分量，亦提高了對象的客觀實在性。
4. 一切認識手段應該是自我便有效的。倘若認識活動的有效性（pramāṇyam）需依賴在此之外的驗證，則此驗證又需依賴另一驗證，這樣便會出現無窮推溯了。鳩氏堅時，認識活動只需依於它自身是認識手段，便被證實為有效。按這裏說的認識手段應相當於認識者，這便與上面第一點所說的認識者與認識活動要有分別一點相矛盾。[12]

勝論派（Vaiśeṣika）也是實在論者，《勝論經》（*Vaiśeṣika-sūtra*）提出兩個世界論：表象世界和背後的實在世界。對於表象世界，我們可以憑一般的認知手段來認識，其中包括感官。至於認識實在世界，則不需要感官作媒介，它只對具有特別的冥想能力者直接展現，

---

11 這一點應加上「以得到其存在性上的認可」。

12 以上部分參考柏來薩特的 HIE, pp.162-163。

讓他們理解實在。這裏所說的冥想，應該相當於瑜伽派（Yoga）所說的睿智（prajñā），或康德所說的睿智的直覺（intellektuelle Anschauung）。

六、吠檀多學派的實在主義的知識論

在著名的印度六派哲學的實在論中，以吠檀多派（Vedānta）最為有名，也最有影響力。到了八世紀的商羯羅（Śaṅkara）更發展出所謂不二一元論派（Advaitavādin），強調梵（Brahman）與我（Ātman）的作為終極原理的梵我同一性。他反對唯識學的沒有外在對象，只有觀念是真實的知識論的說法。[13]以下我們依據柏來薩特的說法，以六點來闡釋商氏的觀點，並附有筆者的評論、按語在內。這六點是：

1. 我們覺察到外在事物，故不能說外在事物的非存在性。即是，在每一知覺活動中，我們都覺察到有外在事物與觀念相應，不管它是一根柱、一陣牆、一塊布或一個樽。這些東西都是存在的。按這些東西只在我們覺察的範圍內有效，在其外則不必有效。例如，我看到書房中有一本書放在桌子上，我離開書房的視線範圍，便不能確定那書本仍然放置在桌子上。
2. 基於覺識自身的本性，我們應承認一個被視為在覺識之外的東西的存在性。沒有人能在覺察到一根柱或一陣牆時，只覺察到他自己的知覺。實際上，所有的人都會覺察到柱、牆等，作為他們的知覺的對象。當那些駁斥外物存在的人說到在認

13　其實在唯識學看來，觀念亦不是實在，它是空的、沒有自性的。

識活動中的對象像是一些外在物時，已預認外物的存在性了。按說認識活動中的對象「像」外物，這「像」亦只是一種擬想，不必表示真正有外物存在。

3. 倘若我們說觀念像外在物不表示外界真有實在的東西，因為外界事物是不可能的，（倘若這樣說，）則事物的可能性或不可能性只能由知識手段（pramāṇa）是否運作來決定。另一面，知識手段是否運作，不能依於預先覺知的可能性或不可能性。只要是由直接知識或其他知識手段來把握，便是可能的；若不是由這樣把握，便是不可能的。現在的情況是，外在事物就其本性來說，是由一切知識手段來把握的，因此它們是真實的。按此中仍有一問題：由一切知識手段來把握的東西，可以是知識活動本身所涵的，不一定要是獨立於知識活動的外在物。
4. 觀念與事物終是不同。（按這殆是反對唯識學的境由識變的意思。）原因如下：
    a. 主觀觀念論者所提的觀念具有形相一點，只能在在觀念之外有對象這種假定下，才能成立。
    b. 在有對於兩個對象的知覺時，即是，一頭白牛和一頭黑牛；或在有對於同一個對象的兩種性質的知覺時，即是，牛奶的嗅覺和味覺；或者在有對一個瓶的知覺和對於它的記憶時，我們看到有兩種觀念牽連在這些活動中，即是，牛、牛奶和瓶的普遍觀念，和白牛、黑牛的特殊觀念、牛奶的嗅覺和味覺的特殊觀念、由感官而被知覺的瓶的特殊觀念。這些特殊觀念都指涉事物的存在性。按這表示我們的觀念，不管是普遍的抑是特殊的，其成立都依於外界的存在物；不然，我們便不能有這些觀念。這是唯物論的說法：先有客觀的、外在的、獨立的東西，才有主觀的、內在的、非獨立的觀念。但問題是，我們不具有直接接觸這些客觀的、外在的和獨立的東西的手段或渠道，不能直接地強調它們的實在性，我們只能憑我們所具有的觀念或在知識中的形象去推論外在的對象。因此，直接地確認外在的對象的實在性，是無效的（invalid）。

5. 倘若說，我們在覺醒時意識到柱等事物觀念，在沒有外在對象的情況下，這些觀念會生起，像夢中的觀念那樣。商氏認為，這兩組觀念是不能在同一層面中處理的，因為它們在性格上不同。我們在夢中覺察到的事物，會在我們醒時被否定掉。但我們在醒時所覺察到的事物，像柱等，在任何狀態下都不會被否定過來。進一步說，夢中的所見，僅是回憶，但在醒時事物的呈現（darśana），則是即時的認識（upalabdhi）。這兩種情況的分別是很明顯的：夢中的情況，沒有對象，醒時則有。按夢中當然不能說外在對象，醒時亦不見得能說外在對象，只能說認識的形象。而且，說我們在醒時所覺察到的事物不可被否定掉亦有問題。這些事物的存在可以依於我們的虛妄的感覺而致，它們的存在性沒有保證，因而也不存在否定的問題。

6. 商羯羅認為，佛教徒說觀念的多樣性可依思維的多樣性（vāsanā-vaicitrya）而成立，不必指涉外在事物。但我們必須預設外物的存在和對它們的知覺，才能解釋這些思維、印象的多樣性。商氏又提出，若以這些思維、印象無始時來即相互影響來解釋它們的生起，不需要一外在的原因，這勢必導致無窮推溯的困難。但這是不可能的。同時，他更認為我們要預設一自我的存在性，因為思維、印象的多樣性和觀念要有一個恆常地在統一狀態的基底（kuṭastha）來支持，這基底便是自我。按這裏所說的基底甚類似康德所說的超越的統覺（transzendentale Apperzeption）和胡塞爾的絕對意識（absolutes Bewuβtsein）。至於思維、印象的無窮推溯，我想其意是指此一期的思維、印象要依於前一期的思維、印象，後者又需依於再前一期的思維、印象。[14]

以上是商羯羅對佛教特別是唯識學的形象說的辯斥，這形象說自也對陳那、法稱有適切性。商氏是吠檀多派的最重要的學者，他仍是站在實在論、外界實在的立場來發言，並不見有甚麼新意。他在《攝一切真實論》（*Sarvasiddhāntasaṃgraha*）中對佛教四派對外界與知識的實在程度作出了評估：[15]

	外界	知識
毗婆沙師	實在	實在
經量部	實在（推論）	實在
唯識學	非實在	實在
中觀學	非實在	非實在

商氏的評估大體上是可接受的，但以唯識學講的知識有實在性，則可商榷。

14　以上有關商羯羅的觀點的闡釋，參看 J. Prasad, HIE, pp.185-187。

15　桂紹隆著〈ダルマキールティにおける「自己認識」の理論〉，《南都佛教》第 23 號，1969，頁 6。

第四章　脫作護的知識論

一、脫作護的知識論的譜系和重要著作

印度大乘佛教發展到中、後期，其思想的發展，開始向知識論方面開拓。其中有三個代表人物：陳那（Dignāga）、法稱（Dharmakīrti）和脫積護或脫作護（Mokṣākaragupta）。他們各自各發展自己的知識論體系。我們一般比較注意陳那與法稱，對脫作護則知道得很少。從知識論的譜系來說，他傾向於唯識學方面。他喜歡徵引法稱、智積護或智作護（Prajñākaragupta）、智勝友或智吉祥友（Jñānaśrīmitra）和寶稱（Ratnakīrti）的著作，應該是屬於唯識學派。但印度大乘佛教發展到那個階段，門戶之見逐漸止息，不同學派（如經量部、中觀學、唯識學）的論師有很多的交集。寂護（Śāntarakṣita）作為中觀學派的殿軍，也與唯識學融合起來，吸收它的實踐思想，而成為一新的瑜伽行中觀派（Yogācāra-Mādhyamika）。脫作護自己也受到寂護的某種程度的影響。另外，他又有自己的一些獨特的見解，例如提出一些共相可以作為現量的對象。通常現量只認識自相，不認識共相。只有比量才認識共相。這是陳那、法稱下來一直所持的見解。不過，從大方向來說，脫作護大體上是追從一般的共識，認為有效的認知活動有兩種：現量（pratyakṣa）與比量（anumāna）。他

也相當重視法稱所特別強調知識的自己認識或自己意識（svasaṃ-vedana）的觀點。同時也繼承了法稱的重視知識的實效性格。關於這一點，似乎成了中、後期印度大乘佛教的共同傾向。這可能由於知識論是與現實世界、經驗世界有密切的關係所致。即是，佛教一直都是很強調解脫、覺悟的宗教理想的實現，佛教徒講知識，通常是相應於超越性格的、睿智性格的智慧一類與證成終極真理有直接關連講的，如中觀學、般若文獻講的證入勝義諦（paramārtha-satya）的智慧亦即是般若智（prajñā）和唯識學講的轉識成智的了達一切唯識性（vijñaptimātratā）的智慧。中、後期佛教則取較為現實的態度，佛教徒除了關心直接的覺悟外，也關心周圍環境亦即是客觀世界的性格，要對它建立有西方哲學意義的知識和知識論，俾能從深度與廣度來全面理解客觀的現象世界，更有效地達致覺悟、解脫的宗教目標。法稱便這樣做了，其他論師也紛紛走這條路向。

在著作方面，目前流行的是脫作護的《論理的言說》（*Tarkabhāṣā*）。這部論著展示出脫氏的比較完整的知識論系統，其中處理了知覺、推理與辯證三方面的面相與問題，內容比陳那和法稱的好像還要豐富。他雖源出於法稱，但頗有後來居上之概。這部文獻有兩個本子：

E. Krishnamacharya, ed., *Tarkabhāṣā*, Vol.XCIV, Gaekwad's Oriental Series.

H. R. Rangaswami Iyengar, *Tarkabhāṣā and Vādathāna*. Mysore, 1952.

這部《論理的言說》有梵文原典與西藏文翻譯。日本學者梶山雄一根據 Iyengar 的本子進行了英譯，發表於京都大學人文學部的刊物中：

Yuichi Kajiyama, tr., "An Introduction to Buddhist Philosophy: An Annotated Translation of the Tarkabhāṣā of Mokṣākaragupta." *Memoirs of the Faculty of Letters, Kyoto University*, No.10, 1966.

梶山的這個英譯本，後來也載在他的門人御牧克己（Mimaki Katsumi）等為他所編著的英文論文集中：

Yuichi Kajiyama, "An Introduction to Buddhist Philosophy." Katsumi Mimaki, *et al*, eds., *Y. Kajiyama, Studies in Buddhist Philosophy (Selected Papers)*, Kyoto: Rinsen Book Co. Ltd., 1989, pp.189-360.

後來梶山自己又弄了一份日文的翻譯如下：

梶山雄一譯注《論理のことば：モークシャーカラグプタ》，東京：中央公論社，1975。

梶山雄一在國際佛學研究界是以研究後期印度大乘佛教特別是邏輯與知識論方面著名的，他對於脫作護的《論理的言說》的研究與翻譯，有很高的學術性的評價，目前在相關的研究上，還未有人能超過他，包括印度的學者在內。

大體而言，脫作護的佛教思想仍是沿著陳那、法稱的方向發展下去。他認為有效的認知活動有兩種：現量（pratyakṣa）知識與比量（anumāna）知識。他特別重視自己認識問題，並吸收了法稱、智作護和寂護的觀點。

基於時間與精力的考量，我在這裏闡述脫作護的知識論思想，只依上述梶山的英、日文兩種翻譯為據，未有翻他的梵文原典來探究，請讀者垂注。解讀梵文原典之苦，我在看法稱的《量評釋》與《正理一滴》中已受夠了。梶山的翻譯有很高的準確度，也有很強的可讀性。不過，在牽涉到法稱的《正理一滴》時，為求謹慎，我還是會參考梵文原本。

二、知識的有效用性

法稱的知識論，重視實效的問題；亦即是真確的知識，對我們的現實生活帶來種種方便，如上面所述。這可稱為知識論的實效性、實用性的轉向（the pragmatic turn of epistemology）。這是前此所無的，或未受重視的，陳那的知識論也不能例外。脫作護在這個問題上，接上了法稱的統緒。脫氏提出，知識能使人生起一種「此一物體的本質特性是這樣，而不是那樣」這樣的判斷。他認為若是由知識所生起的，便是認識活動的有效性，與經驗相符順。一個人擁有知識，可以付諸行動，為了某一特定的需求（prayojana），而向其目標進發。[1]此中有一個意思是，我們熟悉了周圍環境的情況，對後者具有足夠的知識，便可與後者配合，讓生活變得更好。脫氏因此又表示，有效的認識手段是由對象產生的知識，這知識使我們接觸對象。（"Introduction", p.24；《ことば》，頁 10）有關認識手段（pramāṇa），我們稍後會有闡釋。脫作護的意思是，知識可使我們

---

1 Yuichi Kajiyama, "An Introduction to Buddhist Philosophy: An Annotated Translation of the *Tarkabhāṣā* of Mokṣākaragupta." *Memoirs of the Faculty of Letters, Kyoto University*, No.10, 1966, p.24. 此文以下簡作 "Introduction"。梶山雄一譯注《論理のことば：モークシャーカラグプタ》，東京：中央公論社，1975，頁 10。此書以下簡作《ことば》。又有關上述二部著譯的出處，會在有關問題或觀點後直接標示出來，不再在附註中交代。

接觸對象，這即是接觸周圍環境，對它們有多一些了解，這自然有實用的意味，但未知這對象是現象性格，抑是外界的實在。我想應該是就對象的現象性格說。即使是這樣，法稱和脫作護受到經量部（Sautrāntika）的外界實在傾向的影響，也是事實。[2]

以上所說的是原則性方面的。以下是較詳細的解釋。脫作護指出，倘若有人對一對象有敏銳的知覺，他即可通過直覺把捉到對象的慣常的效能。[3]於是對對象有所行動。[4]但倘若他對對象只有朦朧的認識，則要等到能推導出對象的同樣的效能，才能對對象有所作為。[5]脫氏又進一步闡述，在有敏銳的知覺的情況下，由直接知覺而來的知識的有效性，是自己證成的（svataḥ pramāṇam）。但若在認識活動的初始，認識者不能確認對象的效能，則知識的有效性要通過其他認識活動（parataḥ）來證立。（"Introduction", p.27；《ことば》，頁 13）這裏脫氏高度評價直接知覺所成就的知識的有效性，視之為具有明證性，亦可說是相當於胡塞爾（E. Husserl）所說的

2　有好些印度學者如辛格（A. Singh），寫了一本《經量部的分析哲學》（*The Sautrāntika Analytical Philosophy*. Delhi: Dharmacakra Publication, 1995），內中便提到法稱不是唯識學的信徒，而是經量部的信徒。另一印度學者握達爾（A. K. Warder）同情這種說法。後來我以此點徵詢日本學者桂紹隆，他認為辛格的說法理據不足，不能接受。按桂氏與辛氏都是在多倫多大學（University of Toronto）拿博士學位的，兩人是校友關係。

3　這效能應該是扣緊我們的日常生活的狀況說的。例如火的能夠燃燒的效能。

4　例如以火來煮食。

5　這即是上面提到的火的能燃燒性。但如何作種種推導，脫氏則未有進一步的交代。不管怎樣，這都有以實效來確定知識的有效性的傾向。

Evidenz。脫作護的結論是，有效的認識手段能讓人實現一切目標。（"Introduction", p.23；《ことば》，頁 9）這種明顯的實用主義的態度，毋庸置疑地是來自法稱。

脫作護在對知識的效用性下了重語。跟著他回應某一擬設者或問者提出質疑。問者提到，脫氏認為認識的有效性可以透過它與經驗的符順性（avisaṃvādakatva）來確認，而與經驗的符順性又可由對對象的建立來證實。但由於事物的剎那存在的性格（kṣaṇikatva），我們根本無法接觸到我們看到的事物。按問者的意思應是，當我們接觸到事物時，它已由我們見到時的情態變為另一瞬間的情態了。問者於是表示，我們見到一物，但真正接觸到的卻是另一物。這樣，我們由接觸而來的知識如何能是有效呢？（"Introduction", p.25；《ことば》，頁 11）脫作護的辯說是，即使我們接觸的事物不同於我們見到的，我們仍然可以有同一性的「邏輯的構想」（adhyavasāya）：「我能接觸到我見到的對象」。這即是「對被把捉的東西的建立」（pratītaprāpaṇa）。（"Introduction", p.25；《ことば》，頁 11）按這其實未有回應事物的剎那存在性格的問題。邏輯的構想不是存有論問題，剎那存在性格是存有論問題。梶山在這裏沒有就相關問題作出回應，只把有關的梵文段落錄引出來，令人失望。

問者再進一步提出問題：我們能否接觸事物，要看能否建立有效的運作（arthakriyā）而定。[6]有效知識與無效知識的區別，不能由對知識的生起的（覺察）而定，因此，我們仍然無法確定決定對象的本質特性的知識是有效的。（"Introduction", p.25；《ことば》，頁 11-12）脫作護回應說，當我們得到有關對象的獨特的知識，我

---

6 按這正是承著法稱的實用的知識論的觀點而來。

們仍可指出知識的不同。例如對於遠處看到的火或水，一個人可透過有效運作（如火燒、煮食、浸在水中、沐浴、飲水、浮現等）的覺知，或透過覺知冒起的煙，來決定有關火或水的知識的有效性。（"Introduction", pp.25-26；《ことば》，頁 12）按這似能回應問者的質難。有效運作是從現象層面看，這對作為現象看的事物的知識，可以決定其有效性。

另外，有一點，現象層面的東西是具體的、立體的，有時空性，我們比較容易理解。但精神活動，或更具體地說，道德活動、宗教活動，我們在知解上較為困難。這是個人的自我體驗、體證的問題，是否可以說有效性呢？如果可以說，則又如何說呢？脫作護對這方面的問題沒有交代。我們一般說禪悟，悟的境界為如何？自己自身能否感到這悟的有效性，或者是，修行人悟了，是自悟，自己可以認證悟，抑是必須由祖師透過種種方法，也包括公案在內，來確認的？這些都是宗教上的重要問題，中、後期的佛教論師不是那麼措意。

三、量的問題

在佛教知識論中，「量」（pramāṇa）是一個重要的概念。它有時指知識；有時指知識的機能，如現量（pratyakṣa）與比量（anumāna），日本學者喜歡用「知識手段」字眼；有時指認識活動。對於這些概念，陳那與法稱都清楚地列出，而且作出清晰的說明。但脫作護則措意不多，把這些概念放在一起說。故我在這裏也就以一節的篇幅來解說它們。

不過，在正式解說脫作護的量論之先，我想先就有關名相與西方哲學作些對比，俾讀者有更清楚的輪廓。在西方哲學，量或知識是 Erkenntnis, knowledge；量論或知識論是 Erkenntnislehre, Erkenntnistheorie, epistemology, theory of knowledge。若以知識機能或認識機能有兩種亦即是感性與知性來說，感性是 Sinnlichkeit, perception，知性是 Verstand, understanding；這分別相應於佛教的現量（pratyakṣa）與比量（anumāna）。知識或認識的對象則是 Objekt, object, Begriff, concept；這分別相應於佛教的自相（sva-lakṣaṇa）與共相（sāmānya-lakṣaṇa）。

脫作護首先說，知識手段或認識手段之被稱為量、pramāṇa，是由於通過它，我們可以測量到一個對象。（“Introduction”, p.23；《ことば》，頁 9）這是以「測量」（measure）來說量。這測量可以指涉測量活動、要測量的對象、測量的機能、測量的結果。測量活動相應於認知活動；測量的對象相應於被認知的境；測量的機能相應於認知手段；測量的結果則相應於知識。關於最後的測量的結果，亦即是知識，有真正的或正確的，亦有錯誤的。脫作護認為，真正的、正確的知識，需要與經驗（avisaṃvādaka）沒有衝突，或與經驗相協調。（“Introduction”, p.23；《ことば》，頁 9）這表示對經驗世界的重視，也有實在論的傾向。可能是受到經量部和法稱的影響。法稱雖然不是經量部的譜系，但對經驗世界，甚至外界實在，較當時的唯識學派中的論師，更為同情。不過，印度大乘佛教到了中期，特別是後期，分派的意識不是那麼濃厚，而學派與學派之間，有很多交集、互動，不同派別的論師互相影響；進而不同的派別相互融合，而成一個綜合，如上面所述中觀派（Mādhyamika）與瑜伽行派（Yogācāra）結合，而成瑜伽行中觀派（Yogācāra-Mādhyamika），般若（prajñāpāramitā）思想也與如來藏（tathāgatagarbha）思想有結合的傾向，寶積寂或寶作寂（Ratnākaraśānti）的思想是很明顯的例子。

以下我們先從成就知識的機能亦即是現量與比量來說，特別是探討現量問題，因它與知識論有更密切的關聯。按在西方哲學來說，邏輯與知識論是分開的。邏輯（Logik, logic）是講推理的，由甚麼前提合法地推斷出甚麼結論。推理純粹是形式性格的，與實在的世界沒有關連。知識論則是對存在的、實在的世界的種種東西建立正確的知識。這與實在的世界有密切的關連。但佛教的因明學（hetu-vidyā）則不同，它包含邏輯與知識論。邏輯的功能在比量，知識論的功能則是現量，這是兩種不同的認知能力。按陳那的《集量論》（*Pramāṇasamuccaya*）、法稱的《量評釋》（*Pramāṇavārttika*）、《正理一滴》（*Nyāyabindu*）和《量決定論》（*Pramāṇaviniścaya*），都是因明學的重要著作，都同時探討比量與現量的問題，同時包含邏輯與知識論。脫作護明確表示，現量的對象是個別相（sva-lakṣaṇa）。（"Introduction", p.56；《ことば》，頁 44）法稱的《正理一滴》的說法是：tasya viṣayaḥ svalakṣaṇam.[7]脫氏並強調，四種現量[8]或知覺的對象都是個別相。個別相的特性是為空間、時間和形相所決定（deśakālākāraniyata）。例如瓶，它的特性可以這樣說：它能盛水，在空間、時間和形相方面被決定而呈現在我們面前；不與無常等觀念（dharma）相連；是我們行使動作（pravṛtti）的目標；與同類或異類的事物都不同（sajātīyavijātīyavyāvṛtta）。（"Introduction",

---

7　Dharmakīrti, *Nyāyabindu. Bibliotheca Buddhica*, VII, Leningrad, 1918, p.12.

8　按指法稱所提的感官現量、意識現量、自證現量和瑜伽現量。

p.56；《ことば》，頁 44）

脫作護表示，現量可以成就兩種決定的性質。以「藍」的顏色為例，一種知識是藍的形相或概念（nīlākāra, nīla-ākāra）；另一則是對藍的意識自身（nīlabodhasvabhāva）。前者被確定為不同於（vyāvṛttyā）非藍的形相，也被視為知識的手段。後者則被確定為不同於對非藍的意識自身，和被視為認識的結果（pramiti）。他並引述法稱的話：

> 內在的形相對於外在的對象的類似性（sārūpya）是知識的手段；對於對象的理解（adhigati，即是，藍的意識）則是認識的結果。

不過，脫氏強調這種不同，即是，知識的手段與認識的結果的不同，是從概念的分解（vikalpapradyaya）上說的，在勝義的真實（paramārthatas）來說，是沒有分別的。（“Introduction”, p.61；《ことば》，頁 47）

梶山在這點上，有他自己的補充解釋。他認為，知識本來是一個整一的東西，並無手段與結果的分別。但從分解、反省的角度來看，形相可被視為外界的對象投身到知識之中；我們可依推理以推導出與外界的對象類似的形相。或者可以說，這形相與外界的對象的類似性，便是認識的手段，而對這形相的覺知，則是認識的結果。在關連到經量部（Sautrāntika）方面，梶山提出，依經量部的知識論，外界的對象是不能被知覺的，[9]不過，我們可依據內心的形相推

9　這是由於我們沒有接觸外界的對象的認知機能。梶山未提這點。

斷出外界必有某些東西作為這形相的根據。梶山作結謂，我們所覺知的，是一種知識，而對象、形相、作為結果的知覺的這種區分，是在反省的立場下依邏輯操作推算出來的。（《ことば》，頁 146、147，n.47.1）

這裏所說及的，是外界實在的問題，我們作些解釋。我們通常對外物有所覺知，是由於我們的感覺機能或感性可以接觸到外物。外物都存在於時間與空間中，它們都以現象的身分為我們所知了。但我們的感覺機能是有限的，不是無限的，這有限即是限於現象的範圍，在這個範圍之外，例如物自身（Ding an sich），我們便不能覺知了。這物自身是康德提出的，它作為一個限制概念（Grenzbegriff），限制我們的認知範圍，亦即是現象的範圍，過此以往，是不為我們所能覺知的範圍，我們的感覺機能便無能為力了，這便是佛教所說的外界實在。在佛教，幾乎所有學派都不講外界實在的，只有說一切有部（Sarvāsti-vāda）是例外。這個學派認為，在現象的事物之外有所謂常住的、絕對的法體，它們是現象界的事物的基礎，是常存的，不會消失，所謂法體恆有。龍樹（Nāgārjuna）對這種說法作過嚴酷的駁斥。在說一切有部之外，有經量部，它不像說一切有部那樣無條件地說外界實在，但也不完全排斥它。即是，這學派認為在現象的事物的背後，應該有一種我們的感覺不能接觸的實在的東西支撐它們，讓它們能以現象的身分出現在我們面前，讓我們認識它們。這其實是一種推理，由現象的出現推導出作為其根基的外界實在是可能的。以下我們回返到上面的論述的脈絡方面去。

按我們所覺知的，是知識的整體，本來沒有對象、形相、知覺的區別。這其實可以有世俗諦與勝義諦兩個層次。世俗諦的基礎在感性的直覺（sinnliche Anschauung）和知性（Verstand），是在時間、空間中進行的認識。勝義諦的基礎則在睿智的直覺（intellektuelle Anschauung），是超越時、空的。脫作護和梶山雄一所討論的，應是世俗諦層次的認識，但他們亦有勝義諦方面的覺識。

以下我們看認識機能與認識對象。在這方面，脫作護謹守陳那與法稱的根本觀點，但也有自己的獨特看法。關於有效的認識活動的對象，脫氏認為有兩種：直接的對象（grāhya）與間接的對象（adhyavaseya）。相應的認識機能也有兩種：現量（pratyakṣa）與比量（anumāna）。在現量的情況，直接的對象指現前一瞬間被直覺的個別相或自相（sva-lakṣaṇa）；間接的對象則指直覺後瞬間即生起的與概念（vikalpa）相連而作為表象的一般相或共相（sāmānya-lakṣaṇa）。脫氏繼續表示，一般相分兩種：個體物的概念（ūrdhvatālakṣaṇa），這是縱向的一般相，和種類的概念（tiryaglakṣaṇa），這是橫向的一般相。例如一個瓶，它是由與它為同類的瓶區別開來而經歷多個瞬間集合連成一體的個體物，這個體物的概念即是一般相，這是確認個體物的現量的對象（sādhanapratyakṣa）。另方面，從不同種類的東西區別開來的多數同種類的個體物，便形成種類的概念。這種作為種類的一般相或共相正是把握遍充關係（vyāpti）的現量（vyāptigrāhakapratyakṣa）的對象。（“Introduction”, pp.58-59；《ことば》，頁 45）按脫作護在這裏提出的一般相或共相分兩種的概念：個體物的概念和種類的概念，前者相應於經驗概念，後者則有向邏輯義的類概念傾斜的意味。就康德的知識論的立場看，這兩種概念都不能只由直覺（感性直覺）所能成就，而需要知性的參與。就佛教來說，這即是比量。

脫作護繼續闡釋，與這現量的情況相對反的，是比量。脫氏以為，比量的直接的對象（grāhya）是一般相（sāmānya-lakṣaṇa）；而以一般相為依據，憑想像而生的，則是個別相（sva-lakṣaṇa），這是間接的對象（adhyavasāya）。（“Introduction”, p.59；《ことば》，頁 46）在這裏，梶山的英譯本未有提到「想像」，日譯本則附加這一名相。就日譯本而言，以一般相或概念為依據，憑想像而生起與概念相應的個別相，應該如何理解呢？這是一個問題。另外，沒有了直覺，想像如何作用呢？它只能訴諸往日的直覺經驗。一說「往日」，便需要記憶。這便不能不涉及比量。但比量只能記憶概念性的東西，不能記憶在直覺中的東西。後者是否可由想像來做呢？倘若可以的話，則想像應能如比量那樣，有記憶的作用。但所記憶的，不是概念，而是在直覺中出現的東西。這樣，想像或構想力（Einbildungskraft）便像康德所說的那樣，兼有感性直覺（現量）與知性（比量）兩方面的功能。起碼可以溝通兩者的機能。這些問題，脫作護沒有交代，梶山也沒有注意及。其實構想力起碼有兩種意涵，一是知識論性格的，它能聯繫感性與知性，使這兩種性格迥異的認識能力合起來，碰在一起，這樣，知性便能以其普遍概念亦即是範疇（Kategorie, category）整理、範鑄從感性得來的外面方面的雜多（Mannifaltige, manifold），以成就對象，因而建立對對象的知識。另一則是審美性格的，構想力能從審美主體中躍起，在情意上使後者與審美對象連結起來，以成就美感。脫作護和梶山雄一好像覺得解決了文字、名相方面的問題便足夠了，沒有在義理方面作進一步的省思。

四、有效的知識與錯誤的知識

一般說到知識，通常都作出有效的亦即是正確的知識與錯誤的知識。脫作護亦不能例外；不過，他在有效的知識中作出了進一步的區分，那便是現證的知識與記憶的知識。就知識的有效方面，他提出第一次得到的有關對象的知識是有效的，但後來得到的有關同一對象的知識則不是如此，因為這些知識是對於已經被把握過的對象的知識。例如，在有決定、有分別的認知（savikalpakaṃ jñānam）中，如「這是一個瓶」的情況，由於我們曾經透過不決定的沒有分別的認知（nirvikalpakaṃ jñānam）而看到一個瓶，其後才有關於同一對象的認識，故「這是一個瓶」是記憶性的，不是現證的。（"Introduction", p.28；《ことば》，頁 14-15）即是說，我們第一次看到一個瓶，即在這看的活動中確認這是一個瓶，這種確認是即時的、不是後起的，不是記憶的。在脫氏的看法，這種確認一個瓶的知識是現證的。在此之後，我們看到同樣那個瓶，說這是一個瓶，此時的有關瓶的知識不是現證的，而是後起的、憑記憶而來的。記憶甚麼呢？記憶第一次確認那個瓶的經驗也。

脫作護這樣把對於一個瓶的認知作這樣分法，表面看來似相當精細：把知識分為現證的與記憶的兩種。但在第一次見到瓶時，當然有現證的活動、經驗，但在這現證中說這是一個瓶，需不需要運用概念呢，需不需要作出分別呢？這是一個難題。倘若現證是指直接的直覺的話，由於未運用分別的概念，則未必能作出這是一個瓶的判斷。倘若是這樣，知識仍然產生不出來。現證應是現量的一種形式，其中沒有分別，是現前證取。我在本書第一章〈陳那的知識論〉中，曾引述陳那在其《因明正理門論》（*Nyāyamukha*）中的「現量除分別」，這其實即是《集量論》的 “pratyakṣaṃ kalpanāpoḍham” 的意思，表示現量是沒有分別作用的。現量是如此，現證也應是如此。沒有分別作用，是不能成就知識的。脫作護和梶山都沒有注意到這一點。

較精審地說，當我們在直覺或知覺中看見一個瓶，只有瓶的形象，還未能確認它為「瓶」，則知識應該尚未出現。到我們運用前此通過對多個瓶而抽象出其共性而得的「瓶」一概念，把這當前面對的形象放在這「瓶」的概念下，而說「這是一個瓶」，則「這是一個瓶」便是知識。這當然有記憶作用在內，這記憶的作用應該是意識表現出來的。脫作護應該是以在知覺中出現的瓶的形象為知識，是不決定的、沒有分別的認知（nirvikalpakaṃ jñānam），而以後來對出現的同一的對象的認知為有決定、有分別的認知（savikalpakaṃ jñānam）。前後兩種認知的關連，或後一認知關連於前一認知所依賴的，是記憶。因此，我們可以這樣看：前一種認知是現證的，後一種認知是記憶的。就有效性（validity）而言，應是現證的具有較高的有效性。但問題是，從知覺、直覺中得到的不決定的、無分別的形象，能否算是認知的對象，而成就有效的認知呢？這仍是一個懸而未決的問題。

脫作護對認知（cognition）的理解，好像比較寬鬆，不是抓得那麼緊。他大體上認為現量與比量都有認知的作用，前者是無分別的認知，後者則是有分別的認知。或者說，現量的認知是直覺性格的，這有體驗、體證的意味，有沒有概念，不是那麼重要。比量的認知則是概念的認知，其對象不是個別的實在物，而是普遍的概念。在他看來，現量的認知近於知覺的認知，這在某種程度下，略有概念的作用，不是全然是感覺的、直覺的。比量的認知則是嚴格意義的認知，非要有概念，特別是明確的概念不可。這便近於康德所說的知性的理解，有範疇的作用在裏頭。如下面跟著要說的，比量的認知是決定的認知，現量的認知則是未決定的認知。

至於錯誤的知識（bhrāntaṃ jñānam），脫作護則有較確定的說法。他認為錯誤的知識不能直接覺知、觀取對象的真相。「錯誤的」（bhrānta）意即對反於能生起有效的運作的實在物（entity）。他並補充，能生起有效的運作的實在物的性格，是在空間、時間和形相方面被決定的。[10]他並引述法稱在《正理一滴》中的一段話：未決定的知覺是一種知識，這知識不受由眼睛呈現漆黑、快速的運動、遊船河、強力的撞擊或其他原因生起的錯覺所影響。（[tayā rahitaṃ] timirāśubhramaṇanauyānasaṃkṣobhādyanāhitavibhramaṃ jñānaṃ pratyakṣam）梶山指出，脫作護提出一種很明顯的錯覺：人在正在行駛的船上，會看到兩岸的樹在向後移動。（"Introduction", p.43；《ことば》，頁 30-31）實際上在移動的是船，而不是兩岸的樹。

五、未決定的認知與決定的認知

上面一節闡述脫作護提出的有效的知識或認知的問題，也列出有決定的認知一點，這裏要進一步看相關的問題，也涉及未決定或沒有決定的認知方式。脫作護首先強調有效的認知有兩種，這即是未決定的認知和決定的認知。前者的機能是現量（pratyakṣa），後

---

10 按這時間、空間、形相相應於康德所說的感性形式與知性的範疇，如形相的大、小，即可類比於量一範疇。至於強調「有效的運作」，顯然是受了法稱的影響。

者的機能則是比量（anumāna）。pratyakṣa 一語詞可以文字學地分開為 akṣam pratigata-，表示「關連於或依賴於感官」之意。但在實用上，pratyakṣa 表示「直接攝握」（sākṣātkāritva）之意。（“Introduction”, pp.29-30；《ことば》，頁 15-16）脫氏又補充說，pratyakṣa 亦可指意知覺（mānasa-pratyakṣa）、自我意識（sva-saṃvedana，自己認識）和瑜伽現量（yogi-pratyakṣa）。它們都是直接把握對象的。（“Introduction”, pp.29-30；《ことば》，頁 16）[11]anumāna 的 māna 表示一個對象被這種機能計量；anu- 是「及後」（paścāt）之意。因此，決定的認知或 anumāna 表示「及後的計量」。即是，把捉到一個邏輯的記號（liṅga）和回憶起記號和擁有這記號的物體（liṅgin）之間的連繫，就關聯著有關的題材，如山，來說，我們得到一個不是直接覺知的對象的知識，這種知識便是推理。（“Introduction”, p.30；《ことば》，頁 16）跟著，脫作護又說明，我們說有效的認知有「兩種」表示不是一種、三種、四種、五種和六種的說法。順世派（Cārvāka）或順世外道認為只有知覺是有效認知。數論派（Sāṃkhya）認為知覺、推理和言證（śābda）是有效認知。[12]正理派（Naiyāyika）認為知覺、推理同一性（upamāna）和言證是有效認知。彌曼差派（Mīmāṃsā）的帕勒巴卡勒派（Prābhākara）認為知覺、推理、言證、同一性和設定（arthāpaṭṭi）是有效認知。巴德彌曼差派（Bhaṭṭa-Mīmāṃsā）則認為知覺、推理、言證、同一性、設

11　在另處，脫作護把未決定的知識分為四種：感官知覺（indriya-jñāna）者、意知覺（mānasa）者、自我意識（sva-saṃvedana）者和瑜伽直覺（yogi-jñāna）者。（“Introduction”, p.44；《ことば》，頁 31）

12　言證即是聖者的言說。

定和非存在（abhāva）是有效認知。（“Introduction”, p.30；《ことば》，頁 17）此中，有效認知的數目，有一、二、三、四、五、六種。佛教的陳那與法稱認為有效認知只有兩種，這即是知覺與推理，或現量與比量。其他少提或多提的，都不正確。脫作護是後期大乘佛教的論理學大師，自是遵從陳那、法稱的說法。

關於未決定的知識，亦即是知覺或現量的知識，脫作護強調這是沒有想像、分別（kalpanā），和沒有錯誤的（abhrānta）知識。[13] 這分別或決定的要素，是包含或關聯一個音字（śabda）或者內在概念（antarjala，或無言的表象）以把握對象，把瞬間性的直前和直後的狀況連結起來。例如一個聰明的人理解「這是一個瓶」，或理解一個嬰兒、失聰的人或者動物，以內在概念或反思（parāmarśa）來進行理解，便屬於這種知識。脫氏又引述法稱在《正理一滴》中的話語：「決定是對於一個可與言說相連結的表象的認知。」但是怎樣去決定或確認一個嬰兒、一個失聰的人是以無言的表象形式來取得決定的知識（kalpanājñāna）呢？脫氏自己回應謂，由決定因素的效應可知：願欲甚麼和不願欲甚麼。（“Introduction”, pp.40-41；《ことば》，頁 28）按此中的願欲，表示某人的主觀願望、要求，這便有揀擇、分別的意味在裏頭。

脫氏隨即引了一段文字，但未有列出作者的名字：

決定的知識並無直覺一對象的作用，因為對象並不在言說的

---

13 這裏說想像（fictional constructs），是靠近知性或比量那一方面。我們通常視想像是介於直覺與知性之間的一種認知能力，它可溝通這兩者，如康德的所說。

知識中出現，與未決定的知覺不同。

脫氏表示，以上的論點是用來批駁以下的論點的：

在這個世界中，沒有不由言說跟隨著的認識活動，一切知識都在言說的穿插下出現。（“Introduction”, p.42；《ことば》，頁 30）

對於脫作護以上的說法，筆者有以下的補充與回應。一、脫氏表示決定的知識並無直覺一對象的作用，這是說決定的知識相當於概念的知識，是涉及言說的，但不包含直覺或感官知覺。感官知覺如一般所理解的，指通過感官而表現的知覺。脫作護在另處強調，我們對「感官知覺」的這種命名，源於它的獨特的原因（asādhāraṇa-kāraṇa）。例如「太鼓的聲音」（bherīśabda）和「麥粒的芽」（yavāṅkura）中的太鼓和麥粒。梶山表示，對於這種認識方式，脫作護說得很少，只表示它所生起的知識與感官對象有關，而它的有效性（指知識）涉及經驗的真實（sāṃvyavahārikapramāṇa）。（“Introduction”, pp.44-45；《ことば》，頁 32）按脫作護說決定的知識其實即是運用概念的分別作用或言說作用來成立的知識，它不直接關連到感官知覺方面。但一般來說，概念的分別作用若要構成對經驗世界的知識，必須依賴感官知覺或感性直覺吸取外界的因素或感覺與料（sense-data）才能成就。這正是康德的知識論的握要之點。脫氏因此說感官知覺必涉及作為獨特的原因的感覺對象，如太鼓與麥粒。這種感官知覺其實即是現量的機能，它所成就的知識是否有效，取決於能否與經驗的真實相符順，如脫作護的所說。二、脫作護表示認識活動必包含言說，概念也應包括在裏面。這便涉及康德所說的知性的範疇概念的範鑄作用。但它需有作用的對象，這即是感性直覺從外界吸取進來的與料。故知識特別是決定的知識的成立，還是需要感性直覺的作用，除非這知識是純形式性的，例如邏輯與數學。

脫作護以上有關未決定的知識與決定的知識的說法有些複雜，甚至混淆。我想就此點作些解釋與澄清。脫氏說知識，顯然有嚴格的說法與寬鬆的說法。嚴格的說法是，知識必須涉及言說、概念或分別，在多數情況，也需要對象，即是現實世界方面的與料、資訊，但像數學、邏輯這些純理的學問，則可以不需要對象。這是形式的知識（formal knowledge）。寬鬆的說法則是，知識可以不需要言說、概念，光是知覺便可以成就。但知覺並不是純然的、純粹的感覺，卻是具有些微程度的概念性、分別性。但「些微程度的概念性、分別性」，則很難說得清楚。

在這裏，我們可以脫作護對有效的認識活動的理解作結：有效的認識需與經驗上的真實相符順，這有法稱強調效用概念的意味。而有效的認識復有兩種：其一是感性直覺或感官知覺的認知，亦即是現量的認知，另一則是概念的、分別性格的認知，亦即是比量的認知。前一認知是未決定的認知，後一認知則是決定的認知。認知的未決定性與決定性，取決於言說、概念的有無：有的是決定的認知，沒有的則是未決定的認知。

六、關於意識現量

上面提到脫作護指出有效的認知有兩種，這即是未決定的認知與決定的認知，前者指涉現量，後者指涉比量。而現量（pratyakṣa）有四種：感官知覺、意知覺、自我意識和瑜伽直覺。感官知覺和自我意識或自己認識比較簡單，容易明白，筆者在本書第二章〈法稱的知識論〉中都有說明；但意知覺和瑜伽直覺比較複雜，下面會逐一探討這兩個複合概念。意知覺通常又作意識現量，瑜伽直覺則亦稱瑜伽現量。

先說意識現量。脫作護開宗明義地說，意識現量是關連到與自身的對象的次一瞬間的對象的共同作用的感官知覺。換言之，以感官知覺為直前的原因而生起的意識，即是意識現量。這與法稱的《正理一滴》的一段話有密切的關連：

> svaviṣayānantaraviṣayasahakāriṇendriyajñānena samanantarapratyayena janitaṃ tan manovijñānam.[14]

脫作護的解釋是，「自身」（sva）指感官知覺，亦即是感性；「自身的對象」（svaviṣaya）指一外在對象，例如一個瓶。「次一瞬間的對象」（svaviṣayānantaraḥ viṣayaḥ）則指下一瞬間的瓶，與原先的感官知覺的對象不同。「與……共同作用」（tena sahakāriṇā）表示感官知覺與下一瞬間的對象同時出現，同時作用。[15]這感官知覺是意識現量的物質性的原因（upādāna），是在前一瞬間的原因（samanantarapratyaya），亦即是等無間緣。由這原因產生出來的，正是意識現量。（"Introduction", p.45；《ことば》，頁 32-33）

14　Dharmakīrti, NB, p.10.

15　tena 是 sa 的具格，sa 是陽性第三身單數，指感官知覺。

這裏說得很省略，得詳細說明一下。脫作護的這種說法，明顯地是受到經量部的影響。經量部並不認為意識與其對象同時存在而進行認知活動。他們持剎那滅說，認為意識與對象在每一瞬間都是滅了又生起的。他們認為，知覺的認識活動是在時間上後於對象而生的。即是，若對象存在的時間是 T_1，則認識活動的時間是 T_2，在 T_2 時對象已改變了；到對象的時間是 T_2 時，即對象由 T_1 瞬間的狀態改變為 T_2 瞬間的狀態時，認識活動的時間已是 T_3 了。餘類推。更具體言之，對於在存在於 T_1 時間中的對象的感官知覺的出現，在時間上是比 T_1 遲了一瞬間，即是在 T_2 時間中出現。而以這感官知覺作為物質性的原因（即等無間緣）而生起的意識現量，則在 T_3 的時間出現。至於概念的認識，則又要在意識現量之後即 T_4 的時間才出現。

另外，有關剎那滅論，經量部很早已提出這個理論，依他們的說法，對象和意識都在不斷地剎那生滅變化，我們永遠無法抓得住當前的對象的認識。即是說，當我們能抓到當前的認識時，所認識的對象與能認識的意識自身都不是它們進行認識時的那種情況，而是先一瞬間的情狀了。而在這先一瞬間我們對對象的認識，所關連的對象與意識，又是再先一瞬間的東西了。

按這樣的剎那滅觀在佛教來說是很自然的，佛教徒正是以無常觀、剎那滅來看宇宙萬事萬物。原始佛教強調諸行無常、諸法無我觀點一直在指導著佛教的宇宙論思想。大乘唯識學更提出種子六義來規範作為一切事物的潛在狀態的種子（bīja）的活動，其中第一義是剎那滅，第二義是恆隨轉，其思路、觀點非常清楚。種子才生即滅，不能暫住，即便是剎那瞬間的暫住亦不可能。滅後又馬上轉生成另外的種子。種子是如此，其他的在現行中的事物更不用說了。[16]

又，意識現量其實是現量與意識或比量結合的認識能力。現量或感官知覺接觸對象，自己又作為原因而生起意識現量，再由意識認識對象而成概念知識。不過，此中仍有一頗為深微的問題，有待進一步探討來解決。即是，現量是感官直覺，它的功能是收取外界的與料，而形成知識，那是有關個別相或自相的知識；意識則是思維能力，也包括記憶的能力在內，它的功能是集合多個個體物，檢出其共同性質，加以抽象而成就一般相，因此它的對象是普遍相或共相。兩種認知能力各有其機能和作用的對象，它們如何能牽連、結合在一起而成一複合概念，以認識不同的對象呢？關於這個問題，筆者與日本學者服部正明有過很久的討論，最後總算得出一個共識：我們以現量接觸對象，同時比量或意識也發揮概念思考的功能，來整合對象，形成概念（如類概念之類）。這樣，對象的自相與共相同時把握。但筆者對這個共識仍未感到滿意。不過，到目前我們只能就這個共識說。進一步更深廣的研究，容俟諸異日。

七、關於瑜伽現量

以下說瑜伽現量或瑜伽直覺。意識現量理解事物，應該是在世俗諦（saṃvṛti-satya）的層面，瑜伽現量理解事物，則應是在勝義諦（paramārtha-satya）的層面。前者的直覺是感性直覺（sinnliche Anschauung），後者的直覺應是睿智的直覺（intellektuelle

---

16　日本學者谷貞志寫有鉅著《刹那滅の研究》（東京：春秋社，2000），闡述佛教各派的刹那滅的思想，甚具參考價值。

Anschauung）。這是筆者的初步理解。所謂瑜伽（yoga），是一種讓心靈專注、專一起來的瞑想，這流行於佛教中，也流行於印度其他的學派中。脫作護以禪定或三昧（samādhi）來說這種實踐、修行，認為它的特性是讓心靈專注於對象上（cittaikāgratā），像以智慧（prajñā）確認事物的真相那樣。[17]脫氏指出，瑜伽知識是未決定的知識，是在一真實對象（bhūtārtha）作凝重的瞑想（bhāvanāprakarṣaparyantaya）而成的。所謂「真實對象」是通過確實的認識方法而證知的對象；而瞑想（bhāvantā）則是在內心中重複地觀想（samāropa）對象。脫氏強調，這種知識是沒有決定的因素（概念性格、分別性格 kalpanāpoḍha）和沒有錯亂的。而真實對象，具體地說，即是四聖諦（caturāryasatya）：苦、集、滅、道（duḥkha-samudaya-nirodha-mārga）。在這方面用心的焦點，是明瞭五蘊（pañcaskandha）的本性是剎那滅的（kṣaṇika）、空無自性的（śūnya）、沒有自我的（nirātmaka）、苦惱的。（"Introduction", p.53；《ことば》，頁 40-41）按這樣說瞑想的對象，實非一般的具體對象，亦不必是與現象相對說的物自身（Ding an sich），而毋寧是真理（satya）本身。

至於瑜伽者的直覺（yogijñāna），或神秘直覺，脫作護作這樣的定義：這是對一個真實的對象進行強化的瞑想所得到的知識。[18]梶山雄一提到法上（Dharmottara）在對法稱的《正理一滴》的注釋亦即是 *Nyāyabinduṭīkā*（《正理一滴論疏》）中把瞑想分為三個階段：

---

17 《論理的言說》（*Tarkabhāṣā*）作：yogaḥ samādhi prajñā ca；其藏文譯本則作 rnal ḥbyor ni tiṅ ṅe ḥdsin daṅ śes rab bo.（"Introduction", p.53）

18 這裏的「知識」（Erkenntnis, knowledge）不應是我們一般所了解的由感性與知性聯合作用而得到的知識，而應是一種超越主客的相對性的絕對的認識，如上面提到的睿智的直覺的認識。

1. bhāvanāprakarṣa：瑜伽者的洞見明晰起來。[19]
2. prakarṣaparyantāvasthā：瑜伽者對對象進行瞑觀，如同隔著一層薄雲觀照對象那樣。
3. yoginaḥ pratyakṣam：對象被澄明地覺知，如同手掌上的小穀粒那樣。（"Introduction", p.53）

第一階段的 bhāvanāprakarṣa 展示瑜伽修行者的洞見，是關鍵性的一步，能夠達致這一境地，下面的路便好走了。前蘇聯的著名學者徹爾巴特斯基（Th. Stcherbatsky）指出，調伏天（Vinītadeva）認為 bhāvanāprakarṣa 之後，修行者會頓然地達致一種超越的直覺（yogi-pratyakṣa），而轉化為一位聖者、菩薩。他悟得空性（śūnyatā），知道現象的不真實性，而入大乘見道（dṛṣṭi-mārga）和十地的初地，生起大悲心（mahā-karuṇā），了悟四諦真理，明瞭生死（saṃsāra），不離涅槃（nirvāṇa）。這種超越的直覺不是一般意義的認識手段或量（pramāṇa），不為邏輯方法所能接觸。[20]很明顯，瑜伽者在這個階段已經由世俗諦（saṃvṛti-satya）進入勝義諦（paramārtha-satya），他的洞見（Einsicht, insight）發自超越的智慧，這相應於唯識學（Vijñāna-vāda）所說的轉依（轉識成智）的智（jñāna）。這自然是克服了感性與知性的現象性的機能，超越主客相對待的二元格局

---

19 bhāvanā 即是瞑想、靜慮之意；prakarṣa 則是優越、最勝之意。這種瞑想，是由睿智的直覺所發散出來的；它是一種集中的修行，但沒有集中的對象，是無對象的集中；進一步說，是無集中的集中。這是主體的一種澄明的照耀，照耀出佛教的真理，亦即是一切法都是緣起（pratītyasamutpāda），都是空性（śūnyatā）的真理。

20 Th. Stcherbatsky, *Buddhist Logic*. II, *Bibliotheca Buddhica*, XXVI, Leningrad, 1932, pp.31-32, n.2.

了。因此徹氏說不為邏輯方法所能接觸。邏輯方法是知性（Verstand）或理論理性（theoretische Vernunft）的一種作用，是建立相對的世俗諦的認知機能。

在這裏，脫作護擬設有反對者提出一個問題：瑜伽修行者的直覺或現量是概念性的，它如何變為未決定性格或非概念性格的呢？脫作護答謂未決定的知識是由決定的知識生起，又謂透過直接的經驗（anubhavasiddha），我們可以確定非概念的觀想可呈現在一個不斷在作瞑想的人的面前。（"Introduction", p.54；《ことば》，頁 41-42）按脫作護的答覆有問題，問者說「瑜伽修行者的直覺或現量是概念性的」顯然是錯誤的，脫作護並不加以糾正，反而說未決定的知識來自決定的知識，如何能這樣呢？決定的知識如何生起未決定的知識呢？脫氏並未有解釋。關於這點，我想我們可以作這樣的理解，決定的知識是有分別性的、依於概念的，未決定的知識則沒有概念性與分別性。後一種可以有兩個層面：感性的與睿智性的。感性的知識是有執著的，睿智性的知識則是無執著的。由決定的知識要生起未決定的知識，這未決定的知識不應是有執著的知識，而應是無執著的知識。後者所知的對象不應是現象層面的，而應是本質層面的，這在佛教來說，是空性。在決定的知識中，若能把其中的概念性與分別性，或二元模式的相對性超越、克服，不執著這概念性、分別性、相對性，便能成就無執著的知識、能照見終極的空的真理。空不是概念，無分別性可言，而且是絕對的性格，它只是如如地表示出事物的緣起性格、無自性的性格。修行者必須能證成這真理，才能說覺悟、解脫。

反對者又提出，心是瞬間地滅去的，它如何能夠集中於一個對象上呢？脫作護答謂心雖是剎那滅性格，但可通過同種的連續瞬間

（sajātīyakṣaneṣu）專注在對象方面，而使心念集中在對象上。（"Introduction", p.54；《ことば》，頁 41-42）脫氏的意思是，心雖然是剎那生滅，但由於是同一個人的心在作用，它雖才生即滅，但滅後再生的心跟滅前的心應是相續不斷的，而且相似，因此不礙前後瞬間的心的同一性，而且能專注起來。這在表面上看來，似乎可以接受，但前後瞬間的心只是相似，只能說相對的同一，不能說絕對的同一。故這同一性還是不能建立起來。另外，脫氏忽略了一點：瑜伽者依於其修行，他的心應會起了變化，一種質的變化，由現象層的心轉化為無生無滅的超越的、常住的真心了。因此，這裏並沒有心專注、不專注的問題。

最後，對於與禪定有密切關連的瑜伽者的直覺，脫作護雖然有注意及，但未能有深切而恰當的體會。反對者提出問難：禪定是一種構想的思考（vikalpa），後者只關涉不真實的對象，則真實的事物如何能在禪定中呈現呢？脫作護的回應表示構想的思考基本上只指涉想像的對象（avastuviṣaya），但也能間接地展現（adhyavasyati）真實對象的形相。因此，實在的事物能在瑜伽的直覺中生動明晰地展露出來。（"Introduction", p.54；《ことば》，頁 41-42）首先要指出的是，問者提及禪定是構想的思考，顯然是錯誤的。禪定應是那種神秘的直覺或現量經驗，不是概念思考。思考是分別性格的，直覺或現量則是非思考性或超思考性的；它也不是感性的，而是睿智性的。脫作護未有糾正問者，反而說構想的思考可間接地展現真實的對象。展現真實的對象應是勝義諦層面的，構想的思考則是世俗諦的層面，兩者並不相應。同時，說構想的思考能夠間接地展現真實對象的形相，這「間接地」到底是甚麼意思，是概念性的、辯解性的、分析性的，以至是分別性的？要接觸真實的對象（按在這裏用「對象」viṣaya 一字眼，已不恰當，這相當於境，是相對性的對象，不是絕對的、終極的真理），必須把一切的概念、辯解、分析、分別排除（apoha）、解構，事物的真實性、緣起性、空性才能展現出來。不知脫作護何以這樣大意，捉錯用神，認為構想的思考能夠通往真實性。

八、知識的有形相與無形相問題

在印度哲學的知識論中，特別是在佛教唯識學的知識論中，在關聯到客體或對象方面，有兩種理論相互對立。其中一種理論認為，不管我們是認識甚麼對象，知識自身都不會變化，總是通體透明的、清澈光亮的。這是無形相知識論（nirākāra-vāda）。另一種理論則認為，知識必會挾帶著對象的形相而生起，它是與物質（rūpa，色）關連在一起的。這是有形相知識論（sākāra-vāda）。進一步說，有形相知識論以為，所謂認識，基本上是知識自身自覺到形相，這形相是對象投入到知識裏面去而成立的。因此他們提出知識的自己認識的說法。梶山雄一在這個問題上，未有交代對象和形相與心識的關係，更未說哪一方面是心識所變現的。[21]無形相知識論則否定知識的自己認識，只強調認識是同時存在的無物質性的知識與對象之間的作用而已。有形相知識論以為，作為因果作用的一種模式的認識，是不能在同時存在的知識與對象之間生起的。（《ことば》，頁 147, n.48.1）在這裏，有一點還是不清楚、不明朗的：不管是哪一種說法

21　在這裏，對象傾向於指在心識之外的外界的東西，形相則指在心識中出現或為心識所提供、建立的東西。

或理論，都未能確定地交代在知識中的形相的來歷。

進一步看這個相關問題。印度學者穆克己（S. Mookerjee）提出，依有形相知識論的看法，關於外界事物的知識之所以可能，是由於這些外界的東西在意識中留下與自己相似的影像所致。這意識像一面鏡子，能照映出外界事物的形相。（"Introduction", p.62, n.148）但到底外界事物是否實在，我們能否證知它的實在性，則無人能交代。這個問題若以胡塞爾（E. Husserl）的現象學來看，是缺乏明證性（Evidenz）。我們並未有接觸外界實在的認知機能。

就心識一面言，心識所接觸的，只是在認識活動中作為對象的形相，至於外界的對象，則有類康德所說的在現象背後的物自身（Ding an sich）的情況，有形相知識論不能置一言。無形相知識論則認為，我們的意識，作為一無定形的心識，是澄明的，具有內在的純淨性，即使接觸外界實在，也是如此。它好像光線，能映現對象，連同其形狀與性質都反映出來，但自身的構造總是不變。（Idem.）但說到底，這裏所謂的對象的映現，這對象的形相與性質到底存在於何處，仍是不清楚。而對如同光線的意識，也不能抓得太緊，因為它有生滅性格，每一瞬間都在變動，說它的構造不變，只是方便權說而已。

梶山雄一指出，覺賢（Bodhibhadra）在唯識學者的有形相知識論（sākāravijñāna-vāda）與無形相知識論（nirākāravijñāna-vāda）的分別的問題上，有這樣的傾向：他以前者較相應於世俗諦，後者則較相應於勝義諦。前者以為，知識的形相是依他起性（paratantra-svabhāva）；認識的對象只是內部的形相，這形相以宛似外在存在的東西而呈現在我們的心識面前。無形相知識論則以為知識的形相是遍計所執性（parikalpita-svabhāva），是虛幻的。當直覺（睿智的直覺）的知識（nirvikalpakajñāna，無分別智）生起時，這些虛幻的對象都會消失。（"Introduction", p.154）

實際上，唯識學者對知識之為有形相抑為無形相，有重要的分歧。先就接近唯識派的經量部（Sautrāntika）來說，我們說外界事物存在，只是推理的結果。我們實質上覺知到的，不能說是外在的實在的東西，只能說是外界實在的東西投射到我們的意識中所形成的形相而已。唯識學者更徹底地否認外界的事物的實際存在性，他們聲稱，在知識中出現的形相，僅是我們心識變現的結果而已。只有心識能說是實在性。[22]這意味認識活動必包含一個由心識呈顯的形相。就世俗諦的角度言，唯識學者總是有形相論者。不過，就勝義諦言，一個已得解脫的人，由於他在精神境界上已超越了相對的形相而獲致勝義的智慧，故應該是無形相論者。[23]即是，他已克服了客體與主體的二元對抗性，內心澄明如水晶般亮麗，理解到形相的虛假性，只由習氣（vāsanā）而來。即是，在日常的生活中，我們碰到很多事物，這些事物本來是緣起的、無自性的，是虛妄的，但我們不能自覺到這點，反而很重視它們，以為具有真實性，加以執取。這樣的心理現象，久而久之，便成為一種習慣、習氣，往後遇到事物的形相，便會自然地加以執取。不過，在唯識學者之中，

22 這實在性還需保留地說，因心識亦是緣起的，沒有常住不變的自性，因而是空的。心識特別是意識所現起的東西，更難說真實、實在性。在唯識學中流行這樣的說法，境由識變，識亦非實。心識是種子現起的結果，種子是剎那滅的，它所現起的心識也是剎那的存在，每一瞬間都是生是滅的。

23 這正回應上面我們所提及的覺賢的觀點，他以有形相知識論近於世俗諦，以無形相知識論近於勝義諦。

有些人以為，知識不能免於形相，只要不執取這形相的實在性，一方面說解脫，一方面說知識中的形相，是無可厚非的。[24]

在中觀學方面，後期的殿軍寶作寂（Ratnākaraśānti，寶積寂）也提過一些有關有形相與無形相的觀點。他是就中觀學與般若思想，並以唯識學的三性說來立論。[25]他在其《般若波羅蜜多論》（*Prajñāpāramitopadeśa*）一書中，論及無形相知識論，提到一切事物都不離心靈的明照作用。所謂認知活動能抓到、理解到的外界實在，根本不存在。而主體與客體的對壘亦只是意識（mano-vijñāna）的呈顯（ablilāpa）而已。他把這種對壘視為我們對事物的遍計所執性（parikalpitasvabhāva）。他認為這種呈顯是錯誤的、虛妄的呈顯（abhūtaparikalpa），是由習氣（vāsanā）或種子（bīja）所生，使人覺得有外界實在。他把這種錯誤的、虛妄的呈顯視為事物的依他起性（paratantra-svabhāva）。實際上，在這呈顯中，主體、客體雙方都是不真實的，它們源生於我們的錯誤（brānti）和虛妄（viplava）。那麼有沒有終極的真實或實在呢？有的，他提出唯照明（prakāśa-mātra）說，prakāśa 即是照明、光耀之意。這是超越一切形相（ākāra），包括分解相（prapañcanimitta）與錯誤相（bhrāntinimitta）。此中沒有任何的二元性，唯是純一無雜的無上的認識（lokottarajñāna）。他把這種認識稱為圓成實性（pariniṣpanna-svabhāva）。（"Introduction", pp.156-157）

24　以上所述，是我依據梶山的 "Introduction", pp.154-155 附錄 II 和穆克己的說法的改寫。

25　印度佛教發展到後期，各派傾向於融合，存異求同。寶作寂在譜系上屬中觀學，但他吸納了般若思想的重要元素，也有限度地參考唯識學的說法，如三性（tri-svabhāva）說。

按寶作寂是屬於中觀學的譜系，如上面所說。他以中觀學的立場來解讀唯識學的三性說，大體上是不錯的。只是在依他起性方面，說得比較簡單。唯識學發揮緣起的學說，對依他起性有較多的解說。在筆者看來，唯識學講事物的存在形態亦即是三性說，依他起性是基本架構，由此開出或虛妄或清淨的事物：遍計所執性與圓成實性。在依他起性的架構下，我們執取作為依他起性的事物，以之為具有自性，是不正確的、虛妄的，這是遍計所執性。反之，對作為依他起性的事物而直接知了其本性是依他起，是緣起，而不予虛妄執著，這是圓成實性。這樣，我們可視依他起為諸法構成的原理，而說諸法的遍計所執與圓成實的性格，便可將三性還原為兩性：遍計所執性與圓成實性。[26]

寶作寂在其《般若波羅蜜多論》又表示，一個藍色物體的形相被呈現，不能說是真實的（līka），它是不真實的（alīka）。但我們對它的明照意識則是真實的。他並強調，明照本身本來便具有明照作用，這是它的本性。（"Introduction", p.157）按這裏有兩點需要注意，一是這其實是說我們的心靈或清淨心本來便有明照作用，它本身是一活動（Aktivität），而不是存有（Sein）。既然是活動狀態，因此便具有足夠的力量以發出明照作用，不需要一個力量的源頭，像清淨心以至佛性之類，這便可以通到筆者所提的純粹力動現象學的純粹力動方面去，不必預設體性。二是藍色物體的形相呈現，但不是真實的，但對它的明照則是真實的。這兩種活動的性格迥異，故不可能同時進行。我們只能說，先有不真實的形相，然後有明照

26 有關唯識學的三性說，我在拙作《唯識現象學一：世親與護法》（臺北：臺灣學生書局，2002）論之甚詳，讀者可參考。

作用。這樣，在認識上便應有一跳躍：從不真實的認識到真實的認識。或者說，認識的狀態從感性直覺的認識發展而為睿智直覺的認識。

佛教諸派對有無形相的問題，持不同觀點。大體言之，部派的毗婆沙派（Vaibhāṣika）屬無形相論者，經量部（Sautrāntika）與唯識學（Vijñāna-vāda）的多數則屬有形相論者。在唯識派中，陳那（Dignāga）、護法（Dharmapāla）、法稱（Dharmakīrti）、智勝友（Jñānaśrīmitra）、寶稱（Ratnakīrti）等是有形相論者。德慧（Guṇamati）、安慧（Sthiramati）和寶作寂（Ratnākaraśānti）等則是無形相論者。至於脫作護，則是有形相論者，他本屬唯識學派。他認為，我們必須確認有形相，才能成就知識。倘若知識內裏沒有形相，則這知識便沒有每一對象的印記，我們便不能把對象相互分離開來，這樣，不管是認識甚麼對象，知識都是一樣的了，沒有分別的了。

九、關於自己認識

最後要談一下脫作護的自己認識思想。這雖說是知識論的問題，但內容相當複雜，需要從頭說起。我們一般說到認知活動，會設定一個認知主體，由它去認知一個作為客體的對象。在這裏，主客的關係分得很清楚，即是，客體是主體之外的一種東西，或一件物體，我們的主體在時間、空間下認識它，運用範疇概念，把它確定為一個對象，便形成一種認識活動，對對象構成知識。在佛教來說，特別是唯識學，它不講客體事物的實在性，而視之為作為主體的心識變現出來的。這樣便出現這種情況，我們進行認識活動，並不是去認識一些外在的東西，而是去認識一些由自己的心識所變現的東西。這被認識的東西其實是自己的、自己變現出來的，我們認識這種自己變現出來的東西，便是所謂「自己認識」（svasaṃvedana）。法稱和一些論師便持這種觀點或看法，因而有所謂自己認識的思想。

脫作護基本上也是循著這種路數來講自己認識的問題。這種自己認識也可以視為一種自我意識。在脫氏來說，自我意識是指我們的主體或心識（citta）、感受或心所（caitta）甚至認識活動本身對自己的認識。起碼就定義來說是這樣。脫氏認為，我們的心識特別是意識，或認識活動一般，是在一般面相方面攝取對象而成知識。感受則是在心內發生一些事項，它留意對象的特別的面相，或是快樂，或是苦痛，或是無所謂苦、樂的中性感受。[27]他強調，自己認識是這樣一種認識，在其中，作為一切認識和感受的焦點的自我被認識，它是未決定的、直觀的知識，遠離概念構想和錯誤。它的本質在於對自身的直接的覺知。（"Introduction", p.47；《ことば》，頁 35）按這裏所說的作為對象的自我或自身，正確的說法應是由自我變現出來的東西，亦即是心識因執持而詐現出來的東西，有相當濃厚的心理學意義。

在這裏，脫作護引述一個反對論者的意見，其基點是：一個物體的動作不能對自身起作用，即是，說它對自身起作用，是矛盾的。其用意很明顯：自我認識表示自己對自身起作用，是不能成立的，是矛盾的。他列舉幾個例子：

---

27 這種感受或苦、樂本身似乎難以說是知識，因知識強調客觀性，而感受則有很濃厚的主觀性在裏面。

1. 一個舞蹈小子不能爬到自己的肩膀上去。

2. 一把利劍不能割切自己。

3. 一團火焰不能燃燒自己。

同樣地，一種認識活動或感受不能認識或感受自己。反對論者認為，感受者和被感受者的關係（vedyavedakabhāva）只是主體與對象的關係（karmakartṛbhāva）而已。根據一般常識，對象與主體總是不同的，如同樹木與木匠不同那樣。（“Introduction”, pp.47-48；《ことば》，頁 35-36）

脫作護的回應是，在我們的意識中，感受者和被感受者的關係，不應被視為對象與主體的關係，而應是決定者與可決定者的關係（vyavasthāpya-vyavasthāpaka-bhāva）。他強調燈火能照自身，知識亦應能知了自己。知識不同於無感覺的東西（jaḍapadārtha），它是由自己的原因生起的，帶有自我照明的性格。（“Introduction”, p.48；《ことば》，頁 36）

在這裏，脫作護引述寂護（Śāntarakṣita）的說法如下：

1. 知識就其本性來說，是與無感覺的東西對反的。它的非物質性或感覺性正是知識的自我意識。

2. 知識的自我意識不能被分析為活動和它的主體，它是一個單一體，沒有間隔，不能被拆分為知者、被知者和知的活動。（“Introduction”, p.48；《ことば》，頁 36）

寂護所說的第二點值得注意。在大乘佛教，當說到知識或量（pramāṇa）時，是就整體說的，即是，知識發自認知活動，在分解方面說，它有主客之分，即有主體與客體之分，由認知主體認知被認知的客體，而成知識。這些成素包括知識、主體與客體，是在一個整一的認識活動中成立的。從根本一面看，沒有這種種成素的分別在裏面。這些分別，只在認識活動過後我們對這活動作反思，才把這些成素區別開來。在最原初的階段，只是一個量（pramāṇa）；由它開出認識手段、認識對象、認識活動和作為認識結果的知識。這種把量或 pramāṇa 所指涉的多方的成素渾融起來，可能是為知識由相對的現象、對象性格轉化而成絕對的終極真理性格鋪路。在睿智的層面說知識，亦即是在本體方面說知識，主客是融合而為一的，此中沒有主體與對象的區分。對象對於主體來說，沒有那種多元的、諸種分別性可言，而純是渾融一片，這在佛教來說，即是空（śūnyatā）。[28]

按寂護的這種說法不是就知識論的層次說，他已移到具終極真理義的形而上學方面去了。知識作為一種自我意識，原初只是一種量，它由此開出認知主體、認知對象、認知活動和認知結果，的確很像京都學派的西田幾多郎所提出的純粹經驗的觀點。純粹經驗作為一個終極原理有一種動感，能夠向前活動，而開拓出經驗主體、經驗對象和經驗活動。這是由本體的、超越的層面下貫到現象的、經驗的層面。下一層面可以講知識論，上一層面則不能，因為在其中，處於渾融狀態的量已向下分化為相關成素如主體、對象、成果諸項了。正如本體的、超越的睿智的直覺不能成就知識那樣，後者是以主體、對象、成果等分別成素為根基的。

順著寂護所提的呈渾融狀態的、無間隔的單一體說下來，脫作護引述智作護（Prajñākaragupta）所寫的有關對法稱的知識論的詮釋的《量評釋莊嚴》（*Pramāṇavārttika-alaṃkara*）的話：

---

28 以上所述，只是筆者依理推斷。是否真有當，仍待後續研究。

> 主體與對象只是虛構的想像物，不是真實的。這只是自己經由自己去認識自己而已。（“Introduction”, p.48；《ことば》，頁 36）

按在嚴格意義的知識論來看，在認識活動的雙方：主體與對象，都有一定的實在性，而且處於一種對立、分別的狀態下，認識才能成辦，才能產生知識，而且是世俗諦的知識。在這種脈絡下，自己認識是比較難說的。智作護的上面那些說法，與其說是在世俗諦中的脈絡下說，毋寧應該是在勝義諦中的脈絡下說。因為在世俗諦方面說認識活動，認識的雙方需要有一定的實在性才行。倘若如智作護所說，主體與對象只是虛構的想像物，不是真實的，則所成就的知識便不可能是客觀而有效的知識，其中必滲雜有很多虛妄的成分。但若在勝義諦方面說，則主體綜攝客體，進一步是開拓出客體的存在性，這反而較有自己認識自己的「自己認識」的意味。不過，這個問題不是那麼簡單，我們在這裏沒有足夠的篇幅探討下去了。

最後，脫作護又強調，一個認識活動不能照見同時出現的另外一個認識活動和感受，因為在它們之間不存在有益他者與受益者之間的關係（upakāryopakārakabhāva），如同一頭牛的左、右兩角那樣。一個認識活動亦不能照見在不同時間出現的一個認識活動和感受，因為當前者存在時，後者已消失。這是由事物的剎那滅性格所致。（“Introduction”, pp.48-49；《ことば》，頁 36-37）按此中的意味是，認識活動有其一定的獨立性，它與一認識活動在地位上是對等的，一方不能高於、作用於另一方。這是在世俗諦的情況下說的，勝義諦的情況則不是如此，一切認識活動在根源上都綜攝在同一睿智的主體之中，後者超越時間與空間。睿智的主體涵攝一切認識活動，同時也可扮演通於多個認識活動的角色，即成為多個認識活動之間的中介、媒介。

附錄　戶崎宏正論法稱的知識論與我的回應

日本學者戶崎宏正花了幾十年時間研究法稱（Dharmakīrti）的知識論，結果出版了《佛教認識論の研究：法稱著「プラマーナヴァールティカ」の現量論》上、下（東京：大東出版社，1979、1985）一書，這是國際佛學研究界對佛教知識論的研究的里程碑，很受國際有關學者的重視與稱許。此書以下省作《認識論》。按「プラマーナヴァールティカ」即是《量評釋》（*Pramāṇavārttika*），是法稱探討知識論的最重要著作。此書除了解釋陳那（Dignāga）的《集量論》（*Pramāṇasamuccaya*）一巨著外，也有法稱自己的知識論的思想在裏頭。按法稱擅長邏輯與知識論，兩者合而為因明學（hetu-vidyā）。日本人將之視為兩種學問，這即是論理學與認識論。論理學即是一般所說的邏輯，為推理的學問，要從已知的前提，合法地推斷出結論。認識論即知識論，以知性與感性為認知機能或認識手段，以這兩種機能或手段，而證成我們對存在世界的知識。有一點要說明的是，邏輯只關乎推理是否合法，是形式性格的，不涉及真實的問題，或存在世界的狀態、狀況的問題；而知識論則關涉存在世界，其中的知識是有關存在世界的實際的、客觀的狀態、性格。法稱在因明學方面，除寫有《量評釋》外，還寫有《正理一滴》

（*Nyāyabindu*）和《量抉擇論》（*Pramāṇaviniścaya*）等六本著作，與《量評釋》合而為七論。

戶崎宏正的《佛教認識論の研究：法稱著「プラマーナヴァールティカ」の現量論》是專門研究《量評釋》中講知識論的部分，即其中的現量章。現量（pratyakṣa）相當於知覺（perception），是現前的覺知機能，以吸收外界事物的訊息、資訊為主。此文是筆者細讀了戶崎的這本鉅著（特別是上卷）之餘所撮述其要點和作出的回應。這些要點和回應大體上是順著戶崎原書的研究和敘述而提出來的。而這研究和敘述也是相應於《量評釋》中的現量論的次序的。

一、自相與共相

陳那屬唯識學（Vijñāna-vāda）譜系，專精於知識論。他先提到我們有兩種認識能力，或認識手段。這即是現量（pratyakṣa）和比量（anumāna）。前者相當於知覺（perception），後者則相當於推理（inference）。他在其《集量論釋》（*Pramāṇasamuccayavṛtti*）中說：

> 認識手段或量只有兩種。為甚麼這樣說呢？這是由於認識對象或所量有兩種相狀的原故：自相與共相。在自相與共相以外，再沒有其他作為所量的相狀了。現量以自相為對象，比量則以共相為對象。（PSV, 94a(4-6)）

按：這裏所謂兩種相狀的所量（prameya），或對象，指個體相的自相（sva-lakṣaṇa）與普遍相的共相（sāmānya-lakṣaṇa）。而與它們對應的，則是現量與比量：現量認識對象的自相，比量認識對象的共相。現量認識的結果，是知識論；比量認識的結果，則是邏輯，或論理學。

又按：陳那在這裏，顯然是以認識對象來鎖定、決定認識能力，由認識論推到存有論方面去。即是，在認識論與存有論上，認識對象比認識能力有先在性（priority），認識對象對認識能力有跨越性（superiority）。這便顯示出他有離開世親（Vasubandhu）唯識的以心識為主的觀念論，而趨向強調對象的實在論了。但他的這種趨向，還是很有限度的。世親是唯識學的創教者無著（Asaṅga）的親兄弟，後者寫有《攝大乘論》（*Mahāyānasaṃgraha*）一重要著作，奠定了唯識學的根基。亦有說無著是唯識學的另一部重要著作《瑜伽師地論》（*Yogācāra-bhūmi*）的作者。世親早期是研習小乘佛教的，特別是說一切有部（Sarvāsti-vāda）的思想，寫有《阿毗達磨俱舍論》（*Abhidharmakośa-śāstra*），闡揚小乘的實在論。其後受到無著的影響，轉習大乘佛教，作觀念論的轉向，強調心識對於存在世界的先在性與跨越性，明顯地展示唯識（vijñapti-mātra）的立場。

二、有效力的動力

對於陳那的所量有兩種，故量也有兩種這一基本確認，法稱說：

mānaṃ dvividhaṃ viṣayadvaividhyāc.（PV-k(I), 2）

其意是：認識能力或量只有兩種。為甚麼呢？因為所量有兩種。（《認識論》上，頁 58）何以所量只有兩種呢？又作為所量的自相與共相的特性是如何呢？法稱說：

> ...... chaktyaśaktitaḥ,
>
> arthakriyāyāṃ keśādir nārtho 'narthādhimokṣatah.（PV-k(I), 1）

其意是：

> 這是由於對象具有有效力的動力，或不具有有效用的動力的原故。例如，在有眼病的人面前呈現的頭髮等東西，並不是對象。為甚麼呢？因為我們對於這些東西的存在，沒有確認的基礎。

法稱在這裏提出「有效力的動力」（arthakriyā）的概念，強調對象只有兩種：有這種動力的和沒有這種動力的。在這兩種對象之外，再沒有第三種對象了。這可以說是法稱在知識論方面對陳那的補充。

按：法稱提出動力作為他的知識論的重要概念。陳那則以存有論的對象以鎖定認識的能力，這顯然有質體的（entitative）傾向。法稱的知識論強調對象的「有效力的動力」（arthakriyā, arthakriyāsāmarthya），才能成為被認識的對象，這是他的創新性的說法。陳那自己亦未有對這點加以正視。

關於陳那未有正視這點，意車善（Manorathanandin）也說及：

> antyā hīyaṃ bhavānām arthakriyā yad uta svajñānajananaṃ.

（PVV, p.130, l.17）

按：陳那以認識對象來鎖定認識能力，已有實在論的傾向，把重點放在對象方面。法稱更強調對象自身的「有效力的動力」對對象作進一步的肯認，實在論的傾向更為明顯。他走向經量部（Sautrāntika），而偏離唯識學的說法，並非無理。有些印度的學者索性說陳那和法稱是屬於經量部，不是屬於唯識學。這種從屬於某派系或譜系的問題，我想不是這麼簡單，只憑一些奇怪的說法來加以論定。這得一方面從深處看當事者的說法的本質，另外也得看歷史對他的評定。例如，陳那與法稱始終持識轉變（vijñāna-pariṇāma）的立場，以為諸法說到底都是生自心識，這是觀念論的觀點，是大關節。

關於「有效力的動力」，法稱說：

arthakriyāsamarthaṃ yat tad atra paramārthasat,
anyat saṃvṛtisat proktaṃ te svasāmānyalakṣaṇe.（PV-k(I), 3）

法稱就是否具有「有效力的動力」的東西的存在性，而提出勝義有（paramārthasat）與世俗有（saṃvṛtisat）兩種。前者相當於陳那的自相，後者則相當於陳那的共相。

按：這裏以自相是具有有效力的動力；這自相是獨一的，沒有其他東西與它相似，也非言說所能描述。共相則不具有有效力的動力，但可以言說來表達，也有其他東西與它相似。這樣說，明顯地強調只有所謂「有效力的動力」，能成就自相、個別相。倘若這有效力的動力能以存在性來解讀的話，則我們可以說，自相的東西自身便具有存在性，因它有有效力的動力，這動力是存在性的基礎。共相的東西則不是自具存在性，其存在性另有依據，因它不具有有效力的動力。這種分法，可與康德（I. Kant）論物自身（Ding an sich）的存在性由睿智的直覺（intellektuelle Anschauung）所給與與現象的存在性來自外界的涵義相比較。

又按：很多年前筆者到日本九州，與戶崎宏正在太宰府市的一間茶寮相敘。我們談到陳那的自相與康德的物自身的問題。戶崎強調自相即是物自身。我不太以為然。因康德的物自身只是一個限制概念（Grenzbegriff），是消極性的，它在正面無所指，不能說存在性，只有限制知識可能的範圍的意涵而已。即是，我們人所可以具有的知識，只有現象（Phänomen）界中成立，過此以往，是物自身的領域，我們對它毫無所知。而自相則具有有效力的動力，可以被知了的。不過，倘若我們所謂的物自身不限於康德的意思，而取康德以後的德國觀念論者如費希特（J. G. Fichte）、謝林（J. W. J. von Schelling）或機體主義的懷德海（A. N. Whitehead）的意思，以至於東方哲學的儒家、道家、佛教的意思，則不是這樣。因為他們取積極的看法來說物自身，認為人亦可培養出明了物自身的智慧，則物自身便不只是一限制概念，而是可呈現的對象（對象在這裏取寬泛義）。

三、共相與範疇

當時在社會上流行的勝論（Vaiśeṣika）、數論（Sāṃkhya）等學派倡導實在論，它們以實體（dravya）、德性（guṇa）、業（karman）、相同（sāmānya）等所謂「句義」（padārtha）或範疇（Kategorie）來規定存在世界，使其中的種種事物成為對象，讓我們對它們構成知識。法稱認為，這些句義或範疇不具有生起知識的動力，它們都是共相。他說：

> etena samayābhogādyantaraṇgānurodhataḥ,
> ghaṭotkṣepaṇasāmānyaṃ saṃkhyādiṣu dhiyo gatāḥ.（PV-k(I), 6）

法稱認為，這些範疇之能表示知識，或作為知識的根源，並不依於它們自己自身，而是我們隨順社會大眾的慣習、約定而成的。

按：這裏法稱以知識的範疇自身不具有生起知識的動力，而把知識歸於我們的日常生活的慣習與約定，明顯地是輕視範疇對知識的建立的基礎性、重要性。這讓人想起英國經驗主義哲學家休謨（D. Hume）對因果律作為我們的思想規律或知性的思考模式的質疑與貶抑。休謨不承認因果律是有其先驗綜合的必然性格，譬如說，我們看到火燒現象，過了不久便看到水滾現象，一般人便確認火燒是水滾的原因；火燒為因，水滾為果，這便成就了火燒與水滾之間的必然連繫，這是因果律。這是說，因果律作為一範疇，存在於客觀的存在世界之中，也是我們對存在的思考模式。但休謨不是這樣看，他認為因果律來自我們的心理上的慣習，不表示客觀界的必然的連繫。即是，我們進行多次的火燒水滾的實驗，每次都看到有火燒之處，不久即有水滾的現象出現，於是我們便產生一種心理，以火燒為原因，而有水滾的結果。這是我們的心理上的想法，不表示因與果的必然連繫，不必關連到知識論中的普遍地必然連繫的問題。故知識的成立，不必有普遍性與必然性。法稱又認為，範疇因為是共相，故不具有有效力的動力。只有自相才具有有效力的動力。這樣，就知識的根源或成立說，法稱便傾向於強調自相，而輕視共相或範疇。由於自相與現量有密切關連，故現量便成了知識的主要的手段或能力。一般來說，我們論到佛教的知識論，都會把焦點放在現量、知覺或感覺方面。「手段」這一字眼，是日本人喜歡用的，其原來的語詞是 pramāṇa。我們視之為一種認知機能就好。再者，便是由於重視現量，法稱對意識現量（mano-pratyakṣa）和瑜伽現量（yoga-pratyakṣa）非常重視。

實際上，法稱對所謂「有效力的動力」這一點在知識的生起方面，有很濃烈的觸覺。他在證立共相不是實有（vastu）方面，提出很多點論證（對於這些論證，可參看《認識論》上，頁 71-120）。其中最堪注意的一點，是共相不具有有效力的動力。他說：

jñānamātrārthakaraṇe 'py ayogyam ata eva tat,
tad ayogyatayā 'rūpaṃ tad dhy avastuṣu lakṣaṇam.（PV-k(I), 50）

另外，關於共相，法稱提出三種：依待於存在物的共相、依待於非存在物的共相與依待於存在物與非存在物的共相。他說：

sāmānyaṃ trividhaṃ tac ca bhāvābhāvobhayāśrayāt.
（PV-k(I), 51）

帝釋覺與意車善提出以下三種共相以與法稱的說法相應，也有舉例示範的意味：依待於存在物的共相，可舉物質事物的所依性格

（kṛtakatva）為例。依待於非存在物的共相，可舉諸法的不生性格（anutpattimattva）為例。依待於存在物與非存在物兩者的共相，可舉事物的所知性格（jñeyatva）為例。（PVP, p.167; PVV, p.131）

按：法稱、帝釋覺（Devendrabuddhi）、意車善等對這些共相在知識論方面的關要性自然是不贊許的。首先，共相不必依待於存在物，例如我們對共相的知識，這共相所指涉的存在物，可以是過去的，也可以是未來的。依待於存在物這種只指涉現前存在的東西的提法，根本不周延。就共相之能構成知識來說，我們對過去的、未來的存在物可有知識，這些共相是不只依待於現前的存在物。他們三人似乎都有如下的觀點：共相可以與存在物分開，共相不必絕對地依待於存在物。但他們又未有以共相為實在，他們始終守住佛教的根本立場，以共相為心識的構作，不是如柏拉圖的理型（Idea）般可獨立於現象世界而有其實在性（reality）。

實際上，在知識論上，法稱的立場是，共相不具有實在性，是我們的心識的分別作用的構作。即是說，共相不是具有有效力的動力的東西（arthakṛgāsāmarthya）。共相又是不是被認知的對象，所謂所量（prameya）呢？也不是。因為共相不具有有效力的動能。人認識外物，是被動的，不是主動的。即是說，被認識的外物需要具有有效力的動力，以引領人去認識它。共相不具有這種引領的作用。這種被動性，有點像康德的雜多對感性（Sinnlichkeit）的作用。雜多是被給予的，感性只有接受性，沒有創生性，也沒有整理雜多的功能。

四、關於自相

自相是有別於共相的認識對象或所量，而且只有自相是所量。這正是法稱在以下一偈頌的意思：

meyaṃ tv ekaṃ svalakṣaṇam.（PV-k(I), 53）

法稱又斷言：

tasmād arthakriyāsiddheḥ sadasattāvicāraṇāt.（PV-k(I), 6）

其意是，由於自相具有有效力的動能，故能成就有無的思考。

按：人由於為存在物的有效力的動力所刺激，而生起或有或無的思考（vicāraṇa）。這樣，存在物的自相便成為所量，成為認識的對象。在這種情況下，存在物的刺激的力量很重要，這也是法稱有限度地接近實在論的立場的傾向。這刺激背後的源頭，自然是存在物的有效力的力動。在這裏我們看到法稱的說法的不完全一致的地方：他一方面說存在物接近實在論的說法，又強調唯識的由心識生起存在物的基本觀點。我們或許可以這樣說，法稱的知識論表示某種程度的過渡性格，由觀念論過渡到實在論。但在實在論方面，我們又不能看得太死煞，以為觀念論與實在論是截然二分的，中間沒有交集之處。

但陳那明明說所量有自相與共相兩個方面。法稱作為陳那學說的繼承者與發揚光大者，是不能有違這一認識論的基本命題的。對於這種命題，法稱說：

tasya svapararūpābhyāṃ gater meyadvayaṃ matam.

（PV-k(I), 54）

他的解釋是，自相就自身的相狀被認識，也就其他的相狀亦即是共相而被認識。因此所量便有兩種：自相與共相。

按：人認識對象，其先決條件是對象方面具有有效力的動力。這只有自相能夠滿足這個條件。故只有自相是真正的對象。不過，戶崎以為，在自相裏面，我們除了對自相有認識外，也對概念亦即共相有認識。即是，在現前狀態的感覺（pratyakṣa）的自相被認識外，那些在超越感覺（parokṣa）狀態的自相也作為共相而被認識。這便解決了所量有自相與共相兩種的問題。也是因此，在自相之外的共相，作為所量，不能具有獨立的實在性。（《認識論》上，頁 125）

又按：這裏所謂超越感覺的自相，其實不能說為是共相，不能作為共相而被認識。自相是個別的，共相是普遍的。就知識論的立場看，我們毋寧應說，多個相類似的自相物的類似性被抽離開來，而成一類概念，便是共相。但認識這共相的，卻不能是現量了，而應是比量了。這便是陳那所謂量有二種：現量與比量的意思。戶崎在這裏實在未說得清楚。

法稱的後學釋迦慧（Śākyamati）在這一點上理解陳那的意思，也有問題、不通之處。他認為，現量所認識的事物自身的相狀（svarūpa）、特別的相狀（lakṣaṇa）和作為原因的相狀（nimitta），都具有有效力的動力，因此都是自相。而比量所認識的、所執取的超越感覺的東西，如特別的相狀（lakṣaṇa）、作為原因的相狀（nimitta），其中具有有效力的動力的，便是共相。（PVT(S), No.5718, pp.203b-204a）

我的意思是，自相和共相是兩種完全不同性格的被認識的對象，陳那說得很清楚：自相由現量所認識，共相則由比量所認識。這兩種認識手段或認識機能是完全不同的；它們所分別認識的對象：自相與共相，也是完全殊異的。自相是事物的特殊的、個別的相狀，不與其他東西共享。共相則是事物的普遍相、公共的相狀，可以相互分享，是一種類概念，一切具有這種公共的相狀的東西，都在這公共的相狀的名下成一個類，成一個組合。我們不能妄構地把自相與共相混雜起來。以康德的知識論來說，我們具有不同的認識機能：感性（Sinnlichkeit）與知性（Verstand）去認識感性的對象與概念的對象。這後者各自相當於自相與共相。至於康德所說的想像或構想力（Urteilskraft, Einbildungskraft），把感性與知性關連起來的能力，則陳那與法稱都沒有相應的概念。

在與這裏所討論的問題有關的理解方面，戶崎作了如下的區分：就自身的相狀來認識自相所得的知識，與就共通的相狀或共相來認識自相所得的知識，在認識的構造上有本質上的不同。前者的知識是立根於現量，而這現量是挾帶著自相本身的相狀而生起的。依於這種認識構造而來的知識，是把握（graha）自相的。後者的知識是立根於比量，而這比量的認識構造，是比量依於自己本來所有的迷亂性，把自己內部的形相作為自相來執取（abhiniveśa）。戶崎因此繼續推論，比量對自相的認識（sva-lakṣaṇa gatiḥ），並不如現量那樣對自相的把握（graha），卻是錯誤地對自相的執著。戶崎因此得到如下的結論：比量對自相的認識，是混亂的知識。他也不否認比量的混亂性格。他引《量評釋》說：

ayathābhiniveśena dvitīyā bhrāntir iṣyate.（PV-k(I), 31）

即是，比量是以其他的相狀來認識自身有實在性的自相，而加以執取，這便構成混亂的知識。（《認識論》上，頁 126）

跟著而來的，顯然是這樣的問題：比量既產生混亂的知識，那它何以能被視為一種認識能力呢？法稱的回應，是就以下一點來確認認識能力的標準：

pramāṇam avisaṃvādi jñānam.（《認識論》上，頁 127；戶崎此處只列「PV 量成就章」，k.3ab）

即是，在所成就的知識方面，沒有欺騙性（avisaṃvāda）。另外，法稱提出：

yathā tathā ’yathārthatve ’py anumānatadābhayoḥ,
arthakriyānurodhena pramāṇatvaṃ vyavasthitam.（PV-k(I), 58）

即是，比量雖與跟它相類似的認識能力（似比量）都不具有真實的對象，但比量由於是在與有效力的動力相關連的脈絡下成就的，故可視為認識的能力。（《認識論》上，頁 127）

按：法稱的觀點是，比量雖有混亂性，但它是就著具有實在性的自相來作認識的，這自相不但沒有欺瞞性（因它有實在性），而且具有有效力的動力，因此仍可視為認識能力。但法稱在這裏把實在性與自相關連起來，展示他有實在論的想法。不過，如上面所說，法稱在思想上雖有實在論的傾向，但我們不能因此便說他是經量部的論師，他畢竟還是以諸法為心識所變現、詐現，仍是唯識派的譜系，如上面所說。

以下要集中地透過與比量相對比來看現量的問題。按陳那把認識能力分成兩種：現量與比量。那是就被認識的對象或所量而言的：自相與共相。法稱基本上繼承了陳那的提法。帝釋覺對此也極為支持，他也很強調有效力的動力在作為對象上的重要性。（《認識論》上，頁 128）

實際上，對於自相，依法稱的思考，可分為兩種：能夠直接地生起知識的自相，和在超越感知（parokṣa）上而得知識的自相。後者可以透過其他的相狀而被認識，例如由煙的自相可推知有火的自相。這是藉著第一種自相的有效力的動力而推知的。這兩種對象有一種有、無的關係。有的關係是有煙的自相便有火的自相，無的關係是無煙的自相便無火的自相。如法稱所說：

> buddhir yatrārthasāmarthyād anvayavyatirekiṇī,
> tasya svatantraṃ grahaṇam ato ’nyad vastv atīndriyam.
> （PV-k(I), 59）

在這種情況，那超越感知的東西可從一種媒介（按這也可籠統地被視為能知）邏輯地被推引出來，而被認識。或者說，透過共相而被認識，而且只能這樣地被認識。超越感知的東西是不能就自己的自相而被認識的。如法稱所說：

> gamakānugasāmānyarūpeṇaiva tadā gatiḥ,
> tasmāt sarvaḥ parokṣo ’rtho viśeṣeṇa na gamyate.（PV-k(I), 61）

按：法稱在這裏的說法有些彆扭。其意不外是，我們的知識有感覺的知識，有超越感覺的知識。前者的對象是自相，後者的對象是共相。自相可依知覺而被知，共相則只能由自相經推引而被知。這種推引的作用來自比量，不來自現量。在煙、火的例子中，煙是自相，可以現量知之，現量知煙的自相；比量則以此煙的自相為基礎，推引出火，這火不是自相，而是共相。即是說，所推導出來的火只是作為概念看的火，不是在時空中存在的具體的火的現象。火不是以自相而被認識，卻是以共相而被認識，為比量所認識。實際上，在超感知的場合，只有比量是認識能力（sādhana），除此之外，不能有其他的認識能力了。這樣，法稱便作出如下結論：

na pratyakṣaparokṣābhyāṃ meyasyānyasya sambhavaḥ,
tasmāt prameyadvitvena pramāṇadvitvam iṣyate.（PV-k(I), 63）

即是，只有自相是認識對象（prameya）；它有兩種形式：在感知面前的自相，和在超越感知的狀況下的自相。除此之外，再沒有其他的自相了。前者以自己的相狀即自相而被認識，後者則以一般的概念或共相而被認識。因此，我們的認識對象或所量有兩種：自相與共相。而且只有這兩種。而我們的認識能力也只有兩種：現量與比量。

按：就以上的說法來看，法稱以為，真正能作為被認識的對象，直接地被認識的對象，只有自相。這自相可以是現前的自相，也可以是在超越感知中的自相。不過，我們很難說自相而又是超越感知的。這裏有語病。自相只能是對於感知的自相，自相若超越感知，便不成自相，而是共相了。自相不能超越感知，超越時空。共相則可。不過，法稱最後還是謹守著陳那的立場，以為我們的認知對象有自相與共相兩種，我們的認識能力也相應地有兩種：現量與比量。現量認識自相，比量認識共相。不過，這裏有一點可以討論：陳那說知識論，在認知主體與認知對象的關係的問題上，並不先說認知主體的兩個手段或機能，即是現量與比量，而是先說認知對象有兩種：自相與共相，由此而確認認知主體的機能也有兩種，與認知對象相應。即是，與自相相應的是現量，與共相相應的則是比量。這儼然有以認知對象是主導項目，而認知主體是導出性的之意。或者說，是認知對象決定認知主體，不是認知主體決定認知對象。若以認知對象屬物，認知主體屬心，則有以物決定心的意涵，這在馬克斯列寧主義的詞彙來說，可以說有唯物論的傾向。這便有違無著、世親的唯識學的唯心論的立場：後二者是強調心識變似、詐現諸法的，因而是唯心的取向的。陳那未有明顯地說唯物論或實在論，未有違離觀念論，但我們亦頗有理據（起碼就目下的脈絡而言）說陳那略有唯物論或實在論的傾向，他當然未到經量部特別是說一切有部的程度。法稱在這方面依從陳那的說法，以認知對象為先（有先在義），而以認知主體為後，因而不自覺地以主從關係來說認知對象與認知主體的關係：認知對象是主，認知主體是從。

五、關於現量

以上我們花了不少篇幅講自相，也兼涉及共相。在這裏，我要集中講現量的問題，當然也會涉及比量。我先從有關現量的定義說起。陳那以「除分別」來說，即是要排除種種分別、計量、思維等動作以成就知識。「除分別」當然也是一種認識活動，但這是從負面來說。若從積極方面、正面來說，我們可以視現量活動為一種以感覺的、知覺的方式來理解對象；但這感覺（sensation）、知覺（perception）與西方哲學所說的不盡相同。

在陳那來說，所謂「分別」是指與名言（nāman）和種類（jāti）等結合起來而成。這也可以說是依言說與範疇對事物的一種分別、限定。法稱承接了這個說法，並予以展開闡釋，把除分別的認識，分成依現量而來的認識與依比量而來的認識。法稱的這種說法，見於寂護（Śāntarakṣita）的《攝真實論》（*Tattvasaṃgraha*）中。（《認識論》上，頁 203）

首先看依現量而來的認識。法稱說：

> pratyakṣaṃ kalpanāpoḍhaṃ pratyakṣeṇaiva sidhyati,
> pratyātmavedyaḥ sarveṣāṃ vikalpo namasaṃśrayaḥ.
> （PV-k(I), 123；另外，參考 T. Vetter, ED, S.38）

法稱認為，現量是遠離分別（kalpanā）的，這正成立於自證的現量中。對於所有的人來說，現量在自證或認識自身時，是不用分別概念的，自己也覺知不用概念分別這一點。倘若現量是有分別作用在內的話，則在現量對自身加以自證、自己認識時，這種分別亦會展示出來。但就事實來說，在現量的自己認證自己時，是沒有分別的。按：這樣說現量，則現量可有兩個層次。一是粗樸的感知，在朦昧狀態的接觸。二是睿智的直覺義的感知。法稱說的現量，應對應於第二種。這可以說是承接般若文獻的般若智（prajñā）而來的認知機能，有覺悟、解脫的意味。而第一種的感知，則粗略地相應於西方哲學的感覺、直覺，精確地說應是感性直覺（sensitive intuition）。

對於現量除分別一認識論的命題，法稱提出三方面的論證：在現量中，並沒有種類分別（jātyādikalpanā）、關係分別（sambandhakalpanā）和名言分別（śabdakalpanā）。（PV-k(I), 145-167；《認識論》上，頁 232）

按：種類、關係和名言等東西都不是實在物，因此並沒有個別事物受種類等範疇所限制，不能說這些範疇規限個別物而構成知識。不過，在種類、關係和名言三者之中，名言分別有較明顯的認識論意義。故法稱在 PV-k(I) 的第 123 偈中有「名言所依分別」（vikalpa nāmasaṃśrayaḥ）的說法。寂護在他的《攝真實論》中對分別有清晰的解說，並特別提到名稱的字眼：「分別即是具有名稱的知識」（abhilāpinī pratītiḥ kalpanā, *Tattvasaṃgraha*, 1214；《認識論》上，頁 234）。因此，說現量排除分別，與說現量中沒有名言分別具有同等的意義與效力。不過，法稱在論證現量除分別時，說到分別，也把種類分別與關係分別包涵在內，那是由於當時和他辯駁的人也把種類分別和關係分別都列入分別中的緣故。

上面提到法稱的論證。他說：

viśeṣaṇaṃ viśeṣyañ ca sambandhaṃ laukikīṃ sthitim,
gṛhītvā saṃkalayyaitat tathā pratyeti nānyathā.（PV-k(I), 145）

法稱首先提出生起分別的條件。他指出生起種類分別與關係分別的三個條件。他先說，對於限制者、所限制者和兩者的關係的知識，我們只能依循社會的慣習，把它們三者連合起來，而後得到的。他並舉持手杖的人（daṇḍini）為例：當我們說：「那個人是持手杖的」時，「那個人」是所限制者，「手杖」是限制者，這兩者與它們的聚合（saṃyoga）關係，是依社會的慣習而被認識的。即是，「那個人是持手杖的」有分別的意義，那是依言說和一般慣例而成立的。這裏牽涉到言說與一般慣例，這兩者都與某些特定的環境有密切的關連，而這環境是經驗性格，因此沒有絕對性、普遍性、必然性可言。法稱對於這點，顯然未有清晰地意識到。

這樣，我們便可以提出生起種類分別和關係分別的條件：

一、認識個體物（即所限制者）。我們不單要認識個體物，還要認識作為限制者的另外種類的東西，如手杖。

二、認識個體物與種類的關係。

三、認識有關言說的社會慣習，即言說的一般用法。

法稱以為，在現量中，我們不可能找到這些條件。首先，在現量中，我們不能找到在個體物（所限制者）之外分開地認識作為限制者的種類的條件。我們認識作為限制者的種類，而且要在與個體物有清晰的鑑別的情況下作這樣的分別的認識，是不可能的。在現量中，無分別可言。法稱在以下的偈頌中，述及這個意思：

> …… jātyāder vivekenānirūpaṇāt,
> tadvatā yojanā nāsti kalpanā ’py atra nāsty ataḥ.（PV-k(I), 146）

按：現量作為感覺、知覺的能力，只能認識個體物自身，不能認識這個體物自身之外的所謂「種類」（jāti）。後者是類概念。康德哲學意義的個體物與種類的連結（在佛教來說是 samavāya，這是認識種類的關鍵條件），在現量中是不可能的。這種類即是共相。法稱認為，共相不能當作一獨立的實質存在物看。法稱以牛作為例子，表示我們的現量可以認識個別的牛，但綜合牛的種種性質而得的「牛」的種類或共相概念，是不能在現量中出現的。法稱說：

yady apy anvayivijñānaṃ śabdavyaktyavabhāsi tat
varṇākṛtyakṣarākāraś nyaṃ gotvaṃ hi varṇyate.（PV-k(I), 147）

即是說，我們在現量中，可以看到一個個體物，或者說，在我們的感性直覺中，有這樣的個體物出現，但不能分別、判別它是甚麼東西。要知道這是甚麼東西，得依靠現量之外的另一種認知能力，在陳那與法稱來說，這認知能力是比量，在康德來說，則是知性。

跟著，法稱即論證在現量中不能有個體物與種類的關係的問題。法稱認為，要在認識上生起分別，需要知道個體物與種類之間的關係作為條件，但在現量中我們找不到這種條件。在法稱看來，我們不能以感覺或現量來理解個體物與種類的連結；現量不能包涵這種連結。或者說，現量不能以種類概念來規限個體物。他說：

samavāyāgrahād akṣaiḥ sambandhādarśanaṃ sthitam.
（PV-k(I), 148）

即是說，現量與分別、分類不可能有直接的交集。分別、分類牽涉到概念的運用，有它的抽象思維在裏面。但現量只捕捉眼前一瞬間便過去的事物或現象，它對這些東西不可能有回想、追憶的能力。它只能在一瞬間吸取事物或現象的形相。很明顯，種類與個體物的連結關係是超感覺的（atīndriya）。即是，作為限制者的種類與作為被限制者的個體物的連結，不能在感性或現量中出現。對於這種連結，康德是以感性與知性的聯合作用來解決的。

六、言說與所詮

最後是關於言說的問題。法稱以為，作為生起種類分別等的第三種成立條件：要認識言說的社會性的慣習，在現量中並不存在。這所謂言說的社會性的慣習是指表示被限制的個體物的言說與表示限制者——例如種類關係——的言說之間的關聯的社會性規定，被視為種類分別或關係分別生起的條件不存在於現量之中。這又與自相與共相有關連。

由上面所述看到，法稱對自相與共相的相異之處，特別是所詮問題，分別得很清楚。他的著作的註釋者有帝釋覺（Devendrabuddhi）和意車善（Manorathanandin），他們大體上是就自相不是所詮與共相是所詮兩點來說。具體言之，他們集中地說自相的性格，以為它沒有所詮性；它作為個體物的基礎，是個別的東西，不是如同「無」一類概念那樣被顯現的對象。最重要的是，它不具有與其他東西所成的共通性。它是不依於社群的約定俗成的知識的對象，它能透過排除（apoha）其他事物的相狀而顯現自己的相狀，它具有有效力的動力。帝釋覺與意車善都強調自相是不可以被言詮的，不是所詮，不能透過言說來表示；共相則是所詮，能透過言說來表示。這種分別的最大的依據是，共相不具有有效力的動力，故沒有實在性。自相則具有有效力的動力，故具有實在性。（*Pramāṇavārttikapañjikā of Devendrabuddhi*，影印北京版《西藏大藏經》，No.5717b 第 51 偈；*Pramāṇavārttikavṛtti of Manorathanandin*, R. Sāṅkṛtyāyana, ed., Appendix to J.B.O.R.S., Vol.XXIV, Part III, 1938，第 51 偈；《認識論》上，頁 104）

按：在這裏，帝釋覺和意車善談到一點，非常值得注意。他們都強調自相是個體物的基礎，是個別的東西，不具有與其他東西所成的共通性。說自相是個體物的基礎，這沒有問題，康德也說過物自身隱藏在現象的內裏，但這只是一個假設，不能斷定，我們只是就常識來推想，畢竟我們沒有機能去認知它。印度小乘佛教中的經量部（Sautrāntika），便持這種想法。它們不是地道的實在論論者，但有實在論的傾向，認為在我們的感識面前出現的東西，應在背後或外界方面有某些不變的東西來撐持，才能保持穩定不變，即便我們沒有認識這些外界東西的機能，我們也可以作這樣的推理、推想。一切有部（Sarvāsti-vādin）則說得很徹底，它們提出「三世實有，法體恆有」的口號，強調在現象界之外，有不變化、非生非滅的要素，所謂「法體」存在，在過去、現在、未來三個時段（三世）都存在，不會消失。這便是所謂「外界實在」的實在論（realism）的立場。經量部在這一點上受一切有部的影響，法稱也受經量部的影響，因而稍微有實在論的傾向。我們在這裏說自相是個別東西，而且是事物獨自擁有的，這種獨自性不能與其他東西分享。依此說下來，則自相雖不是個別的現象，但如現象那樣，有個別性可言。某一物體的自相是只有它才具有的，不與其他東西分享。這倒讓我們想起佛教天台宗知禮在他的《十不二門指要鈔》卷下提到「除無明，有差別」的說法。（《大正藏》46·715 中）知禮的意思是，對於種種事物，我們不要起分別心而執著它們。它們在現象層面，或無明的層面，是相互差別的。若我們能穿透現象層面，而直探它們的本質，則可以破除我們對它們的無明執著，而直探其內在的本質或空性，則以這本質、空性為背景的事物，仍不是平等地是空的，而是保留其差別性、分別性。帝釋覺與意車善在這方面的理解，以一切事物的自相有其差別性、個別性，的確與天台宗的說法相似，具有對話的空間。但如何相似，如何對話、比較，此中的同一性應如何理解，則有待進一步研究。在這裏我不擬多作贅述。

七、他者的排除

就法稱來說，言說的對象是「他者的排除」（anyāpoha）。即是說，言說只有消極的作用：透過對這它者的排除，以顯出最後的所指。「他者的排除」是陳那與法稱的知識論中一個挺重要的命題或思考模式，與言說的作用是分不開的。例如，對於作為實在物的牛，我們以「牛」一語詞表示之，這意味著「牛」與成立於作為實在物的牛的「非牛的排除」的關連。即是說，成立於作為實在的牛之上的「非牛的排除」是言說的對象這一點上。如法稱所說：

vastūnāṃ vidyate tasmāt tanniṣṭhā vastuni śrutiḥ.（PV-k(I), 163）

按：他者（anya）的排除（apoha）與其說是一個知識論的命題，不若說是一個邏輯的命題，來得恰當。排除不是一個知識的對象，而是只有邏輯的意義。「牛」與「非牛的排除」在邏輯上是等值的。

在這裏，法稱正式就言說的知識論意義作一清晰的表述。他認為，由言說而來的知識，好像是從一個實在的東西套取其影像而加以顯現那樣，但這顯現只是影像，由有混亂義（brānti）的習氣所生，並不便是作為外境的對象本身。法稱是這樣說的：

vyatirekīva yaj jñāne bhāty arthapratibīmbakam,
śabdāt tad api nārthātmā bhrāntiḥ sā vāsanodbhavā.
（PV-k(I), 165）

按：這由言說而成立的知識，當然有分別性。但關連著這分別性而來的影像，並不即是有實在性的外境，而只是心識詐現的外境而已。此中有混亂在內，這混亂來自習氣（vāsanā）。即是說，法稱並未承認外界實在。他以對象為心靈的詐現結果，是有相唯識的說法。在唯識學中，法稱屬有相那一派別。

法稱的意思是，由言說所展現的對象，只能算是影像或形象（ākāra），並不是外境實在的東西。外境實在的東西只能在思想中擬設，不能成為言說的真正對象。進一步，法稱說：

śabdo ’rthāṃśaṃ kam āheti tatrānyāpoha ucyate,
ākāraḥ sa ca nārthe ’sti taṃ vadann arthabhāk katham.
（PV-k(I), 167）

法稱表示，外境或外在對象中並沒有在分別知識中所顯示的形象。因此，分別知識或形象（在言說中出現或言說所顯示的形相），並不能涉及外境或外在對象。

按：倘若是這樣，則當我們說起在知識論中的對象，或言說的對象時，我們只能以在識心面前詐現的形象作答，不能正面說客觀獨立的形象，不能說對象（artha），或對象的一部分（arthāṃśa）。我們頂多只能消極地說「他者的排除」。若說到分別知識的形象，則只能說它存在於分別性格的知識之中，而這分別性格的知識是由言說所表示的。我們對於在言說之外的被視為有實在性的外境，實在是一無可說。這讓我們想起維根斯坦（L. Wittgenstein）所說的一句話：「在言說所不能達的地方，我們只能保持緘默。」

關於他者的排除，法稱進一步說：

> mithyāvabhāsino vaite pratyayāḥ śabdanirmitāḥ,
> anuyāntīmam arthāṃśam iti cāpohakṛc chrutiḥ.（PV-k(I), 170）

法稱所強調的，並不是由言說所生起的分別性格的知識，能夠顯示外界的實在性。（按：外界實在性能否說為是有，仍是一個問題）但言說對於人來說，可有排除他者，而對某些對象採取行動的作用。例如，人聽到「牛」的言說，自然會排除非牛（如馬、鹿、雞）等，而對牛採取某種行動。

按：這樣說他者的排除，知識論的意義並不明顯。反之，它會引生某些行為。例如，以「他者的排除」來說牛，即是以排除「非牛」來說牛，這樣，這「他者的排除」便能引發一些行為。至於是甚麼行為，法稱則未有明說。不過，我們可以作些補充：牛一直都是中國農村耕種的主力，牠性情溫順，任勞任怨，總是那樣努力工作，又以草為食料，不需花甚麼錢財便能飼養牠。牠的形像也反映出我國農村文化的可愛風尚。熟悉國畫特別是山水畫大師李可染的人，都知道他也善於畫水牛與牧牛童子，寥寥幾筆，便把牛的形像與童子的自然風趣，表現得栩栩如生。對於這樣的善良與有用的動物，我們會愈加痛愛牠。見牠老了，工作效率減低，我們內心會覺得不安，讓牠多休息，不讓牠過分操勞。這樣的景象，時常可以在農村中見到。

「他者的排除」是佛教邏輯與知識論中的一個重要課題。在法稱來說，「他者的排除」正是用來交代言說的對象這一難題的。言說是人擬構的，不必指涉客觀的對象。要建立言說的意義，特別是交代言說的對象，法稱便以對於相對的作為其他東西的他者進行排除、否拒（apoha）來回應。例如，對於 Y 對象，我們約定俗成地以 y 來回應。即是說，y 表示 Y 對象。這種回應應該包含兩個意思：一是就非 Y 來說，y 的約定性是不被感知的。二是對於 Y 對象來說，y 的約定性是可被感知的。這樣，在約定俗成的原則下，y 言說與「由非對象中被排除開來的 Y 對象」關連起來。這即是下面的法稱的偈頌的意思：

anyatrādṛṣṭyapekṣatvāt kvacit taddṛṣṭyapekṣaṇāt,
śrutau sambadhyate 'poho naitad vastuni yujyate.（PV-k(I), 172）

按：法稱對言說的看法，主要表現於言說的對象方面。在他看來，言說的對象，或言說所要處理的，不是個體物（自相）或種類

（共相），而是「他者的排除」。個體物表示外界實在，種類表示普遍概念。不是這不是那的「他者的排除」是甚麼呢？這是一種分別作用。法稱似乎只說到這裏，其餘的還未有發揮。

最後，法稱以「他者的排除」作結，表示種類等東西與個體物的關係，不在感官對象中，這些東西不能與言說有直接的連繫。言說只以「他者的排除」的意義關連著這些東西。他說：

tasmāj jātyāditadyogā nārthe teṣu ca na śrutiḥ,
saṃyojyate 'nyavyāvṛttau śabdānām eva yojanāt.（PV-k(I), 173）

按：上面提到，法稱認為在現量中，不可能有生起種類分別和關係分別的條件。在這裏，我們可以為法稱作一總結：在現量中，不可能有種類分別和關係分別在裏頭。這便是法稱對「現量除分別」的理解和發揮。種類分別和關係分別不能指涉（直接地指涉）個體物，因此，我們對於在現量中出現的東西，不能直接地以言說來表示。即使要用言說，這些言說或概念只是假名（prajñapti）而已，不能直接地、具體地、立體地與個體物相應。通過他者的排除的運作，我們可以消極地對這個別物的對反方面加以排除或否定，這個別物便可施設性地被提舉、指涉出來。

跟著，法稱處理名言分別的問題。他要證立的是，在現量中不可能有名言分別。首先，法稱提到在現量中並沒有名言分別的性格和名言分別生起的原因。他以為，名言分別的本性在名言與對象的結合，此中有一種由社會慣習而來的約定或規則（saṃketa）在內。但現量作為感官知覺，只能接觸當前的對象，不能思想當前的對象與過去所慣用的言說的連繫，或如何以過去的言說來表達當前的對象的問題。即是說，現量不含有作為名言分別的原因的過去的社會的慣習。因此，在現量中，我們找不到對象與言說的結合的慣習。即是，現量中並沒有名言分別在內。法稱說：

> saṃketasmaraṇopāyaṃ dṛṣṭasaṃkalanātmakam,
> pūrvāparaparāmarśaśūnye tac cākṣuṣe katham.（PV-k(I), 174）

在這裏，法稱特別重視社會慣習的回憶（saṃketasmaraṇa）。他特別就這樣的東西不可能存在於現量中而論證現量不可能有名言分別。他舉的例子是，當我們想起和分別過去的事物時，同時也可對眼前的事物（例如色 rūpa）進行現量式的認識。在這種情況，我們不會以過去的社會的慣習或約定俗成的規條來和眼前的事物連繫起來。這便表示，我們在對眼前事物的現量或感知中，沒有名言分別在內。法稱說：

> anyatra gatacitto 'pi cakṣuṣā īkṣate,
> tatsaṃketāgrahas tatra spaṣṭas tajjā ca kalpanā.（PV-k(I), 175）

按：很明顯，法稱是把過去的社會慣習或約定俗成的規條視為一種言說分別。這是分別的機能或知性（Verstand）的對象，與感性（Sinnlichkeit）的對象例如色完全不同。前者是受言說所規限的，後者則是感官對象，不受言說的規限。感性或現量只能把握與言說沒有關連的對象，不可能把握知性的對象。即是說，現量中不能有名言上的分別。他說：

jāyante kalpanās tatra yatra śabdo niveśitaḥ,
tenecchātaḥ pravartteran nekṣeran bābyam akṣajāḥ.
（PV-k(I), 176）

後　記

我寫這本書，頗有一份宿緣。四十年前，亦即一九七四年四月，我憑著日本政府教育部（文部省）所發的獎學金，到日本留學。我為甚麼會拿到這筆獎學金，自己也感到莫名其妙。因為申請的程序，包括一次日文的筆試。那時我根本不懂日文，而且在香港中文大學崇基學院哲學系任助教，住在外面，很少回家，到那次回家，才看到考試的通知書，但已過期了。我因此到日本領事館文化部，告知有關辦事人員，說自己趕不及考試，並說自己完全不懂日文，即使能及時考這個筆試，也一定會交白卷。辦事人員叫我放心，耐心等通知參加口試便行。結果口試完了，我便回家，隔了一段時間，收到通知書，說我的申請通過了。我訝異了一陣，跟一些朋友談及，他們都覺得難以相信。但事實是這樣。其時我也申請了英國聯邦的獎學金，到劍橋大學做研究，好像有希望，但結果還未發放。由於日本文部省的獎學金是在四月開始的，我因此馬上辭職，到日本去，不理劍橋方面的消息了。同時也跟系主任沈宣仁先生吵了一場，他說我不管系中的事務，不負責任，我說自己依校規請辭，沒有甚麼不妥。再有，我所任的是助教，是過渡性的，與講師不同，最後還是要離去。

在那個年代，在大學當助教，介於學生與老師之間，有點尷尬，好像甚麼事都不要做，實際上又甚麼事都要做。最明顯的是替講師上課。他們都知道我是搞佛學的，也好像搞得不錯，於是不時邀我替他們講課，例如哲學組的陳特講中國文化要義，其中有關佛教的，便讓我去代講，講了六週，每週兩節。心理系的李靜怡講宗教心理學，也要我替她講佛教心理學，也是六週。另外，宗教組的一個洋講師，開了一門宗教倫理課，也邀我講佛教倫理。其實佛教是出家性格的，有甚麼倫理好講呢？他硬是要我講。講了多少週，都忘記了。還有，宗教組的吳利明也邀我替他講課，內容是如何，我已記不起了。講完了，他們只說一聲多謝，便算了，一頓飯也欠奉。

我在四月到日本，先在大阪外國語大學學日文。六個月後，便到京都大學報到，約見指導教授梶山雄一和服部正明。梶山是佛教學部講座教授，服部則是印度哲學史學部講座教授。兩人的學問都很好，在佛教知識論方面下了不少工夫，又與維也納學派特別是法勞凡爾納（E. Frauwallner）有深厚的淵源。梶山曾聽過他的課，同時聽課的還有舒坦恩卡爾納（E. Steinkellner）、維特（T. Vetter）和舒密特侯遜（L. Schumithausen）。維也納學派是以研究佛教知識論而知名的，他們的研究法是文獻學與哲學分析並重的。特別是文獻學，他們重視對梵文原典、藏文翻譯的典籍進行解讀與翻譯。很多研究佛教知識論的學者受到這種研究法的影響，包括日本的梶山雄一、服部正明、桂紹隆、岩田孝、赤松明彥、木村俊彦、本多惠、矢板秀臣等。歐洲方面則有卡勒索爾（H. Krasser）、穆克（M. T. Much）、布妮曼（G. Bühnemann）等。這學派之所以以「維也納」為名，是由於那些主要的人物都在維也納大學（Universität Wien）講課的緣故。法勞凡爾納於上世紀七十年代中期去世，其講座由史坦恩卡爾納接替。目下史氏已退休，好像還未找到接替者。維特已去世；布妮曼去了美國，作密宗的轉向，在那邊教授密宗。在日本方面，梶山於十多年前去世，桂紹隆、岩田孝已退休，赤松明彥則主理行政事務。維也納學派有下滑、衰微的傾向。

我當時學習學得很起勁，同時也知道藏文的重要性。梶山教授表示藏文的文法不難，花半年的時間便可以學會了。後來我請一個居住在京都的西藏啦嘛卡僧（Kalseng）教我西藏文。他寫起藏文的字母、句子，非常飄逸、秀美，我從未想過西藏文可以寫得那樣清純而富有美感的。不過，我學了半年，只能讀藏文《心經》，這可能讓梶山教授失望了。我離開日本前，卡僧寧波車給了我一份藏文文法書稿和有關錄音帶，讓我帶回去隨時學習。很可惜這些資料為一個朋友借去。後來我去了德國，回來後向他索還，他說需要找一下，過了一段時間，我又找他，他說尚未找到。到我第三次問他時，他乾脆說因為搬家丟失了。

那個時候我已能看懂日文的佛學研究的專書與論文。我開始翻譯梶山的有關中觀學的著書和服部有關陳那（Dignāga）的知識論的論文。這是我第一次認真閱讀維也納學派的著作，覺得簡明而扼要，思路也很嚴謹，也有文獻學的基礎。翌年我便拿德國學術交流處的 DAAD 獎學金到德國漢堡大學（Universität Hamburg）進修了，指導教授是上面提及的法勞凡爾納的弟子舒密特侯遜，與維也納學派也有淵源。他是印度學（Indologie）和西藏學（Tibetologie）的講座。另外我也與日本學（Japanologie）的講座便爾（O. Benl）教授有很多往還，他是屬於漢堡學派的。便氏是貢特（W. Gundert）的弟子，擅長以文獻學方法來處理公案禪。

我住的大學賓館（Gästehaus）的斜對面便是大學本區，行政樓則在隔鄰，兩者與賓館只隔一條馬路。日本學的圖書館在大學本區內，印度學與西藏學的圖書館合在一起，在賓館的那條街道北面約一百米處，故要借閱這幾個圖書館的藏書，非常方便，書籍是開架式的，在書架上拿下來便可以看。漢大的圖書館有一個特色，日間有工作人員上班，下午五時下班，但圖書館仍然是開著的，學生或研究人員可以隨時進進出出，若要借書來拿回家看，只需把書名和借書者的姓名在櫃台上的小冊子登記一下，便可把書帶走，非常方便。特別是我自己，由於住在附近，若有需要，隨時可以到相關圖書館裏拿書參考，晚間以至深夜也是一樣。我很多時都是在深夜出動的，在研究到甚麼問題，需要找參考書或辭典來用，便可立時出動。有時在圖書館裏看，有時索性把書帶回賓館。儘管深夜時常雪花飛舞，也不礙事。

在佛學中，我最感興趣的是知識論。漢堡大學的圖書館便有很多這方面的資料，包括原典和研究成果，而且以英文、日文和德文寫的為主。這正是我與維也納學派結緣的好時機。為了方便以後要應用，我很多時把書拿去影印，弄一個副本，無限期擁有。

很多時有朋友和學生問我，你做佛學研究，為甚麼要到德國留學呢？我一時也說不出道理來，我終於說，德國人研究佛學，有兩個學域是頂尖的，這便是佛教知識論和公案禪，另外還有方法論。除此之外，我也很迷德國哲學，特別是德國觀念論（Deutscher Idealismus），康德（I. Kant）、黑格爾（G. W. F. Hegel）、胡塞爾（E. Husserl）和海德格（M. Heidegger）的哲學，都是我的至愛。還有德、奧音樂，巴哈（J. S. Bach）、韓德爾（G. F. Händel）、海頓（F. J. Haydn）、莫札特（W. A. Mozart）、貝多芬（L. van Beethoven）、馬勒（G. Mahler）、華格納（R. Wagner）、布魯克納（A. Bruckner）等。我幾乎每天都聽他們的音樂，並有極大的滿足感。為甚麼會這樣，一時間也說不出個道理來。

在日本和德國的幾年生涯，讓我在學術研究方面扎下了根基。很多朋友到國外留學，通常都是修習自己一向熟悉的，讀個博士學位，回來便可在大學中執教。我則不走這條路，從扎根著手，學習作佛學研究所必要跨過的梵文，這是日本人的經驗。我心想日本人做得到，怎麼中國人便不行呢？這樣想著想著，努力不懈，終於掌握了梵文文法，可以閱讀了，只是比日本人慢了一大截。我不是讀語文的材料，學習梵文是逼出來的。這幾年的苦學的收穫，比後來在加拿大讀博士還要豐富。

在大學教書，很多時有一個好處：你教滿一段時間，譬如說五年，便有一年休假（sabbatical），可以到國際一些著名大學做訪問研究，每個月大學當局照常發薪水，這是挺好的安排。有些人可以專心做自己喜歡做的研究，但更有很多人（甚至是大多數）到外邊大學做客座研究，只是掛名而已，實際上是到處逛，逛書局，或者去旅行，環遊世界，完事後便在自己的學歷、履歷上加上「哈佛大學研究」、「普林斯頓大學研究」之類。在一流的大學做研究，多風光啊。我到日本與德國留學，情況完全不同，那真是名符其實的「學」，梵文、藏文、日文和佛教文獻學，一切都要「學」，而且是從零開始。其中的艱辛，點滴在心頭，不足為外人道。

一九七四年我到日本，同年中文大學哲學系的陳特休假到英國作客座，在牛津、劍橋或倫敦的哪一所大學研究，我記不清楚了，反正是有名的大學。我當時很羨慕。但聽說他在那邊兜了一個圈，熬不下去，便回來了。他在中文大學哲學系超過三十年，卻沒有寫出一本或一篇有分量的著書或論文來。我在系中做了兩年多助教，幾乎天天都見到他。他除了教課外，便來系室和秘書跟我閒聊，有時勞思光先生也過來，聊得很熱鬧，但很少涉及學術研究的問題。

他人挺好，熱心助人，沒有架子，只是不搞學問，讓人惋惜。

在一九九七年，那時我仍在香港浸會大學宗教與哲學系任教，我向大學撥款委員會（UGC）申請到一筆頗為豐厚的款項，打算在佛教知識論方面做幾年研究，便積極看書。但往往事與願違，在一九九七年打後幾年，我的健康開始下滑，種種病痛接踵而來。兩年後發現患上腮腺癌，馬上入醫院接受手術，割除腫瘤，然後便是電療療程。在打後的一段時間，我無意中悟到作為終極真理的純粹力動觀念，這是我幾十年來研究佛學所要追尋的。一朝找到，這對我來說，是一個大好的時機。我於是把研究聚焦在純粹力動現象學的建構方面，佛學研究的步伐便拉慢了。我又考量到自己的健康與時間的問題，覺得應暫時放棄佛學的研究，專心在純粹力動的觀念與理論的開拓方面，便委託一些年紀較輕的同行朋友，希望他們能做一些佛教知識論的研究，又把一些重要的參考資料給他們影印。隔了幾年，他們好像還未有動靜，心想他們是不想做了。我又想到佛教知識論的研究，對自己正在進行的純粹力動現象學的量論亦即是知識論的造論工作，會很有幫助，於是又撿起這些資料來做，這樣便成就了這本拙著。今後或許會間歇地注意有關這方面的問題。

回返到文獻學與哲學分析的雙軌並進的研究法方面，我覺得維也納學派在哲學分析方面還是比較弱，過於拘謹，有進一步加強的空間。當然不是要做到列寧格勒學派的徹爾巴特斯基（Th. Stcherbatsky）寫《佛教邏輯》（*Buddhist Logic*）的程度。在這一部鉅著中，他把法稱（Dharmakīrti）的觀點給康德化了，恐怕法稱自己也不會同意。回首當年，我在日本與德國的四、五年間（我現在仍每年到日本一次，與彼方學者作學術交流及蒐集研究資料，為期一個月），最大的收穫，便是為自己的佛學研究確立恰當的方法，那便是文獻學與哲學分析的雙軌的研究法。我後來寫了《佛學研究方法論》一書，主要是探討這種研究法的。其中的文獻學方法，在佛學研究上，功能特別顯著，因為佛學的原典所涉及的語文特別繁多，包括梵文、巴利文、藏文及漢文，現代的研究也包括日文、英文、德文、法文和中文，在知識論的研究方面，又以梵文、藏文為關鍵性的語文。學習古典語文，是文獻學研究中重要的一環。另外，佛教典籍浩繁，其中很多涉及作者的真偽問題（authorship），例如《瑜伽師地論》、《顯揚聖教論》、《大乘起信論》、《釋摩訶衍論》，甚至《大智度論》、《觀音玄義》，都有作者的問題，要解決這問題，非要倚仗文獻學方法不可。

做佛學研究是很辛苦的，很多時候要自己孤獨地進行，有問題時，不一定能透過工具書如辭典、文法書、索引書來解決，也時常找不到內行的朋友來幫忙，有時也會招來一些朋友的妬忌，很難向他們求助。一九八三年我申請得加拿大安大略（Ontario）省研究獎學金到加拿大的麥克馬斯特大學（McMaster University）宗教系去做研究，我還沒有讀博士學位的意願，但一切獎學金都得以註冊證去申領，我只得註冊為博士生，才能拿到獎金。三年內，我取得博士候選資格，便回香港慢慢寫論文。那時腰痛得厲害，不能回老遠的加拿大了，我的論文是有關天台智顗與龍樹（Nāgārjuna）的比較研究的，所需的幾本《大藏經》都留在加拿大。我知道在香港有三個朋友藏有《大藏經》。一個是一家文化書院的院長，我向他借書，他說圖書館的《大藏經》不外借。另一個朋友說他的《大藏經》準備讓給朋友，也借不成。另一個則說《大藏經》收藏在家裡的雜物房，不好打開去找，書又借不成了。我覺得他們都希望我不能寫好論文，拿不到學位。最後只得託在大學的學弟把那幾本《大藏經》

從加拿大以空郵掛號寄回香港以應急用，也深切地嗅到朋友間的嫉妬心理，有很重的失落感。又過了一段頗長的時期，有一個朋友打電話問我到底寫不寫論文了，我說寫呀，怎麼不寫呢？對方有點失望地閒聊幾句便掛斷了電話。我的答覆顯然讓他不爽。

又有些朋友，在我健康狀況欠佳、謀職不順遂時，常來找我聊天、喝咖啡；但當我韜光養晦一段頗長時間，出來又是一條好漢，積極打拚學問時，他們則遠離我，過門不入。人生真是很奇怪。

最後，要向讀者報告一下。上面提到服部正明與戶崎宏正分別是研究陳那與法稱的知識論的權威學者，在國際佛教知識論的研究界有很崇高的聲譽。我多年前分別翻譯了服部的〈陳那的認識論〉（載於拙著《佛學研究方法論》下冊，臺北：臺灣學生書局，2006年 4 月增訂三版，頁 399-440）和戶崎的〈法稱的認識論〉（載於拙著《佛教的概念與方法》，臺北：臺灣商務印書館，2000 年 8 月修訂一版，頁 242-278），讀者可參看。

吳汝鈞

二〇一五年春

參考書目

一、這裏選錄梵、藏文、德文、英文、日文及中文諸種參考文獻。

二、基本上以著書為主，也包含有特別意義的論文。

三、在用書的排列次序上，梵、藏文、德文、英文者依作者名的羅馬字母的次序；日文書依假名次序，中文書依筆劃多寡次序。

四、書目中收納較多胡塞爾現象學的著書，那是由於現象學與佛教知識論有密切關係的原故，例如佛教知識論的意識現量可透過胡塞爾的範疇直觀／直覺概念來幫助理解。

五、西方哲學的知識論，以由感性與知性所成就的認知活動的知識為主，不側重睿智的直覺方面。這裏仍依此例，依現量與比量或知覺與推理所成就的知識為主，不側重般若智這樣的超越的智慧的知識。

一、梵、藏文

Dharmakīrti. *Nyāyabindu, Bibliotheca Buddhica*, VII, Leningrad, 1918.

Malvania, P. D., ed. *Paṇḍita Durveka Miśra's Dharmottarapradīpa*. Being a Sub-commentary on Dharmottara's *Nyāyabinduṭīkā*, a Commentary on Dharmakīrti's *Nyāyabindu*. Patna: Kashiprasad Jayaswal Research Institute, 1971.

Obermiller, E., cp. *Indices Verborum Sanskrit-Tibetan and Tibetan-Sanskrit to the Nyāyabindu of Dharmakīrti and the Nyāyabinduṭīkā of Dharmottara*. Ia.II.

Bibliotheca Buddhica XXV, Leningrad, 1927, 1928.

Pandeya, R. C., ed. *The Pramāṇavārttikam of Ācārya Dharmakīrti*, with the Commentaries *Svopajñavṛtti* of the Author and *Pramāṇavārttikavṛtti* of Manorathanandin. Delhi: Motilal Banarsidass, 1989.

Randle, H. N. *Fragments from Diṅnāga*. Delhi: Motilal Banarsidass, 1981.

Shastri, S. D., ed. *Pramāṇavārttika of Acharya Dharmakīrti*, with the Commentary "*Vritti*" of Acharya Manorathanandin. Varanasi: Bauddha Bharati, 1968.

Vasubandhu. *Triṃśikāvijñaptimātratāsiddhi*. S. Lévi, *Vijñaptimātratāsiddhi*, deux traités de Vasubandhu, *Viṃśatikā* accompagnée d'une explication en prose et *Triṃśikā* avec le commentaire de Sthiramati, Paris, 1925.

二、德文

Bühnemann, G. *Der Allwissende Buddha. Ein Beweis und seine Probleme. Ratnakīrti's Sarvajñasiddhi*. Wien: Arbeitskreis für Tibetische und Buddhistische Studien, Universität Wien, 1980.

Frauwallner, E. *Die Philosophie des Buddhismus*. Berlin: Akademie Verlag GmbH, 1994.

Gadamer, H.-G. *Hermeneutik I: Wahrheit und Methode*. Grundzüge einer philosophischen Hermeneutik. Tübingen: J. C. B. Mohr (Paul Siebeck), 1990.

Gadamer, H.-G. *Hermeneutik II: Wahrheit und Methode*. Ergänzungen Register. Tübingen: J. C. B. Mohr (Paul Siebeck), 1993.

Hegel, G. W. F. *Phänomenologie des Geistes*. Frankfurt am Main: Suhrkamp Verlag, 1973.

Husserl, E. *Aufsätze und Vorträge* (1911-1921). Mit ergänzenden Texten. Herausgegeben von Thomas Nenon und Hans Rainer Sepp. Dordrecht: Martinus Nijhoff Publishers, 1987.

Husserl, E. *Cartesianische Meditationen und Pariser Vorträge*. Herausgegeben und eingeleitet von S. Strasser. Haag: Martinus Nijhoff, 1973.

Husserl, E. *Erfahrung und Urteil*. Untersuchungen der Logik. Hamburg: Felix Meiner Verlag, 1985.

Husserl, E. *Die Idee der Phänomenologie*. Fünf Vorlesungen. Herausgegeben und eingeleitet von W. Biemel. Haag: Martinus Nijhoff, 1973.

Husserl, E. *Ideen zu einer reinen Phänomenologie und phänomenologischen Philosophie*. Erstes Buch: *Allgemeine Einführung in die reine Phänomenologie*. Neu herausgegeben von K. Schuhmann. Den Haag: Martinus Nijhoff, 1976.

Husserl, E. *Ideen zu einer reinen Phänomenologie und phänomenologischen Philosophie*. Zweites Buch: *Phänomenologische Untersuchungen zur Konstitution*. Herausgegeben von M. Biemel. Dordrecht: Kluwer Academic Publishers, 1991.

Husserl, E. *Logische Untersuchungen*. Erster Band: *Prolegomena zur reinen Ligik*. Herausgegeben von E. Holenstein. Den Haag: Martinus Nijhoff, 1975.

Husserl, E. *Logische Untersuchungen*. Zweiter Band: *Untersuchungen zur Phänomenologie und Theorie der Erkenntnis*. Herausgegeben von U. Panzer. The Hague: Martinus Nijhoff Publishers, 1984.

Kant, I. *Kritik der praktischen Vernunft, Grundlegung zur Metaphysik der Sitten*. Herausgegeben von W. Weischedel. Frankfurt am Main: Suhrkamp Verlag, 1978.

Kant, I. *Kritik der reinen Vernunft*. Herausgegeben von W. Weischedel. Frankfurt am Main: Suhrkamp Verlag, 1977.

Krasser, H. *Dharmottaras kurze Untersuchung der Gültigkeit einer Erkenntnis Laghuprāmāṇyaparīkṣā*. Wien: Verlag der Österreichischen Akademie der Wissenschaften, 1991.

Much, M. T. *Dharmakīrtis Vādanyāyaḥ*. Teil I: Sanskrit-Text, Teil II: Übersetzung und Anmerkungen. Wien: Verlag der Österreichischen Akademie der Wissenschaften, 1991.

Sakuma, H. S. *Die Āśrayaparivṛtti-Theorie in der Yogācārabhūmi*. Teil I u. II. Stuttgart: Franz Steiner Verlag, 1990.

Schlick, M. *Allgemeine Erkenntnislehre*. Berlin: Verlag von Julius Springer, 1925.

Steinkellner, E. *Dharmakīrtis Hetubinduḥ*. Teil I: Tibetischer Text und rekonstruierter Sanskrit-Text; Teil II: Übersetzung und Anmerkungen. Wien: Verlag der Österreichischen Akademie der Wissenschaften, 1967.

Steinkellner, E. *Verse-Index of Dharmakīrti's Works (Tibetan Versions)*. Wien: Arbeitskreis für Tibetische und Buddhistische Studien, Universität Wien, 1977.

Steinkellner, E. u. Krasser, H., übers. *Dharmottaras Exkurs zur Difinition gültiger Erkenntnis im Pramāṇaviniścaya*. Wien: Verlag der Österreichischen Akademie der Wissenschaften, 1989.

Steinkellner, E. u. Much, M. T. *Texte der erkenntnistheoretischen Schule des Buddhismus*. Göttingen: Vandenhoeck u. Ruprecht, 1995.

Vetter, T. *Der Buddha und seine Lehre in Dharmakīrtis Pramāṇavārttika*. Der Abschnitt über den Buddha und die vier edlen Wahrheiten im Pramāṇasiddhi-Kapitel. Wien: Arbeitskreis für Tibetische und Buddhistische Studien, Universität Wien, 1984.

Vetter, T. *Dharmakīrti's Pramāṇaviniścayaḥ I. Kapitel: Pratyakṣam*. Einleitung, Text der tibetischen Übersetzung, Sanskritfragmente, deutsche Übersetzung. Wien: Hermann Böhlaus Nachf. / Graz-Wien-Köln, Kommissionsverlag, 1966.

Vetter, T. *Erkenntnisprobleme bei Dharmakīrti*. Wien: Herman Böhlaus Nachf. / Graz-Wien-Köln, 1964.

三、英文

Bapat, L. *Buddhist Logic: A Fresh Study of Dharmakīrti's Philosophy*. Delhi: Bharatiya Vidya Prakashan, 1989.

Bhatt, S. R. a. Mehrotra, A. *Buddhist Epistemology*. West, Connecticut: Greenwood Press, 2000.

Blosser, P. et al. ed. *Japanese and Western Phenomenology*. Dordrecht: Kluwer

Academic Publishers, 1993.

Blumenthal, J. *The Ornament of the Middle Way: A Study of the Madhyamaka Thought of Śāntarakṣita*. Including Translations of Śāntarakṣita's *Madhyamakālaṃkāra (The Ornament of the Middle Way)* and Gyel-tsab's *dbU ma rgyan gyi brjed byang (Remembering "The Ornament of the Middle Way")*. Ithaca, New York: Snow Lion Publications, 2004.

Brown, B. E. *The Buddha Nature: A Study of the Tathāgatagarbha and Ālayavijñāna*. Delhi: Motilal Banarsidass, 2004.

Chinchore, M. R. *Dharmakīrti's Theory of Hetu-centricity of Anumāna*. Delhi: Motilal Banarsidass, 1989.（按日本學者服部正明對此書有頗多負面的批評）

Dhammajoti, KL Bhikkhu. *Abhidharma Doctrine and Controversy on Perception*. Dehiwala: Global Grophics a. Printing (Pvt) Ltd., 2004.

Dhruva, A. B., ed. *Nyāyapraveśa of Dinnāga*. With Commentaries of Haribhadra Suri and Parsavadeva. Delhi: Sri Satguru Publications, 1987.

Dreyfus, G. B. J. *Recognizing Reality: Dharmakīrti's Philosophy and its Tibetan Interpretations*. New York: State University of New York Press, 1997.

Dunne, J. D. *Foundations of Dharmakīrti's Philosophy*. Boston: Wisdom Publications, 2004.

Eckel, M. D. *Jñānagarbha on the Two Truths*. An Eighth Century Handbook of Madhyamaka Philosophy. Delhi: Motilal Banarsidass, 1992.

Feldman, J. a. Phillips, S. *Ratnakīrti's Proof of Momentariness by Positive Correlation: Kṣaṇabhaṅgasiddhi Anvayātmikā*. Transliteration, Translation, and Philosophic Commentary. New York: The American Institute of Buddhist Studies, 2011.

Frauwallner, E. *The Philosophy of Buddhism*. Tr. Celong Lodrö Sangpo. With the Assistance of Jigme Sheldron. Delhi: Motilal Banarsidass, 2010.

Frauwallner, E. *Posthumous Essays*. Tr. J. Soni. Delhi: Aditya Prakashan, 1994.

Funayama, T. "Perception, Conceptual Construction and Yogic Cognition According to Kamalaśīla's Epistemology." *Chung-Hwa Buddhist Journal*,

No.18, pp.273-297, 2005.

Gadamer, H.-G. *Truth and Method*. Second, revised edition. Tr. J. Weinsheimer and D. G. Marshall. New York: Continuum, 1993.

Gokhale, P. P. tr. *Hetubindu of Dharmakīrti (A Point on Probans)*. Delhi: Sri Satguru Publications, 1997.

Gokhale, P. P. ed. a. tr. *Vādanyāya of Dharmakīrti: The Logic of Debate*. Delhi: Sri Satguru Publications, 1993.

Harris, I. C. *The Continuity of Madhyamaka and Yogācāra in Indian Mahāyāna Buddhism*. Leiden: E. J. Brill, 1991.

Hattori, M., tr. a. ann. *Dignāga, On Perception*. Being the Pratyakṣapariccheda of Dignāga's *Pramāṇasamuccaya* from the Sanskrit fragments and the Tibetan versions. Cambridge, Mass.: Harvard University Press, 1968.

Hayes, R. P. *Dignaga on the Interpretation of Signs*. Dordrecht: Kluwer Academic Publishers, 1988.

Heimann, B. *The Significance of Prefixes in Sanskrit Philosophical Terminology*. London: The Royal Asiatic Society, 1951.

Husserl, E. *Cartesian Meditations. An Introduction to Phenomenology*. Tr. D. Cairns. Dordrecht: Kluwer Academic Publishers, 1991.

Husserl, E. *The Crisis of European Sciences and Transcendental Phenomenology. An Introduction to Phenomenological Philosophy*. Tr. D. Carr. Evanston: Northwestern University Press, 1970.

Husserl, E. *Ideas pertaining to a Pure Phenomenology and to a Phenomenological Philosophy*. First Book: *General Introduction to a Pure Phenomenology*. Tr. F. Kersten. The Hague: Martinus Nijhoff Publishers, 1982.

Husserl, E. *Ideas pertaining to a Pure Phenomenology and to a Phenomenological Philosophy*. Second Book: *Studies in the Phenomenology of Constitution*. Tr. R. Rojcewicz and A. Schuwer. Dordrecht: Kluwer Academic Publishers, 1980.

Husserl, E. *Ideas pertaining to a Pure Phenomenology and to a Phenomenological Philosophy*. Third Book: *Phenomenology and the Foundations of the*

Sciences. Tr. T. E. Klein and W. E. Pohl. The Hague: Martinus Nijhoff Publishers, 1980.

Ichigō, M. *Madhyamakālaṃkāra of Śāntarakṣita with his own Commentary or Vṛtti and with the Subcommentary or Pañjikā of Kamalaśīla*. Kyoto: Kyoto Sangyo University, 1985.

Jackson, R. R., tr. *Is Enlightenment Passible? Dharmakīrti and rGyal tshab rje on Knowledge, Rebirth, No-Self and Liberation*. Ithaca, New York: Snow Lion Publications, 1993.

Jha, G. tr. *The Tattvasaṅgraha of Shāntarakṣita, with the Commentary of Kamalaśīla*. 2 Vols. Delhi: Motilal Banarsidass, 1986.

Jayatilleke, K. N. *Early Buddhist Theory of Knowledge*. Delhi: Motilal Banarsidass, 1980.

Kajiyama, Y. *Studies in Buddhist Philosophy*. Selected Papers. Eds. K. Mimaki et al. Kyoto: Rinsen Book Co. Ltd., 1989.

Kajiyama, Y. *Further Studies in Buddhist Philosophy*. Selected Papers (1989-2004). Eds. K. Mimaki et al. Kyoto: Rinsen Book Co. Ltd., n.d.

Kalansuriya, A. D. P. *A Philosophical Analysis of Buddhist Notions: The Buddha and Wittgenstein*. Delhi: Sri Satguru Publications, 1987.

Kant, I. *Critique of Pure Reason*. Tr. N. K. Smith. London: Macmillan a. Co. Ltd., 1964.

Katsura, S., ed. *Dharmakīrti's Thought and its Impact on Indian and Tibetan Philosophy*. Proceedings of the Third International Dharmakīrti Conference Hiroshima, November 4-6, 1997. Wien: Verlag der Österreichischen Akademie der Wissenschaften, 1999.

Keith, A. B. *Buddhist Philosophy in India and Ceylon*. Delhi: Munshiram Manoharlal Publishers Pvt. Ltd., 1979.

Klein, A. C. *Knowledge and Liberation: Tibetan Buddhist Epistemology in Support of Transformative Religious Experience*. Ithaca, New York: Snow Lion Publications, 1998.

Lusthaus, Dan. *Buddhist Penomenology. A Philosophical Investigation of Yogācāra*

Buddhism and the Ch'eng Wei-shih lun. London: Routledge Curzon, 2002.

Matilal, B. K. *Logic, Language and Reality: Indian Philosophy and Contemporary Issues*. Delhi: Motilal Banarsidass, 1990.

Matilal, B. K. *Perception: An Essay on Classical Indian Theories of Knowledge*. Oxford: Clarendon Press, 1986.

Matilal, B. K. a. Evans, R. D., eds. *Buddhist Logic and Epistemology: Studis in the Buddhist Analysis of Inference and Language*. Dordrecht: D. Reidel, 1986.

McCrea, L. J. a. Patil, P. G. *Buddhist Philosophy of Language in India. Jñānaśrīmitra on Exclusion*. New York: Columbia University Press, 2010.

Mishra, R. K. *Buddhist Theory of Meaning and Literary Analysis*. Delhi: D. K. Printworld (P) Ltd., n.d.

Mookerjee, S. *Tht Buddhist Philosophy of Universal Flux*. An Exposition of the Philosophy of Critical Realism as Expounded by the School of Dignāga. Delhi: Motilal Banarsidass, 1980.

Mookerjee, S. a. Nagasaki, H. *The Pramāṇavārttikam of Dharmakīrti. An English Translation of the First Chapter with the Autocommentary and with Elaborate Comments*. Patna: Nava Nālandā Mahāvihāra, Nalanda, n.d.

Obermiller, E. *Analysis of the Abhisamayālaṃkāra*. London: Asian Humanitis Press, 1936.

The Padmakar Translation Group, tr. *The Adornment of the Middle Way: Shantaraksita's Madhyamakankara*. With Commentary by Jamgön Miphan. Boston: Shambhala, 2005.

Pietersma, H. *Phenomenological Epistemology*. Oxford: Oxford University Press, 2000.

Powers, J. tr. *Jñānagarbha's Commentary on Just the Maitreya Chapter from the Saṃdhinirmocana-sūtra*. Study, Translation and Tibetan Text. Delhi: Indian Council of Philosophical Research, 1998.

Prasad, J. *History of Indian Epistemology*. Delhi: Munshiram Manoharlal Publishers Pvt. Ltd., 1987.

Prasad, R. *Dharmakīrti's Theory of Inference: Revaluation and Reconstruction*.

Oxford: Oxford University Press, 2002.

Puhakka, K. *Knowledge and Reality: A Comparative Study of Quine and Some Buddhist Logicians*. Delhi: Motilal Banarsidass, 1975.

Shah, N. J. *Akalaṅka's Criticism of Dharmakīrti's Philosophy*. Ahmedabad: L. D. Institute of Indology, 1967.

Sharma, C. *A Critical Survey of Indian Philosophy*. Delhi: Motilal Banarsidass, 1979.

Sharma, P. tr. *Bhāvanākrama of Kamalaśīla*. Delhi: Aditya Prakashan, 2004.

Sharma, T. R. *An Introduction to Buddhist Philosophy: Vijñānavāda and Mādhyamika*. Delhi: Eastern Book Linkers, 2007.

Siderits, M., Tillemans, T., a. Chakrabarti, A., eds. *Apoha: Buddhist Nominalism and Human Cognition*. New York: Columbia University Press, 2011.

Singh, A. *The Heart of Buddhist Philosophy: Diṅnāga and Dharmakīrti*. Delhi: Munshiram Manoharlal Publishers Private Limited, 1984.

Singh, A. *The Sautrāntika Analytical Philosophy*. Delhi: Dharmacakra Publication, 1995.

Stcherbatsky, Th. *Buddhist Logic. Bibliotheca Buddhica* XXVI, Vol.I, Leningrad, 1932.

Stcherbatsky, Th. *Buddhist Logic. Bibliotheca Buddhica* XXVI, Vol.II, Containing a Translation of the Short Treatise of Logic by Dharmakīrti, and of its Commentary by Dharmottara, with Notes, Appendices and Indices. Leningrad, 1930.

Steinkellner, E., hrsg. *Studies in the Buddhist Epistemological Tradition*. Proceedings of the Second International Dharmakīrti Conference, June, 11-16, 1989. Wien: Verlag der Österreichischen Akademie der Wissenschaften, 1991.

Sutton, F. G. *Existence and Enlightenment in the Laṅkāvatāra-sūtra*. A Study in the Ontology and Epistemology of the Yogācāra School of Mahāyāna Buddhism. Delhi: Sri Satguru Publications, 1991.

Tillemans, T. J. F. *Dharmakīrti's Pramāṇavārttika: An Annotated Translation of the Fourth Chapter (Parārthānumāna)*. Vol.1. Wien: Verlag der Österreichischen Akademie der Wissenschaften, 2000.

Tillemans, T. J. F. *Scripture, Logic, Language. Essays on Dharmakīrti and his Tibetan Successors*. Boston: Wisdon Publications, 1999.

Tola, F. a. Dragonetti, C. *Being as Consciousness: Yogācāra Philosophy of Buddhism*. Delhi: Motilal Banarsidass, 2004.

Van Bijlert, V. A. *Epistemology and Spiritual Authority*. The development of epistemology and logic in the old Nyāya and the Buddhist school of epistemology with an annotated translation of Dharmakīrti's *Pramāṇavārttika* II (Pramānasiddhi) VV.1-7, Wien, 1989.

Van der Kuijp, L. W. J. *Contributions to the Development of Tibetan Buddhist Epistemology*. From the Eleventh to the Thirteenth Century. Stuttgart: Franz Steiner Verlag, 1983.

Von Rospatt, A. *The Buddhist Doctrine of Momentariness*. A Survey of the Origins and Early Phase of this Doctrine up to Vasubandhu. Stuttgart: Franz Steiner Verlag, 1995.

Vyas, C. S. *Buddhist Theory of Perception*. Delhi: Navrang, 1991.（日本學者服部正明對此書有負面評價）

Waldron, W. S. *The Buddhist Unconscious: The ālaya-vijñāna in the Context of Indian Buddhist Thought*. London: Routledge Curzon, 2003.

Wayman, A. *A Millennium of Buddhist Logic*. Delhi: Motilal Banarsidass, 1999.

Willis, J. D. tr. *On Knowing Reality: The Tattvārtha Chapter of Asaṅga's Bodhisattvabhūmi*. Delhi: Motilal Banarsidass, 1979.

Yao, Z.-h. *The Buddhist Theory of Self-cognition*. London: Routledge, 2005.

四、日文

一鄉正道著《中觀莊嚴論の研究：シャーンタラクシタの思想》，京都：文榮堂，1985。

インド論理學研究會編《インド論理學研究 I》，東京：山喜房佛書林，2010。

インド論理學研究會編《インド論理學研究 II》，東京：山喜房佛書林，2011。
インド論理學研究會編《インド論理學研究 III》，東京：山喜房佛書林，2011。
インド論理學研究會編《インド論理學研究 IV》，東京：山喜房佛書林，2012。
インド論理學研究會編《インド論理學研究 V：ダルマキールティ特輯號》，東京：山喜房佛書林，2012。
宇井伯壽著《宇井伯壽著作選集 1：佛教論理學》，東京：大東出版社，1966。
宇井伯壽著《陳那著作の研究》，東京：岩波書店，1979。
上田昇著《ディグナーガ、論理學とアポーハ論：比較論理學的研究》，東京：山喜房佛書林，2001。
上田義文著《大乘佛教の思想》，東京：第三文明社，1977。
上田義文著《佛教思想史研究》，京都：永田文昌堂，1967。
海野孝憲著《インド後期唯識思想の研究》，東京：山喜房佛書林，2002。
梶山雄一著《佛教における存在と知識》，東京：紀伊國屋書店，1983。
梶山雄一譯注《論理のことば》モークシャーカラグプタ，東京：中央公論社，1975。
ハンス・ゲオルク・ガダマー著，轡田收、麻生建、三島憲一、北川東子、我田廣之、大石紀一郎譯《真理と方法》I，東京：法政大學出版局，1998。
ハンス・ゲオルク・ガダマー著，轡田收、巻田悦郎譯《真理と方法》II，東京：法政大學出版局，2008。
桂紹隆著〈ダルマキールティにおける「自己認識」の理論〉，《南都佛教》第 23 號，1969。
桂紹隆、齋藤明、下田正弘、末木文美士編《シリーズ大乘佛教 9：認識論と論理學》，東京：春秋社，2012。
金倉圓照著《インド哲學佛教學研究 I、II、III》，東京：春秋社，1973-1976。
川崎信定著《一切智思想の研究》，東京：春秋社，1992。
木田元、野家啟一、村田純一、鷲田清一編集《現象學事典》，東京：弘文堂，2003。
木村俊彥著《ダルマキールティ宗教哲學の原典研究》，付ダルモーッタラ釋「ニヤーヤ・ビンドゥ」和譯，東京：木耳社，1981。
木村俊彥著《ダルマキールティにおける哲學と宗教》，東京：大東出版社，

1998。
工藤和男著《フッサール現象學の理路：〈デカルト的省察〉研究》，京都：晃洋書房，2001。
三枝充悳編集《講座佛教思想第二卷：認識論・論理學》，東京：理想社，1974。
榊原哲也著《フッサール現象學の生成：方法の成立と展開》，東京：東京大學出版會，2009。
佐藤裕之著《アドヴィタ認識論の研究》，東京：山喜房佛書林，2005。
司馬春英著《現象學と比較哲學》，東京：北樹出版，1998。
司馬春英著《唯識思想と現象學：思想構造の比較研究に向けて》，東京：大正大學出版會，2003。
司馬春英、渡邊明照編著《知のエクスプロージョン：東洋と西洋の交差》，東京：北樹出版，2009。
竹田青嗣著《フッサール「現象學の理念」》，東京：講談社，2012。
武邑尚邦著《佛教論理學の研究》，京都：百華苑，1968。
田中潤一著《西田哲學における知識論の研究》，京都：ナカニシヤ出版，2012。
谷口富士夫著《現觀莊嚴論の研究》，東京：山喜房佛書林，2002。
谷貞志著《刹那滅の研究》，東京：春秋社，2000。
谷貞志著《無常の哲學：ダルマキールティと刹那滅》，東京：春秋社，2000。
戶崎宏正著〈認識〉，長尾雅人、井筒俊彥、福永光司、上山春平、服部正明、梶山雄一、高崎直道編集《岩波講座東洋思想第十卷：インド佛教3》，東京：岩波書店，1989。（戶崎此文頗不同於前此他所寫有關法稱的知識論的文字）
戶崎宏正著《佛教認識論の研究：法稱著「プラマーナ・ヴァールティカ」の現量論》上下卷，東京：大東出版社，1979、1985。
戶田山和久著《知識の哲學》，東京：產業圖書，2002。
長尾雅人、井筒俊彥、福永光司、上山春平、服部正明、梶山雄一、高崎直道編集《岩波講座東洋思想第10卷：インド佛教3》，東京：岩波書店，1992。
西研著《哲學的思考：フッサール現象學の核心》，東京：筑摩書房，2001。
西田幾多郎著《哲學概論》，東京：岩波書店，1980。

新田義弘編《フッサールを學ぶ人のために》，京都：世界思想社，2000。
新田義弘、山口一郎、河本英夫等著《媒體性の現象學》，東京：青土社，2002。
M. ハイデッガ著，石井誠士、仲原孝、セヴェリン・ミュラー譯《カントの純粹理性批判の現象學的解釋》，第 2 部門講義。東京：創文社，1997。
服部正明著〈ディグナーガの知識論〉，《哲學研究》第 462、463 號，n.d.。
服部正明、上山春平著《佛教の思想 4：認識と超越「唯識」》，東京：角川書店，1974。
菱田邦男著《インド自然哲學の研究：Tattvasaṃgraha の一考察と Saptapadārthī の和譯解說》，東京：山喜房佛書林，1993。
廣松涉著《フッサール現象學への視角》，東京：青土社，1994。
エドムント・フッサール著，立松弘孝譯《現象學の理念》，東京：みすず書房，1965。
エドムント・フッサール著，立松弘孝等譯《論理學研究》1～4，東京：みすず書房，1968-1976。
エドムント・フッサール著，渡邊二郎譯《イデーン I1-2：純粹現象學と現象學的哲學のための諸構想第 1 卷～純粹現象學への全般的序論》，東京：みすず書房，1979-1984。
エドムント・フッサール著，立松弘孝、別所良美、榊原哲也譯《イデーン II1-2：純粹現象學と現象學的哲學のための諸構想第 2 卷～構成についての現象學的諸研究》，東京：みすず書房，2001-2009。
エドムント・フッサール著，渡邊二郎、千田義光譯《イデーン III：純粹現象學と現象學的哲學のための諸構想第 3 卷～現象學と、諸學問の基礎》，東京：みすず書房，2010。
エドムント・フッサール著，L. ランドグレーベ編，長谷川宏譯《經驗と判斷》，東京：河出書房，1999。
平川彰、梶山雄一、高崎直道編集《講座大乘佛教 9：認識論と論理學》，東京：春秋社，1984。
平川彰、梶山雄一、高崎直道編集《講座大乘佛教 8：唯識思想》，東京：春秋社，1990。
R. ベルネ、I. ケルン、E. マールバッハ著，千田義光、鈴木琢真、德永哲郎譯《フッサールの思想》，東京：理想社，1994。
本多惠譯《ダルマキールティの認識批判》，京都：平樂寺書店，2005。
御牧克己著〈經量部〉，長尾雅人、井筒俊彥、福永光司、上山春平、服部正明、梶山雄一、高崎直道編集《岩波講座東洋思想第八卷：インド佛教1》，東京：岩波書店，1998。（關於經量部的第一手與研究資料非常少，御牧此文甚為寶貴，內中也談及經量部的知識思想）
御牧克己編《梶山雄一著作集第七卷：認識論と論理學》，東京：春秋社，2010。
村上真完著《インド哲學概論》，京都：平樂寺書店，1991。
矢板秀臣著《佛教知識論の原典研究：瑜伽論因明、ダルモッタラティッパナカ、タルカラハスヤ》，成田：成田山新勝寺，2005。
山口一郎著《現象學ことはじめ：日常に目覺めること》，東京：日本評論社，2002。
横山紘一著《唯識の哲學》，京都：平樂寺書店，1994。
芳村修基著《インド大乘佛教思想研究：カマラシーラの思想》，京都：百華苑，1974。
エマニュエル・レヴィナス著，佐藤真理人、桑野耕三譯《フッサール現象學の直觀理論》，1993。
渡邊二郎著《渡邊二郎著作集第5卷：フッサールと現象學》，東京：筑摩書房，2010。
渡邊照宏著《正理一滴論法上釋和譯》、《調伏天造正理一滴論釋和譯》、《附錄：法稱の正理一滴論（現量論）》，伊原照蓮、大鹿實秋、高井隆秀、宮坂宥勝編集《渡邊照宏著作集第七卷》，東京：筑摩書房，1982。

五、中文

支那內學院編《內學年刊》，臺北：國史研究室，1973。
王興國著《牟宗三哲學思想研究：從邏輯思辨到哲學架構》，北京：人民出版社，2007。
李幼蒸著《結構與意義：現代西方哲學論集》，臺北：聯經出版事業公司，1994。
牟宗三著《中西哲學之會通十四講》，臺北：臺灣學生書局，1990。

牟宗三著《四因說演講錄》，臺北：鵝湖出版社，1997。
牟宗三著《佛性與般若》上下，臺北：臺灣學生書局，1977。
牟宗三著《現象與物自身》，臺北：臺灣學生書局，1975。
牟宗三著《智的直覺與中國哲學》，臺北：臺灣商務印書館，1971。
牟宗三著《認識心之批判》上下，香港：友聯出版社，1956、1957。
汪文聖著《現象學與科學哲學》，臺北：五南圖書出版公司，2001。
吳汝鈞著《西方哲學的知識論》，臺北：臺灣商務印書館，2009。
吳汝鈞著《胡塞爾現象學解析》，臺北：臺灣商務印書館，2001。
吳汝鈞著《純粹力動現象學》，臺北：臺灣商務印書館，2005。
吳汝鈞著《純粹力動現象學續篇》，臺北：臺灣商務印書館，2008。
吳汝鈞著《唯識現象學一：世親與護法》，臺北：臺灣學生書局，2012。
吳汝鈞著《唯識現象學二：安慧》，臺北：臺灣學生書局，2012。
吳汝鈞著《當代中國哲學的知識論》，臺北：臺大出版中心，2013。
呂澂著，張春波整理《因明入正理論講解》，北京：中華書局，1983。
巫壽康著《因明正理門論研究》，北京：三聯書店，1994。
魯多夫・貝爾奈特、依索・肯恩（耿寧）、艾杜德・馬爾巴赫著，李幼蒸譯《胡塞爾思想概論》，北京：中國人民大學出版社，2011。
金岳霖著《知識論》，北京：商務印書館，1996。
法稱著，王森譯《正理滴論》，藍吉富主編《大藏經補編》第九冊，臺北：華宇出版社，1986。
胡軍著《知識論》，北京：北京大學出版社，2006。
胡塞爾著，李幼蒸譯《純粹現象學通論》，臺北：桂冠圖書公司，1994。
胡塞爾著，倪梁康譯《哲學作為嚴格的科學》，北京：商務印書館，1999。
胡塞爾著，倪梁康譯《現象學的觀念》，上海：上海譯文出版社，1987。
胡塞爾著，倪梁康譯《邏輯研究第一卷：純粹邏輯學導引》，臺北：時報文化出版公司，1994。
胡塞爾著，倪梁康譯《邏輯研究第二卷第一、二部分：現象學與認識論研究》，臺北：時報文化出版公司，1999。
胡塞爾著，張憲譯《笛卡兒的沈思：現象學導論》，臺北：桂冠圖書公司，1994。
胡塞爾著，鄧曉芒、張廷國譯《經驗與判斷：邏輯譜系學研究》，北京：生活・

讀書・新知三聯書店，1999。
法稱造，法尊法師譯《釋量論》，北京：中國佛教協會，n.d.。
林鎮國著《空性與方法：跨文化佛教哲學十四講》，臺北：政大出版社，2012。
洪漢鼎著《重新回到現象學的原點：現象學十四講》，臺北：世新大學，2008。
洪漢鼎、陳治國編《知識論讀本》，北京：中國人民大學出版社，2010。
徐向東著《懷疑論、知識與辯護》，北京：北京大學出版社，2006。
桂紹隆著，蕭平、楊金萍譯《印度人的邏輯學：從問答法到歸納法》，北京：宗教文化出版社，2011。
唐君毅著《哲學概論》上下，香港：孟氏教育基金會大學教科書編輯委員會，1965。
陳那造，法尊譯編《集量論略解》，北京：中國社會科學出版社，1982。
梶山雄一著，吳汝鈞譯《龍樹與中後期中觀學》，臺北：文津出版社，2000。
梶山雄一著，張春波譯《印度邏輯學的基本性質》，北京：商務印書館，1980。
張廷國著《重建經驗世界：胡塞爾晚期思想研究》，武昌：華中科技大學出版社，2003。
張忠義、光泉、剛曉主編《因明新論：首屆國際因明學術研討會文萃》，北京：中國藏學出版社，2006。
張東蓀著《認識論》，上海：世界書局，1934。
張祥龍主講《朝向事情本身：現象學導論七講》，北京：團結出版社，2003。
勞思光著《康德知識論要義新編》，香港：香港中文大學出版社，2001。
楊祖陶著《康德、黑格爾哲學研究》，武昌：武漢大學出版社，2006。
Lati Rinbochay 口述，Napper, E. 英譯，廖本聖中譯《西藏佛教認知理論》，根據格魯派詮釋的隨理行經部宗觀點。臺北：臺北市藏傳佛典協會，2008。
劉愛軍著《識知與智知：牟宗三知識論思想研究》，北京：人民出版社，2008。
羅素著，苑莉均譯，張家龍校《邏輯與知識：1901-1950 年論文集》，北京：商務印書館，1996。
羅素著，張金言譯《人類的知識：其範圍與限度》，北京：商務印書館，1997。
釋剛曉著《正理滴點論解》，北京：宗教文化出版社，2007。

索 引

凡 例

一、索引條目包括三大類：哲學名相、人名、書名。其中人名類中也包含宗派、學派名稱；書名類中也包含論文名稱。

二、三大類的條目各自再細分為：

1. 中／日文
2. 英文／德文及其他歐洲語文
3. 梵／藏文

三、條目選擇的原則方面，較重要的名相在首次出現時均會標示，此後，在文中對該名相有所解釋或運用時，會再次標示。人名和書名方面亦相近，首次出現時均標示，其後再有所介紹或引述時，會再標示。條目在文中如重複出現，但未有再作解釋或引用時，則不再標示。

四、書名及論文名稱標點方面，中、日文書名以《 》標示，論文名稱以〈 〉標示；英、德、歐、梵、藏文書名均以斜體標示，論文名稱則以“ ”標示。

五、條目排序方面，中、日文條目以漢字筆劃較少的排先，日文假名為首的條目跟在漢字之後，以字母的次序排列；英、德、歐、梵、藏文均以羅馬體字母排序。其中特別要注意人名的排序，人名當以姓氏排序，但西方人的姓氏一般放在最後，故在索引中會將姓氏放在最前，以方便排序，例如 I. Kant，會寫成 Kant I.。

哲學名相索引

一、中／日文

二、英文／德文及其他歐洲語文

三、梵／藏文

人名索引

一、中／日文

二、英文／德文／印地文及其他歐洲語文

三、梵／藏文

書名索引

一、中／日文

二、英文／德文及其他歐洲語文（也包含經整理過的梵、藏文典籍）

三、梵／藏文

國家圖書館出版品預行編目資料

佛教知識論：陳那、法稱、脫作護

吳汝鈞著. – 初版. – 臺北市：臺灣學生，2015.07
面；公分：

ISBN 978-957-15-1646-2 (平裝)

1. 佛教哲學 2. 知識論

220.11 104004580

佛教知識論：陳那、法稱、脫作護

著作者：吳汝鈞
出版者：臺灣學生書局有限公司
發行人：楊雲龍
發行所：臺灣學生書局有限公司
臺北市和平東路一段七十五巷十一號
郵政劃撥帳號：00024668
電話：(02)23928185
傳真：(02)23928105
E-mail：student.book@msa.hinet.net
http：//www.studentbook.com.tw
本書局登記證字號：行政院新聞局局版北市業字第玖捌壹號
印刷所：長欣印刷企業社
新北市中和區中正路九八八巷十七號
電話：(02)22268853

定價：新臺幣五〇〇元

二〇一五年七月初版

22018

ISBN 978-957-15-1646-2 (平裝)

臺灣學生書局出版

宗教叢書

❶	嘉祥吉藏學說	廖明活著
❷	莊子宗教與神話	杜而未著
❸	中國善書與宗教	鄭志明著
❹	明代三一教主研究	鄭志明著
❺	明代中國佛教之研究	釋聖嚴著，關世謙譯
❻	唐代的比丘尼	李玉珍著
❼	西域與佛教文史論集	許章眞譯
❽	中國社會與佛教	鄭志明著
❾	漢代的相人術	祝平一著
❿	宗教與文化	鄭志明編
⓫	中國民間諸神	呂宗力、欒保群編
⓬	中國文學與宗教	鄭志明著
⓭	游戲三昧：禪的世界與終極關懷	吳汝鈞著
⓮	中國意識與宗教	鄭志明著
⓯	印度佛學研究	吳汝鈞著
⓰	唐前果報系統的建構與融合	劉滌凡著
⓱	淨影慧遠思想述要	廖明活著
⓲	因果、淨土與往生——透視中國佛教史上的幾個面相	黃啓江著
⓳	佛教與文學的交會	趙杏根著
⓴	智慧的禪公案	杜松柏著
㉑	永明禪師禪淨融合思想研究	王鳳珠著
㉒	贊寧《宋高僧傳》敘事研究	黃敬家著
㉓	巴利學引論：早期印度佛典語言與佛教文獻之研究	蔡奇林著

㉔ 泗州大聖與松雪道人：宋元社會菁英的佛教信仰與佛教文化　黃啓江著
㉕ 禪的存在體驗與對話詮釋　吳汝鈞著
㉖ 中道佛性詮釋學：天台與中觀　吳汝鈞著，陳森田譯
㉗ 詩禪・狂禪・女禪：中國禪宗文學與文化探論　黃敬家著
㉘ 佛教的當代判釋　吳汝鈞著
㉙ 佛光山與教育　許　仟著
㉚ 佛教的當代判釋的對話詮釋　吳汝鈞著
㉛ 宗教世界與世界宗教　吳汝鈞著
㉜ 空宗與有宗：佛教判釋的對話詮釋初續　吳汝鈞著
㉝ 南宋六文學僧紀年錄　黃啓江著
㉞ 早期印度佛教的知識論　吳汝鈞、陳森田著
㉟ 唯識學與精神分析：以阿賴耶識與潛意識爲主　吳汝鈞著
㊱ 佛性偏覺與佛性圓覺：佛教判教的對話詮釋二續　吳汝鈞等著
㊲ 佛教知識論：陳那、法稱、脫作護　吳汝鈞著
㊳ 在出世與入世之間：梁漱溟先生對佛學的理解與定位　李慶餘著
㊴ 北宋黃龍慧南禪師三鑰：宗傳、書尺與年譜　黃啓江著

臺灣學生書局出版

文化哲學叢刊

- ㉓ 純粹力動現象學六講　吳汝鈞著
- ㉔ 黑格爾的社會存有論　蔣年豐著
- ㉕ 文本詮釋與社會實踐：蔣年豐教授逝世十週年紀念論文集　林維杰編
- ㉖ 中國人文詮釋學　林安梧著
- ㉗ 當代新儒學的深層反思與對話詮釋　吳汝鈞著
- ㉘ 學術與經世——唐君毅的歷史哲學及其終極關懷　黃兆強著
- ㉙ 全球化中儒家德育的資源　劉國強著
- ㉚ 意義世界的生成　楊國榮著
- ㉛ 道家詮釋學與純粹力動現象學　吳汝鈞著
- ㉜ 漢語哲學新視域　汪文聖主編
- ㉝ 絕對無的詮釋學：京都學派的批判性研究　吳汝鈞著
- ㉞ 語理分析的思考方法　李天命著
- ㉟ 京都學派與禪　吳汝鈞等著